MIAMI
UND FLORIDA KEYS

Mehr wissen – besser reisen

☐ **Tipp** Die persönlichen Tipps der National Geographic Experten laden zum Entdecken ein

☐ **Wissen** Hintergründe und Fakten zu Geschichte, Kultur, Gesellschaft, um das Land besser zu verstehen

☐ **Erlebnis** Erlebnisse und Aktivitäten, die Sie sich nicht entgehen lassen sollten

MIAMI
UND FLORIDA KEYS

INHALT

Seite 2/3: Sunset Pier, Key West: Zum Sonnenuntergang köstliche Cocktails und dazu Snacks frisch
aus dem Meer – besser geht es nicht
❮ An einem heißen Tag in Miami bietet der South
Pointe Park Schatten und Wasserspiele

Rote Paprika und frittierte Bananen: typisch für in Miami beliebte kubanische Gerichte

Am Strand von Key West

RÜCKSICHTSVOLL REISEN

Umsichtige Urlauber brechen voller Neugierde auf und kehren reich an Erfahrungen nach Hause zurück. Wer dabei rücksichtsvoll reist, kann seinen Teil zum Schutz der Tierwelt, zur Bewahrung historischer Stätten und zur Bereicherung der Kultur vor Ort beitragen. Und er wird selbst reich beschenkt mit unvergesslichen Erlebnissen.

Möchten nicht auch Sie verantwortungsbewusst und rücksichtsvoll reisen? Dann sollten Sie folgende Hinweise beachten:

- Vergessen Sie nie, dass Ihre Anwesenheit einen Einfluss auf die Orte ausübt, die Sie besuchen.
- Verwenden Sie Ihre Zeit und Ihr Geld nur auf eine Weise, die dazu beiträgt, den ursprünglichen Charakter eines Ortes zu bewahren. (Auf diesem Weg lernen Sie ein Land auch sehr viel besser kennen.)
- Entwickeln Sie ein Gespür für die ganz besondere Natur und das kulturelle Erbe Ihres Urlaubslandes.
- Respektieren Sie die heimischen Bräuche und Traditionen.
- Zeigen Sie den Einheimischen ruhig, wie sehr Sie das, was den besonderen Reiz ihres Landes ausmacht, zu schätzen wissen: die Natur und die Landschaft, Musik, typische Gerichte, historische Dörfer oder Bauwerke.
- Scheuen Sie sich nicht, mit Ihrem Geldbeutel Einfluss zu nehmen: Unterstützen Sie möglichst solche Einrichtungen oder Personen, die sich um die Bewahrung des Typischen und Althergebrachten bemühen. Entscheiden Sie sich für Läden, Restaurants, Gaststätten oder Reiseanbieter, denen offensichtlich an der Bewahrung ihrer Heimat gelegen ist. Und meiden Sie Geschäfte, die den Charakter eines Ortes stören.
- Wer auf diese Weise reist, hat mehr von seinem Urlaub, und er kann sicher sein, dass er seinen Teil zum Erhalt und zur Verbesserung eines Ortes oder einer Landschaft beigetragen hat.

Diese Art des Reisens gilt als zeitgemäße Form eines sanften, auf Nachhaltigkeit bedachten Tourismus; NATIONAL GEOGRAPHIC verwendet dafür auch den Begriff des »Geo-Tourismus«. Gemeint ist damit ein Tourismus, der den Charakter eines Ortes – seine Umwelt, seine Kultur, seine natürliche Schönheit und das Wohlergehen seiner Bewohner – nicht aus den Augen verliert. Weitere Informationen zum Thema gibt es im National Geographic's Center for Sustainable Destinations unter *www.nationalgeographic.com/maps/geotourism/about.*

ÜBER DIE AUTOREN UND DEN FOTOGRAFEN

Mark Miller absolvierte an der Stanford University einen Abschluss in amerikanischer Sozialgeschichte. Er arbeitete für *Reuters* und den Sender *CS Radio*, für den er auch Dokumentationen produzierte. Er schreibt seit 1977 Beiträge für Bücher und Publikationen der *National Geographic Society*. Seine Schwerpunkte sind Nordamerika – von Alaska bis zum Dry Tortugas National Park in Florida –, die Karibik und Europa. Miller lebt in Los Angeles und ist Mitinhaber der Dokumentarfilmproduktionsfirma *12 Film*.

Elizabeth Carter ist Food-Journalistin und erfahrene Restaurant- und Hotelkritikerin. Sie stellte die Reiseinformationen für die erste Auflage zusammen.

Die Aktualisierung dieser Ausgabe übernahmen **Sabine Rheker-Weigt** und **Dirk Rheker.** Die Diplom-Journalistin ist Autorin diverser Reiseführer und vor allem auf dem nordamerikanischen Kontinent, in Afrika und Australien unterwegs. Ihr Bruder lebt schon die Hälfte seines Lebens in den USA. Der Chefredakteur der Zeitschrift »Florida Sun« kennt die USA, Kanada und Mittelamerika. Beide möchten Reisenden Land und Leute näher bringen.

Matt Propert arbeitet als freier Fotograf und Fotojournalist in Washington. In vielen US-amerikanischen und internationalen Publikationen wurden seine Arbeiten veröffentlicht und mit Einzelausstellungen gewürdigt. Auch in Italien und in weiten Teilen der Karibik fotografierte Propert für die *National Geographic Society*.

Detail eines Triptychons von Edouard Duval-Carrié, Lowe Art Museum

TIPPS DER NATIONAL GEOGRAPHIC-REISEEXPERTEN
ZEHN SPOTS, DIE SIE
NICHT VERPASSEN DÜRFEN

Miami Beach – Strand, Ocean Drive und Art déco

Die meisten Besucher zieht die schillernde Insel Miami Beach magisch an. Hier warten endlose Sandstrände und auf den neonbeleuchteten Caféterrassen am Ocean Drive das schick-mondäne Nachtleben. Zwischen 5th und 41st Street liegt der Art Deco District mit 800 schnittigen, stromlinienförmigen Bauten im Stil der 1930er-Jahre. Dazu zählt das Breakwater Hotel, dessen turmartige Fassade mit großem Neonschriftzug an die Architektur eines Mayatempels erinnert (Seite 98ff).

Ein Streifzug durch die Straßen von Little Havana

Südwestlich von Downtown leben heute Lateinamerikaner aus aller Herren Länder. Es gibt nicaraguanische, mexikanische und kolumbianische Lokale und Läden. Die kubanische Gemeinde ist längst über das Viertel hinausgewachsen, doch ihr Herz schlägt hier. Vor allem in der trubeligen Calle Ocho mit ihren Straßencafés *(cafetérias)*, Imbissbuden *(fondas)* und der besten Konditorei *(dulcéria)* der Innenstadt kann man karibische Lebensfreude spüren (Seite 69ff).

3

Ein Bummel durch den Wynwood Arts District

In den ehemaligen Industriebauten westlich der Upper Eastside entstand ein boomendes Künstlerviertel mit vielen Ateliers, rund 60 Galerien, Straßenkunst und reichlich Graffiti. Vor allem die Wände in der N.W. Second Avenue sind eine einzige wechselnde Galerie, deren bunte Werke regelmäßig wieder übermalt werden (S. 83f).

4

Entdeckungstour im Pérez Art Museum Miami

Allein wegen seiner Architektur ist das 2013 eröffnete Museum für zeitgenössische Kunst am Biscayne Boulevard einen Besuch wert. Der imposante Bau der Schweizer Stararchitekten Herzog & de Meuron knüpft an die Tradition der Pfahlhäuser in der Biscayne Bay an. Im Museum ist hochkarätige internationale Kunst zu sehen (S. 64).

5

Spaziergang durch das Vizcaya Museum

Die spektakuläre Villa und die Gartenanlage ganz im Stil der italienischen Renaissance wurde erst 1916 fertiggestellt, als das Gebiet um Coconut Grove südlich der Innenstadt noch ländlich und verschlafen war. Einst diente die Anlage dem Industriellen James Deering als Privatresidenz, heute lockt sie 190 000 Besucher jährlich an (Seite 136ff).

6

Eine Boots-Safari durch die Everglades

Touren mit Propellerbooten oder Sumpfbuggys, die riesige Gebiete der Sumpflandschaft befahren, vermitteln einen ersten Eindruck vom faszinierenden Ökosystem der Everglades. Auf der Fahrt durch die Sümpfe bekommt man riesige Alligatoren, die träge in der Sonne dösen, und auch Schildkröten und Schlangen zu Gesicht (Seite 180).

7

Mit Delfinen im freien Wasser schwimmen

Für manch einen geht hier ein lang gehegter Wunsch in Erfüllung: gemeinsam mit Delfinen schwimmen. Fünf Zentren auf den Keys machen es möglich, die intelligenten und verspielten Säuger in ihrem Element ganz unmittelbar zu erleben und ihnen unter Anleitung von Trainern im seichten Wasser hautnah zu begegnen (Seite 194).

8

Seltene Key-Hirsche auf Big Pine Key sichten

Im National Key Deer Refuge auf Big Pine Key stehen nicht nur Diamant-Klapperschlangen, Hakennattern, Alligatoren und Waschbären unter Schutz. Hier und nur hier leben die knapp einen Meter großen Key-Weißwedelhirsche, eine Unterart des Virginia-Weißwedelhirsches. Die Tiere sind nicht scheu und erobern sogar die Vorgärten (Seite 226ff).

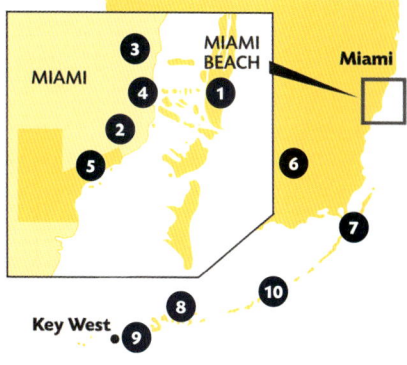

9
Abendstimmung auf dem Mallory Square

Es ist zum Ritual in der Wahlheimat von Ernest Hemingway geworden: Jeden Abend treffen sich in Key West Touristen wie Einheimische auf dem Mallory Square. Sie genießen den Trubel, der auf dem Platz herrscht, bestaunen und bewundern die Kunststücke der Akrobaten und Straßenkünstler und jubeln schließlich der Sonne zu, wenn sie als glutroter Ball im Golf von Mexiko versinkt (Seite 246).

10
Outdoor-Abenteuer – Kajakfahren in den Keys

Die Inselwelt der Keys ist ein Naturparadies, das man am besten vom Wasser aus erkundet. Für Paddler bieten sich unendliche Möglichkeiten: ruhige Gewässer, Seegraswiesen, verborgene Mangroven-Tunnel, wilde unbewohnte Inseln und spektakuläre Sonnenuntergänge an einsamen Buchten. Zahlreiche Wasservögel sind hier zu Hause, und in den klaren Wassern sichtet man Delfine, junge Haie und Seekühe (Seite 256).

TOP 5 FOTO-TIPPS

Die NATIONAL GEOGRAPHIC **Your** Shot Community, 2006 gegründet, hat mehr als eine halbe Million Mitglieder aus 196 Ländern. Sie steht allen Interessierten offen, ob Hobbyfotograf oder Profi. Dieses Reisehandbuch präsentiert Ihnen die fünf schönsten Fotos zum Thema Miami – als Inspiration oder zum Nachfotografieren.

1

Miami Beach bei Nacht

Troy Beshears gelang diese Aufnahme vom Ocean Drive, Ecke 8th Street (siehe S. 100ff) im HDR-Format mittels Langzeitbelichtung. Sie entstand in den frühen Abendstunden, das Nachtleben fing gerade erst an.
Brennweite: 24 mm – Belichtungszeit: 15 / 1 s – Blende: f/11 – ISO 100

2

Die perfekte Welle

Um exakt den Moment im Bild festzuhalten, in dem das Board die Welle trifft, braucht man viel Fingerspitzengefühl – und die richtige Belichtungszeit. Manny Herreria gelang diese Aufnahme am Strand von Miami Beach.
Brennweite: 200 mm – Belichtungszeit: 1/1600 s – Blende: f/13 – ISO 400

3

Strandwachthäuschen typisch amerikanisch

Nicht immer bedarf es einer teuren Kamera, um ein gutes Foto zu schießen. Nancy L. Everett hat dieses besondere Motiv am Strand von South Beach (siehe S. 100ff) mit ihrem Smartphone aufgenommen.

»High noon« auf der Seven Mile Bridge

Frank Hawkins schoss dieses Bild um die Mittagszeit im November, während seine Frau am Steuer saß. Es zeigt die Seven Mile Bridge (siehe S. 217). Aus der Fluchtpunktperspektive wirkt dieses mitten ins Meer gebaute, 205 Kilometer lange Bauwerk besonders imposant.

Brennweite: 21,48 mm – Belichtungszeit: 1/800 s – Blende: f/5,6 – ISO 125

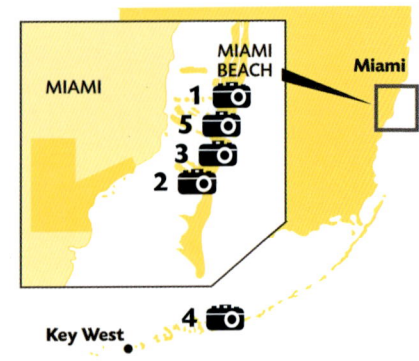

5

Mondrian-Style

Dieses Detail der Fassade eines Apartmenthauses am Ocean Drive (siehe S. 100ff) faszinierte Frederik Ascoop. Ihn erinnerten die gleichförmigen, fast quadratischen Fenster an Gemälde von Piet Mondrian. Linien, Farben und Strukturen spielen die Hauptrolle in dieser Bildkomposition.

Brennweite: 21,48 mm Belichtungszeit: 1/800 s Blende: f/5,6 – ISO 125

Sie wollen mit Ihren Fotos Teil der Your Shot Community werden? Nähere Infos finden Sie unter yourshot.nationalgeographic.com

Millionen von Touristen strömen jedes Jahr nach Südflorida, um das subtropische Klima und die kilometerlange Küste zu genießen. Jenseits der Strände locken die Metropole Miami mit einer blühenden Kulturszene, die Biscayne Bay und die Everglades mit Outdoor-Abenteuern und die ruhigeren Keys mit Entspannung pur.

UNTERWEGS IN MIAMI UND DEN FLORIDA KEYS

Miami wird vom Miami International Airport (MIA) und dem nahen Fort Lauderdale-Hollywood International Airport bedient. Doch Kreuzfahrtschiffe bieten die luxuriöseste Form der Anreise – in der Saison 2014 fertigte der PortMiami 4,8 Millionen Kreuzfahrtpassagiere ab. Im Port of Key West kommen jährlich an die 850 000 Besucher an. Key West an der Spitze der Keys, etwa 160 Meilen südwestlich von Miami, ist über einen Anschlussflug ab MIA oder von Tampa oder Orlando aus zu erreichen. Man kann auch ein Auto mieten oder den Pendelbus ab MIA nehmen (siehe S. 274f). Der Bus braucht etwa viereinhalb Stunden vom MIA bis Key West, größtenteils auf dem reizvollen Overseas Highway (US 1).

Viele der Attraktionen in South Beach und Downtown Miami sind fußläufig erreichbar; oder man nutzt das ausgedehnte öffentliche Verkehrssystem des Miami-Dade Countys (siehe S. 276f). In Downtown zählt dazu der Metromover, dessen fahrerlose, computergesteuerte Wagen Passagiere über kurze Strecken transportieren; außerdem fahren Busse. Jenseits der Innenstadt stellen Busse zumeist die einzigen öffentlichen Verkehrsmittel dar. Das gilt ebenfalls für Miami Beach und Key West.

IN EINER WOCHE

Die perfekte Reise nach Miami kombiniert Strand, Kultur, Sehenswürdigkeiten und Outdoor-Aktivitäten. Der **erste Tag** beginnt mit einem Besuch am Strand von Miami Beach. Nach dem Schwimmen und einer ausgiebigen Betrachtung der Schönen und Reichen locken die Caféterrassen am Ocean Drive sowie ein Spaziergang im South Pointe Park.

Auch der **zweite Tag** dient ganz der Entspannung. Morgens warten Sand und Wellen am South Beach, am Nachmittag schlendert man durch die Lincoln Road Mall mit ihren

Der Braunpelikan, ein häufiger Anblick auf den Florida Keys

▯ Wissen

ONLINE-INFORMATIONEN

Verlässliche Auskunft zu Sehenswürdigkeiten und Attraktionen gibt es im **Greater Miami Convention & Visitors Bureau** (*www.miamiandbeaches.com*) und **Florida Keys Tourism Bureau** (*www.fla-keys.com*). Infos über öffentliche Verkehrsmittel in Greater Miami sind bei **Miami-Dade Transit** (*www.miamidade. gov/transit*) zu finden. Zeitungen wie *Miami Herald* (*www.miamiherald.com*) und *Citizen* (Key West, *www.keysnews.com*) sind ebenfalls ergiebige Quellen.

edlen Boutiquen und schicken Restaurants und Bars. In der Britto Central Art Gallery kann man sich die schrille Pop-Art von Miamis berühmtestem Künstler, dem Brasilianer Romero Britto, ansehen. Später warten ein Abendessen in der Lincoln Road und vielleicht ein Besuch in einem der Clubs.

Am **dritten Tag** ruft die Kultur. Am Vormittag steht ein Besuch des Miami-Dade Cultural Center auf dem Programm. Hier befindet sich das Museum HistoryMiami, das über indigene Tequesta und Seminolen sowie über frühe Pioniere informiert. Danach besucht man das Pérez Art Museum Miami, das Werke namhafter Künstler seit dem Zweiten Weltkrieg präsentiert. Das Mittagessen kann man in einem der vielen edlen Restaurants im Shops at Mary Brickell Village einnehmen, und für den Abend bietet sich ein Konzert oder ein Ballett im Adrienne Arsht Center for the Performing Arts an.

Den **vierten Tag** startet man in Coconut Grove mit einem Besuch des Vizcaya Museum & Gardens. Die spektakuläre Villa im Stil der italienischen Renaissance wurde 1916 erbaut, als das Gebiet ein paar Meilen südlich der Innenstadt noch eine ganz andere Welt war. Später kann man durch die Miracle Mile im benachbarten Coral Gables schlendern und dort die mediterrane Architektur bestaunen. Danach fährt man zur University of Miami, wo man die vielseitige Kunstsammlung des Lowe Art Museum erkunden kann.

Am **fünften Tag** besucht man gleich am frühen Morgen den Zoo Miami, mit fast 3000 Quadratkilometern der größte Tierpark in Florida. Nachmittags legt man auf dem Rückweg in die Innenstadt eine Pause am Gómez Park in Little Havana ein, wo Kubaner Domino spielen und über Politik lamentieren. Dinieren kann man im Restaurant Versailles, dem Mittelpunkt des kubanischen Lebens in Miami.

Am **sechsten Tag** steht eine Tour in den Everglades National Park an. Am Eingang Shark Valley, 40 Kilometer westlich von Downtown Miami, kann man eine Bahnfahrt unternehmen oder sich einer Führung anschließen. Zu sehen sind Alligatoren, Vögel und andere Wildtiere. Außerhalb des Parks am Tamiami Trail (US 41) werben Tafeln für Sumpfboot-Touren.

Der **siebte Tag** gehört zwei der Floridas Keys, nur wenige Meilen östlich von Downtown Miami, erreichbar über den Rickenbacker Causeway. Den Mor-

☐ Wissen

WICHTIGE FAKTEN

Die meisten Besucher werden in Miami keine Probleme haben. Wer aber in Gegenden wie Overtown oder Opalocka sowie nachts unterwegs ist, sollte vorsichtig sein. Sehenswürdigkeiten, Restaurants und Bars haben in der Regel sieben Tage die Woche geöffnet, manche schließen allerdings montags oder dienstags. Als Trinkgeld sollte man in Lokalen 15 bis 20 Prozent der Rechnung geben (ohne Trinkgeld verdienen Kellner sehr wenig!).

gen verbringt man am besten genüsslich am Virginia Key Beach. Im Anschluss steht ein Besuch im Miami Seaquarium an. Hier werden Shows mit Orcas, Delfinen und Seelöwen geboten. Im Aquarium sieht man Manatis (Rundschwanzseekühe) und Fische in allen Formen und Farben. Nachmittags geht es weiter zum benachbarten Key Biscayne mit einem Abstecher zum Leuchtturm im Bill Baggs Cape Florida State Park und seinem Freiluftcafé.

MIT MEHR ZEIT

Für einen längeren Besuch wählt man am besten drei Ausgangspunkte: Der erste ist Miami, der zweite ein Resort in den Upper Keys auf Key Largo oder der Islamorada, und als dritte Ausgangsbasis bietet sich Key West an. Reservieren sollte man die **Tage 8, 9 und 10**, um die Wassersportmöglichkeiten der Upper Keys zu nutzen. Einen Vormittag lang kann man einen Tauch- oder Schnorcheltrip unternehmen und sich anschließend im Stehpaddeln versuchen. Wie wäre es am nächsten Tag mit einer morgendlichen Angeltour, gefolgt von einem Ausflug mit dem Kajak? Am zehnten Tag würde sich als Unternehmung das Schwimmen mit Delfinen anbieten, und man könnte danach rund 50 Kilogramm schwere Tarpune füttern, die sich an Robbie's Marina in Islamorada tummeln.

An **Tag 11** legt man bei der Fahrt westwärts auf dem Overseas Highway (US 1) auf Big Pine Key eine Pause ein, um im National Key Deer Refuge die kleinen Key-Weißwedelhirsche zu beobachten. Am Blue Hole bekommt man oft bis zu drei Meter lange wilde Alligatoren zu Gesicht; ein Naturlehrpfad führt durch tropischen Hartholzwald. Anschließend erkundet man die Keys entlang der restlichen rund 50 Kilometer Highway, bevor man schließlich zum Abendessen Key West erreicht.

Den Morgen von **Tag 12** verbringt man gemütlich am palmengesäumten Smathers Beach und unternimmt nachmittags eine Rundfahrt mit dem Bus. Beliebter Halt ist das Harry S. Truman Little White House, das Präsident Truman während seiner Amtszeit elfmal besucht hat. Etwa 15 Gehminuten weiter südlich steht das Hemingway Home & Museum. Hier schrieb der berühmte Autor einige seiner Erzählungen. Gegen Abend fla-

Auf Key West trifft man sich zum spektakulären Sonnenuntergang am Mallory Square

niert man zum Mallory Square, um den Sonnenuntergang zu sehen und die Straßenkünstler zu bewundern. Am besten rundet man den Tag mit einem Besuch in Captain Tony's Saloon oder bei Sloppy Joe's ab, um weiter auf Hemingways Spuren zu wandeln.

Am Vormittag von **Tag 13** bestaunt man im Mel Fisher Maritime Museum einen Großteil des legendären 400-Millionen-Dollar-Schatzes, den der Namensgeber des Museums in den 1980er-Jahren aus gesunkenen Galeonen fischte, darunter Gold- und Silberbarren sowie ein 77-karätiger Smaragd. Das Audubon House & Tropical Gardens zeigt unter anderem Arbeiten des amerikanischen Naturforschers, Ornithologen und Zeichners John James Audubon (1785–1851); danach lädt die nahe Caroline Street mit ihren Villen zu einem Bummel ein. Zum Abschluss unternimmt man am **Tag 14** einen Ausflug zum Dry Tortugas National Park (nur knapp 45 Minuten per Wasserflugzeug oder 2,5 Stunden per Fähre ab Key West) und macht einen Abstecher nach Fort Jefferson aus dem 19. Jahrhundert. ■

 ☐ **Wissen**

REISEZEIT

Wassersportfans sollten eine Reise während des heißen, feuchten Sommers in Betracht ziehen. Alle anderen werden wohl einen Besuch im trockenen, warmen Winter vorziehen. Die Touristensaison beginnt mit dem Ende der Hurrikan-Saison am 30. November und endet im Mai. In dieser Zeit finden Festivals wie Art Basel Miami Beach, Miami Book Fair International und South Beach Wine & Food Festival sowie Sport-Events wie der ING Miami Marathon statt. Von Mitte März bis Mitte April, während der Frühjahrsferien der meisten US-Colleges, ist immer noch eine Menge los an den Stränden von Miami und Key West, auch wenn es dort heute ruhiger zugeht. Wer gern feiert, sollte Miami zum Carnaval Miami (Ende Februar bis Anfang März), Miami Beach zur Urban Beach Week (letztes Mai-Wochenende) oder Key West zum Fantasy Fest im Oktober besuchen. Wer es ruhiger mag, sollte diese Termine meiden.

Geschichte und Kultur

❮ Strandabschnitt im Crandon Park auf Key Biscayne südlich von Miami Beach

In den letzten Jahrzehnten ist Miami für Einwanderer auf der Suche nach einem besseren Leben und für sonnenhungrige US-Amerikaner zur neuen Heimat geworden. Mehr als 2,5 Millionen Menschen unterschiedlicher Herkunft leben hier. Miami ist die Stadt mit den meisten im Ausland geborenen Einwohnern in den USA.

Die Neuankömmlinge brachten ihr Interesse für Kultur mit in die Stadt. Großartige neue Bühnen für darstellende Künste in Downtown Miami (Adrienne Arsht Center for the Performing Arts) und South Beach (New World Center) entstanden, und international bekannte Festivals wurden ins Leben gerufen. Auch Naturfreunde kommen in Miami nicht zu kurz: Einzigartige Ökosysteme locken die Bewohner in die Umgebung. Beliebte Aktivitäten sind Tauchen, Angeln, Stehpaddeln und Kajakfahren.

Im Jahr 1994 trafen sich die Regierungschefs von 34 nord-, mittel- und südamerikanischen Staaten im Biltmore Hotel in Coral Gables zum Amerika-Gipfel. Die Konferenz befasste sich mit den wachsenden wirtschaftlichen und kulturellen Verflechtungen der drei »Amerikas«. Miami spielte den Gastgeber – auch weil die Metropole bereits diese Wechselbeziehungen mehr als jede andere Stadt der westlichen Hemisphäre versinnbildlicht.

Die lange Geschichte von Miamis kubanischer Gemeinde täuscht über die Tatsache hinweg, dass auch viele Immigranten aus anderen südlichen Ländern hier leben.

Den Titel »Hauptstadt Lateinamerikas« trägt Miami auch aus politischen Gründen – nicht zuletzt, weil Havanna sich nach dem Sieg der Revolution des Jahres 1959 nicht mehr um den Titel bewarb –, aber vor allem aus wirtschaftlichen und finanziellen Gründen. Miamis Bankengewerbe hat Verbindungen rund um den Globus, und die Stadt bildet das wichtigste Handelszentrum der gesamten Region. Vielleicht noch bedeutender aber ist die erfolgreiche Verschmelzung von angloamerikanischem Business und Lebensstil mit den Bräuchen Lateinamerikas.

In Miami lebt ein hoher Prozentsatz an Immigranten aus südlichen Ländern. Manche kamen per Businessclass-Flug, andere, wie viele Haitianer, riskierten in altersschwachen Booten ihr Leben. Einige Neuankömmlinge gehören heute zu den wohlhabendsten und einflussreichsten Menschen in Miami, andere zu den ärmsten. Es gibt in Miami eine erstaunliche Vielfalt an Kulturen, die ihre Sprachen und Bräuche auch im Exil pflegen und bewahren. In den Restaurants wird die jeweilige Landesküche serviert, in den Läden und auf den Märkten werden landestypische Waren angeboten.

Einladende Restaurantterrassen entlang des Ocean Drive in South Beach

KUNSTSZENE IM AUFWIND

Parallel zur steigenden Einwohnerzahl mausert sich Miami mehr und mehr auch zur Kulturmetropole. Für Touristen bedeutet dies, dass ein als Badeurlaub geplanter Aufenthalt plötzlich durchaus zu einem Kunsterlebnis werden kann. Zwei Tempel der darstellenden Kunst haben seit 2006 hier ihre Pforten geöffnet, die sowohl weltberühmten Stars wie aufstrebenden Talenten eine Bühne bieten – das Adrienne Arsht Center (siehe S. 83) sowie das New World Center (siehe S. 110f). Darüber hinaus begeistert das am Wasser gelegene Pérez Art Museum Miami (siehe S. 64), vom Architekturbüro Herzog & de Meuron entworfen, seit 2013 Kritiker und Kunst-Aficionados. Miami ist auch Schauplatz international gefeierter Festivals, etwa die Art Basel Miami Beach, die im Jahr 2002 hier debütierte und in deren Schatten sich fast 20 eigene Kunst-Events etabliert haben, die jährlich parallel Anfang Dezember stattfinden. Dort sind Arbeiten zumeist lokaler Künstler zu sehen, von denen viele im Wynwood Arts District ihre Studios haben (siehe S. 83f). Außerhalb der Festivalzeit versammeln sich in Miamis Kreativ-Viertel an jedem zweiten Samstag im Monat Kunstinteressierte, um Galerien, Restaurants und Läden zu besuchen.

Neben den kubanischen und jüdischen Vierteln gibt es in Greater Miami Enklaven von Afroamerikanern, Kolumbianern, Haitianern, Jamaikanern, Nicaraguanern, Puerto Ricanern, Peruanern, Venezolanern, Russen und Menschen aus Trinidad, von den Bahamas und den Virgin Islands, nicht zu vergessen die indigenen Miccosukee-Indianer, die ihre Bräuche in einem kleinen Reservat in den Everglades pflegen. Die Viertel gehen meist ohne scharfe Abgrenzung ineinander über – in Little Havana etwa lebt inzwischen eine neue Generation politischer Flüchtlinge aus Nicaragua.

Mit über 140 Handels- und Geschäftsbanken ist Miami ein internationales Finanzzentrum. Ohne Übertreibung kann man es die Hauptstadt der Karibik nennen. Kulturell Interessierte bevorzugen Miamis anderen hochtrabenden Spitznamen: »Tor der Amerikas«.

MIAMI STELLT SICH VOR

Die meisten Bewohner Miamis sagen, sie seien – trotz der Hurrikans, die sechs Monate im Jahr drohen – glücklich, so nahe an Südfloridas Feuchtgebieten und Regenwäldern sowie an den Florida Keys zu leben. Miami ist eine relativ junge Stadt – erst Ende des 19. Jahrhunderts begann seine Geschichte. Sein polyglotter Charakter zeugt von einer Vergangenheit, die die Region einzigartig macht: als Außenposten spanischer Kolonien, als Ferienmekka für pensionierte Nordstaatler. Dann kam der Exodus von Kubanern, die nach der Machtübernahme von Fidel Castro 1959 ihre Heimat verließen – ein Phänomen, das die Stadt schnell zur »Hauptstadt Lateinamerikas« werden ließ.

Von Miami kennt man Klischees. Bücher, Filme und TV-Serien zeigen es als flamingo-rosarote Stadt voller Gesetzesbrecher. Jahrelang galt Miami Beach als »Wartezimmer Gottes«, in dem betagte Juden ihren Lebensabend verbringen. Es gilt als Mekka des Nachtlebens (stimmt), Drogenstadt (stimmt) und Castro-feindlich (stimmt auch).

Greater Miami bietet einige der schönsten Küstenabschnitte Amerikas. Im November, wenn im Norden der kalte Herbst einzieht, beginnt Miamis Hauptsaison. Warme Tage und Nächte das ganze Jahr über machen South Miami Beach zur 24-Stunden-Vergnügungskapitale. Die Biscayne Bay, die Miami von Miami Beach trennt, ist wegen der unzähligen kleinen, unbebauten Inseln bei Seglern beliebt. Entlang der Ufer erstrecken sich öffentliche Parks mit Wäldern und Stränden. Gegenden wie Coconut Grove und Coral Gables lassen erahnen, weshalb täglich etwa 700 Menschen nach Florida ziehen: wunderschöne Wohngebiete mit Gärten, Alleen, ansprechende öffentliche Bauten, Plätze und tropische Parks am azurblauen Wasser: der wahr gewordene Florida-Traum.

Ein Urlaub hier spricht alle Sinne an. Nehmen Sie sich Zeit, um das zu erleben, was die Regierung gern als »das echte Florida« bezeichnet: Strände, Riffe und Küstenwälder der Biscayne Bay sowie die traumhafte Wildnis der Everglades, wo Sie mit dem Kanu eine urtümliche Wasserwelt erkunden können. Testen Sie die New-World-Küche, tauchen Sie in das warme Wasser des Golfstroms ein, graben Sie Ihre Zehen in den Sand, der schon unter den Schritten von Floridas erstem europäischem Besucher, Juan Ponce de León, knirschte, und genießen Sie paradiesische Strände, bei deren Anblick der spanische Abenteurer Anfang des 16. Jahrhunderts überzeugt war, den lang gesuchten Jungbrunnen gefunden zu haben. ■

Miami gilt als Welthauptstadt der Kreuzfahrten: ein Ozeanriese vor Miami Beach

Neben Stränden und Hotels beherbergt Miami eine Vielzahl an ethnischen Gemeinden und interessanten Bauwerken. Über die Namen der Viertel sind sich die Bewohner Miamis allerdings nicht einig, schon gar nicht über deren Grenzen.

Den Kubanoamerikanern in Miami ist Little Havana ein Mikrokosmos ihrer Heimat

Downtown: Die Skyline der Downtown gehört zu Amerikas schönsten, besonders nachts, wenn Spots die Wolkenkratzer in bunte Farben tauchen. Hier stehen hoch aufragende Wohn- und Geschäftshäuser, das Adrienne Arsht Center for the Performing Arts, das Pérez Miami Art Museum und der Bayside Marketplace, ein Laden-, Restaurant- und Unterhaltungskomplex.

Little Havana: Südwestlich von Downtown, seit 1959 der wichtigste Brückenkopf für ankommende Kubaner. Hier leben heute Latinos aus aller Herren Länder. Es gibt nicaraguanische, mexikanische und kolumbianische Lokale und Läden. Die kubanische Gemeinde ist längst über das Viertel hinausgewachsen, doch ihr Herz schlägt noch hier.

Upper Eastside: Miamis nordöstlichster Stadtteil flankiert den Biscayne Boulevard (US 1) nördlich der Downtown. Der Charme des ethnisch vielfältigen Viertels liegt – abseits des Boulevards mit seinen schäbigen Motels – in Bayside und Morningside, wo an palmengesäumten Straßen vor 1940 erbaute Häuser im Mittelmeer- und Bungalowstil stehen.

Little Haiti: Westlich der Upper Eastside liegt dieses Stück Karibik, das mit Kunst und Läden aus Haiti aufwartet. Mediterrane Villen stehen in Buena Vista. Gleich nebenan: der trendige Design District (um die N. E. 40th Street) mit Showrooms, Galerien und Möbel- und Stoffläden für Designer und Architekten; ebenso der boomende Wynwood Arts District (um die N.W. 2nd Avenue) mit gut 60 Galerien.

Allapattah: In dem Arbeiterviertel mit über 54 000 Einwohnern (72 Prozent davon hispanischer Abstammung) nordwestlich der Downtown stehen Industrie- und Regierungsbauten sowie Krankenhäuser. Die Anwohner kleiden sich in den vielen Modefabrikläden ein, Köche kaufen auf Miamis größtem Markt frische Waren. Fotografen flanieren bevorzugt am Miami River und machen Aufnahmen von verrückten Bistros, alten Schiffen, Autowerkstätten und Schrottplätzen.

Overtown: Zwischen Allapattah und Downtown kämpfen hier 10 000 Afroamerikaner mit Arbeits- und Obdachlosigkeit sowie der grassierenden Kriminalität. Dank Gemeinschaftssinn und öffentlicher Programme hegt man Hoffnung auf Besserung. Ein Themenpark widmet sich Miamis afroamerikanischem Erbe, das angesichts der Alltagsmühen dieser Gemeinde allzu häufig vergessen wird.

Flagami: Flagami, westlich von Little Havana, nahe dem internationalen Flughafen, ist nach Miamis erstem Eisenbahnbaron Henry Flagler benannt. In dem schnell wachsenden Viertel leben derzeit 51 000 angloamerikanische und hispanische Mittelständler. Clubs und Lounges ziehen Gäste aus der ganzen Stadt an, Surfer bevölkern die Blue-Lagoon-Seen.

Coral Gables: Hier mischt sich die Grandeur des historischen Spaniens mit der Lebendigkeit einer amerikanischen Großstadt in den Tropen. Mit 46 000 Einwohnern – darunter viele wohlhabende Latinos – und über 140 multinationalen Unternehmen ist Coral Gables inzwischen Lateinamerikas inoffizielles Wirtschaftszentrum in den USA. Hier liegt auch der Hauptcampus von Miamis Privatuniversität.

Coconut Grove: Kultiviert, multikulti, überall grünt und blüht es… »The Grove« ist einer der schönsten Vororte Miamis. Sein künstlerisches Flair verleitet zu Vergleichen mit New Yorks Greenwich Village. Die 20 000 Anwohner sind stolz auf ihr Viertel. Viele der luxuriösesten Adressen sind Wohnanlagen mit Blick über die Biscayne Bay, wo inmitten der Küstenwälder einige der prächtigsten Villen Südfloridas stehen.

Coral Way: Dieses Geschäftsgebiet nördlich von Coconut Grove umfasst Brickell, Coral Gate, Douglas, Parkdale-Lyndale, Shenandoah, Silver Bluff und Roads. In Brickell stehen einige der höchst gerühmten und mit Preisen ausgezeichneten Wohnhäuser. Ältere Häuser in Shenandoah und Silver Bluff sind ebenfalls architektonisch interessant.

Miami Beach: Mit diesem Viertel an der amerikanischen Riviera können sich keine anderen fünf Quadratkilometer der Welt messen. Den Strand säumen gut 800 Gebäude im Art-déco-Stil und einige der schicksten Hotels der Vereinigten Staaten. Hier tummelt sich eine Clubszene, deren fotogene Mitglieder nachts die Tanzflächen, tags die Straßencafés schmücken.

Spanier und Engländer hatten es bereits auf Miami abgesehen, bevor es als Zufluchtsort für entflohene Sklaven diente und den Ehrgeiz eines Eisenbahnbarons weckte. Die Stadt zog Piraten, Schmuggler und Promis an, sie erlebte Hurrikans und Seminolenkriege. Heute blüht dort die Tourismusindustrie.

URGESCHICHTE

Man vermutet, dass die ersten Siedler Tequesta-Indianer waren, Jäger, Sammler und Fischer, die vor rund 10 000 Jahren an der Mündung des Miami River lebten. Das Wasser des Miami River war klar, und mindestens eine große Süßwasserquelle sprudelte aus dem Boden der seichten Biscayne Bay. Bis Ende des 19. Jahrhunderts konnte man das Wasser der Bucht trinken.

Im Jahr 1565 gründeten die Spanier ihre erste Siedlung in Florida: St. Augustine

Deshalb glauben manche, *miami* sei das Wort der Tequesta für Süßwasser. Andere führen den Namen auf die Seminolensprache zurück und übersetzen ihn mit »großes Wasser«. Von der Jagd in den Everglades brachte man Hirsche, Bären und Wildschweine heim. Die Männer fingen Haie, Fächerfische, Schweinswale, Stachelrochen und Seekühe. Frauen und Kinder sammelten Muscheln, Austern und Schildkröteneier.

Die Spanier hinterließen der Region ein folgenschweres Erbe: Krankheiten, gegen die die Indianer Miamis nicht immun waren.

ERSTE EUROPÄISCHE ENTDECKER

Im April 1513 landete Juan Ponce de León, Leutnant von Christoph Kolumbus, in der Nähe des heutigen St. Augustine. Es war Ostern – spanisch *la pascua florida* –, weshalb Ponce die »Insel« wohl La Florida nannte. In den folgenden 50 Jahren hatten Floridas Ureinwohner unter den Misshandlungen der Konquistadoren zu leiden. Die Welt der Tequesta blieb dennoch weitestgehend unverändert – bis 1566 Pedro Menéndez de Avilés auftauchte, der erste spanische Gouverneur von »La Florida«. Er kam mit Soldaten und einem Jesuitenpriester. Bruder Francisco Villareal gründete eine Mission, konnte aber die Tequesta nicht für das Christentum begeistern. Die Spanier hinterließen ein folgenschweres Erbe: Krankheiten, gegen die Miamis Indianer nicht immun waren.

Kurz nach diesem schicksalhaften Besuch unterzeichnete Menéndez einen Vertrag mit den Calusa-Indianern, deren Territorium die Keys einschloss. Menéndez tauschte Stoffe und Eisenwaren gegen Gold und Überlebende gesunkener spanischer Galeonen. Er errichtete von den Carolinas bis zur Biscayne Bay Wachtürme, um Schatzschiffe vor Piraten zu warnen, und gewann die Tequesta als Verbündete. La Florida wurde Spaniens Reich in der Neuen Welt eingegliedert, auch wenn die sumpfige Halbinsel kaum mehr als Schildkröteneier und Moskitos zu bieten schien. Doch lag sie günstig über der Schifffahrtsstraße im Golf von Mexiko.

Um 1750 war St. Augustine eine Garnisonssiedlung mit 2000 Bewohnern, deren Wirtschaft auf der Versorgung des Militärs gründete. Spaniens Missionssystem war gescheitert. Derweil weigerte sich die spanische Krone, den nötigen Handel mit den englischen Kolonien zu erlauben. Sie verbot Nichtkatholiken, Kolonisten zu werden, und scheiterte daran, Unternehmer von Investitionen in La Florida zu überzeugen. Das Kapital floss stattdessen nach Mexiko und Kuba.

Der Vertrag von 1763 beendete den französisch-indianischen Krieg und sprach La Florida den Briten zu. Doch nach der Amerikanischen Revolution gab Großbritannien Florida an Spanien zurück und erhielt dafür die Bahamas. 1784 setzten die Spanier ein Siedlungsprogramm in Gang. Man überschrieb 71 Hektar an der Bahía Biscaíno an Pedro Fornells, 40 Hektar am Río Nombrado an den Engländer John Egan. Diese Männer waren die ersten dokumentierten Einwohner Miamis.

BEGINN DER AMERIKANISCHEN BESIEDLUNG

Als die Amerikaner damit begannen, immer mehr zu expandieren, gerieten sie zwangsläufig in Konflikt mit den Europäern auf ihrem Kontinent. Nüchterne Köpfe in Spanien hielten den Verkauf von La Florida an die USA für eine Option, konnten sich jedoch nicht durchsetzen. Piraten hatten Südküste und Keys zum Niemandsland gemacht und Washington überzeugt, dass ein spanisches Florida Anarchie bedeutete. Derweil verärgerte Spaniens Aufnahme geflohener Sklaven Plantagenbesitzer in den Südstaaten. 1811 griff eine Yankee-Bande St. Augustine an und zerstörte Plantagen, bis britische Kriegsschiffe sie vertrieben. Durch den Kriegsausbruch 1812 war Madrid genötigt, Großbritannien in Florida Stützpunkte errichten zu lassen, und schürte damit den Zorn der Amerikaner noch mehr. Amerikanische Abenteurer überfielen weiter spanische Siedlungen. Im Jahr 1821 übergab Spanien schließlich die Halbinsel an die USA, und die *Stars-and-Stripes*-Flagge wehte nun über Florida.

> **Im Jahr 1821 übergab Spanien die Halbinsel an die USA, und die *Stars-and-Stripes*-Flagge wehte nun über Florida.**

Und weiter ging es: Cape Florida (Key Biscayne) bekam 1825 einen Leuchtturm. Der Kongress verabschiedete den Homestead Act, der Florida für

Siedler öffnete, aber auch zur rigorosen Umsiedlung der Indianer in westlich gelegene Reservate führte. Tausende von Indianern vereinigten sich unter dem Seminolenbanner. 1835 zogen die Siedler unter Führung von Major Francis Dade in den Krieg. In den folgenden 22 Jahren war Florida Schauplatz von Guerillakriegen.

MIAMIS ANFÄNGE

Miami dümpelte während des Bürgerkriegs als Konföderierten-Kaff dahin, doch nach dem Sieg über die Südstaaten lebte es auf. Im Jahr 1870 errichtete William Brickell am Miami River einen Handelsposten. Ephraim Sturtevant aus Cleveland kaufte Land an der Biscayne Bay. Siedler rodeten weiter südlich ein Mangrovendickicht und richteten ein Postamt mit dem Stempel »Coconut Grove« ein. Die Kunde von Südfloridas tropischem Klima lockte Abenteurer in Miamis ersten Gasthof, das Bay View House, das dort stand, wo heute Peacock Park liegt. 1888 öffnete eine Schule. Doch erst 1891 gab es eine Vision für Miami: Sturtevants Tochter, Julia Sturtevant Tuttle (1840–1898), kam als Witwe aus Ohio zurück nach Miami. Sie erwarb 259 Hektar Land am Nordufer des Flusses und zog in die verlassenen Gebäude von Fort Dallas. Sie beschloss, es zu einer Stadt auszubauen. Eine Voraussetzung für die Entwicklung aber war die Bahnanbindung an den Rest Amerikas. Tuttle suchte Henry Flagler auf, dessen Florida East Coast Railway bereits West Palm Beach, gut 110 Kilometer nördlich, erreicht hatte. Flagler jedoch erachtete Miami als nutzlos für seine Bahn. Der strenge Winter 1894/1895 änderte seine Meinung. Fast alle Zitrusblüten in Florida waren erfroren, nicht aber jene in Miami. Tuttle soll dem Mogul unversehrte Orangenblüten gebracht und Miami als milde Oase angepriesen haben. Mit Erfolg: Am 15. April 1896 dampfte der erste Zug nach Miami. Flagler eröffnete das Royal Palm Hotel für Touristen, baute Häuser für Arbeiter, ließ einen Schiffskanal in der Biscayne Bay graben und stiftete Land für öffentliche Schulen. Im Juli 1896 stimmten die Wähler für die Stadtgründung. Die 368 Wahlberechtigten entschieden sich für einen bereits zwei Generationen alten Namen, und Miami wurde zur offiziellen Stadt.

1912 hatte Henry Flagler seine Florida East Coast Railway bis Key West erweitert

MIAMI UND DER SPANISCH-AMERIKANISCHE KRIEG

Die Stadt war kaum zwei Jahre alt, als im April 1898 die Vereinigten Staaten im Streit um Kubas Unabhängigkeit die Waffen gegen die Spanier erhoben. In den drei Monaten dieses kurzen Krieges wuchs Miami (1200 Einwohner) schnell. Anfangs lehnte die Armee die Stadt als Ausbildungsstützpunkt ab, was die hiesigen Geschäftsleute, inklusive Flagler, bedauerten. Der Mogul warb bei Armeeoffizieren leidenschaftlich für Miami. Auf eigene Kosten machte er den ersten Spatenstich für das »Camp Miami«. Dieses Angebot konnte man schlecht ablehnen. Bald lebten über 7000 Rekruten in Zelten auf einem Gelände nahe dem Freedom Tower und schwitzten in ihren wollenen Uniformen. Die Offiziere hingegen residierten im luftigen Royal Palm. Miamis Geschäftsleute verkauften Limonade nun nicht mehr glasweise, sondern lieferten sie in Fässern aus; größere Unternehmen verzeichneten immense Ertragssteigerungen. In North Miami entstand ein »trinkfester« Rotlichtbezirk. Doch Flaglers Lüge, Miami besitze einen »unerschöpflichen Reichtum an sauberstem Wasser«, kam ans Licht, als 24 Rekruten in der Hitze an Typhus starben. Hunderte litten an der Ruhr, und die von Moskitos geplagten Soldaten nannten das Lager bald »Camp Hell«. Zum Glück endete der Krieg, und das Camp Hell wurde nach nur sechs Wochen aufgelöst. Der Aufenthalt des Militärs in Miami forcierte die Stadtentwicklung: Land wurde gerodet, Wege wurden angelegt, Straßen befestigt, Brunnen gegraben und Gebäude errichtet. Noch bedeutender für Miamis Zukunft war die Kriegsberichterstattung, die die bis dahin kaum bekannte Stadt dem ganzen Land vorstellte; Tausende junge Männer nahmen die Erinnerung an sie in ihre nördlicheren Heimatorte mit.

DAS MODERNE MIAMI

Trotz allen Fortschritts war Miami Anfang des 20. Jahrhunderts kaum mehr als ein Zivilisationsstreifen zwischen Biscayne Bay und Everglades.

🔲 Wissen

DIE CLIPPER DER PAN AM

Ein Kapitel der US-Luftfahrtgeschichte fand am 9. August 1945 in Coconut Grove sein Ende, als der letzte fahrplanmäßige Clipper der Pan Am, ein viermotoriges Boeing-314-Flugboot, von der Dinner Key Marina (siehe S. 142) das letzte Mal abhob. Kaum jemand hatte erwartet, dass Flugboote so schnell veralten würden. Erst 1931 war Pan Ams erster Clipper, eine Sikorsky S-40, aufgestiegen. Der Zweite Weltkrieg beschleunigte den Wandel, und nach dem Krieg hatten Länder, die einst entlegen erschienen, eigene Flugplätze, die das Anfliegen mit wirtschaftlicheren Flugzeugen ermöglichten. Die Zeit der Flugboote war vorüber.

Ein Sikorsky-Flugboot wird Mitte der 1930er-Jahre an das Terminal von Pan Am geschleppt

Doch Amerikas Bedarf an Wohnflächen stieg, was zu einem Bauboom und zur Verärgerung der Umweltschützer führte – ein Interessenkonflikt, der Miami bis heute begleitet. Im Jahr 1906 begann man, Teile der Everglades trockenzulegen. Zehn Jahre später wurde der Royal Palm Park gegründet, der den Grundstock des Everglades National Park bildet. Carl Fisher, ein reicher Industrieller aus Indiana, ließ eine 3,2 Kilometer lange Holzbrücke zum »Ocean Beach«, einem Stück Sand mit Korallenfels parallel zu Miamis Küste, bauen. Angesichts der unberührten Wildnis hatte er die Vision von Hotels, Golfclubs und Polofeldern: eines Vergnügungsmekkas, das 1915 als Miami Beach Wirklichkeit wurde.

1920 hatte Miami bereits an die 30 000 Einwohner. Es hieß, eine Investition in Florida garantiere fabelhafte Gewinne. Tausende zogen nach Miami, begannen mit dem An- und Verkauf von Land und traten damit Floridas Landboom los. 1925 ersuchten Bauunternehmer um 971 neue Teilungsgenehmigungen. Nahezu 175 000 Grundbucheintragungen verzeichnete man in den Schwestergemeinden wie Coral Gables, Miami Shores, Hialeah, Miami Springs, Boca Raton und Opa-locka. Der Boom endete im Jahr darauf mit Steuerskandalen und einem zerstörerischen Hurrikan. Der Börsencrash von 1929 versetzte ihm dann den Gnadenstoß.

Die Lage Miamis lockte aber weiter Visionäre wie Carl Fisher und Juan Trippe an, Gründer der Pan American Airways, einst bekannt für ihre Clipper, die legendären Flugboote (siehe Kasten links). Im Jahr 1935 verbanden diese Flugboote Miami mit 32 lateinamerikanischen Ländern, und die Stadt sonnte sich im Schein der glamourösen neuen Welt der Überseeflüge. Der Zweite Weltkrieg verwandelte Miami erneut in eine Militärstadt: Hotels wurden zu Kasernen, Strände zum Übungsgelände, auf dem sich an die 500 000 Soldaten auf den Kampf vorbereiteten. Wieder würden sich

Xavier Cortada, ein bekannter kubanoamerikanischer Künstler, in seinem Atelier

später Tausende junge Leute an ihre Zeit dort erinnern – und nicht wenige irgendwann zurückkommen.

DER KUBANISCHE EXODUS

In den Nachkriegsjahren gedieh Greater Miami. Viele neue Einwohner und steigende Urlauberzahlen führten zu einem Bauboom, in dem Paläste entstanden wie das 1504-Zimmer-Hotel Fontainebleau in Miami Beach. Miami schien sich zur Stadt der Pensionäre und sonnenhungrigen Touristen zu entwickeln. Doch die Geschichte spielte der Entwicklung einen Streich. Ende 1958 wagte der 32-jährige Fidel Castro mit seiner Guerillatruppe den Krieg gegen den langjährigen kubanischen Diktator Fulgencio Batista, der am 1. Januar 1959 schließlich ins Exil ging.

Den Charakter der Stadt veränderte nicht so sehr die hohe Anzahl der kubanischen Einwanderer als vielmehr ihr gesellschaftlicher Hintergrund.

Castros Umwandlung Kubas in einen kommunistischen Staat begann mit öffentlichen Hinrichtungen und ging weiter mit der Verstaatlichung privater Fabriken und Besitztümer. Ab dem Sommer des Jahres 1960 verließ Kubas gesellschaftliche und wirtschaftliche Elite die Insel scharenweise, die meisten Menschen flüchteten auf den sechs täglichen »Freiheitsflügen« von Havanna in das 370 Kilometer entfernte Miami. Für diese Strecke gab es keine Rückflugtickets. Als die ersten Kubaner eintrafen, hatte Miami rund 700 000 Einwohner. Auf jeden

Bürger hispanischer Abstammung, etwa 50 000, kamen drei Afroamerikaner. Mitte der 1970er-Jahre zählte die kubanische Bevölkerung Miamis bereits über 300 000. Heute sind von den rund 5,6 Millionen Einwohnern der Region Miami-Fort-Lauderdale-West-Palm-Beach ungefähr eine Million Einwohner Kubanoamerikaner.

Den Charakter der Stadt veränderte jedoch nicht so sehr die hohe Anzahl der kubanischen Einwanderer als vielmehr ihr gesellschaftlicher Hintergrund. Zahlreiche der Einwanderer waren Geschäftsleute oder Unternehmer, von Inhabern kleiner Läden bis hin zu Besitzern von Zuckerrohrplantagen, Rumbrennereien und Zigarrenfabriken. Viele hatten in Behörden oder an Gerichten gearbeitet oder an Schulen und Universitäten unterrichtet. Und sie alle kamen nach Miami, um neu anzufangen.

Ihre Leistungen verliehen der Stadt Energie. Es entstanden Viertel, die die Kultur des prärevolutionären Kuba auferstehen ließen. Straßen wurden nach kubanischen Märtyrern umbenannt, kubanische Vereine wiederbelebt und neue Handelsorganisationen gegründet. In der ganzen Stadt entstanden kleine Geschäfte in kubanischer Hand. Kubanische Lebensmittelläden eröffneten, andere erweiterten ihr Sortiment um kubanischen Kaffee, Käse und Brot. Der Bedarf der Flüchtlinge an Wohnraum führte zu einem Bau- und Sanierungsboom. Kubanische Restaurants erfreuten nun auch Touristen mit exotischen Alternativen zu Miamis koscheren Delis, Seafood-Lokalen und Steakhäusern.

MIAMI IM NEUEN MILLENNIUM

Heute, mehr als 50 Jahre nach dem Beginn der Flucht von ihrer Insel, dominieren die Kubaner in Miamis Prominenz. Dazu Pablo Canton vom Net Enhancement Team in Little Havana 2012: »Der Bürgermeister der City of Miami und der Polizeichef sind Kubaner, ebenso der Bürgermeister des Countys Miami-Dade. Zudem sind viele Prominente Kubaner, davon auch eine ganze Reihe Unternehmer. Eine große Klinik ist in kubanischem Besitz, und auch der Präsident des Miami Dade College ist Kubaner. Seit dem Zustrom nach der Castro-Revolution haben wir Kubaner in Miami viel Einfluss gewonnen.« Kubaner sind mit etwa 50 Prozent aller hispanischen Einwohner nach wie vor die größte lateinamerikanische Gruppe der Region. In den letzten Jahren kamen jedoch viele hispanische Immigranten aus anderen Ländern hinzu, ein Wandel, der auch in Little Havana deutlich wird, wo heute salvadorianische Maiskuchen angeboten werden und Kellner eher aus Honduras oder Peru stammen. Anders als noch vor zehn Jahren ist das Programm von Miamis beliebtestem Radiosender nicht mehr kubanisch, sondern kolumbianisch – ein Beweis, dass der Schmelztiegel ein lebendiger Teil des amerikanischen Lebens ist. ■

Miamis bunter Kulturmix hat eine kulinarische Revolution entfacht – eine Fusion ganz unterschiedlicher Geschmacksrichtungen mit Beiträgen aus Kuba, der Karibik und Lateinamerika. Der Star dieser Küche aber ist Floridas eigener Beitrag: Floridas Köche haben endlich das gastronomische Potenzial erkannt, das ihre heimische Region bietet.

Überall in Miami und auf den Keys kommen regionale Produkte auf den Tisch

Das Ergebnis ist eine Küche voller tropischer Aromen und appetitlich bunter Kombinationen. Lateinamerikanisches Temperament sorgt für Stil, Zutaten und Inspiration stammen aus der Karibik. Stockfisch, Tamarinde, Guaven, Kochbananen, Conches und die schärfste bekannte Chili, die Caribbean Scotch Bonnet, sind allgegenwärtig. Die heimischen Zutaten spielen eine wichtige Rolle: Fisch aus dem Atlantik und dem Golf von Mexiko, Exotisches wie Steinkrebs, Snapper, Wels, Froschschenkel, Alligator und Palmherzen. Das subtropische Klima ermöglicht die ganzjährige Ernte von Früchten und Gemüse.

HEIMISCHE SPEZIALITÄTEN

Dank des tropischen Klimas ist Florida mit einer Vielfalt von heimischen Zutaten gesegnet – tierischen wie pflanzlichen –, die die Speisekarten überquellen lassen. Hier eine Auswahl:

Alligator — Gezüchtet, nicht wild. Zartes, mageres Fleisch, am besten frittiert. Alligator-Eintopf ist eine traditionelle Spezialität in Florida.

Conch (sprich: konk) — Eine Spezialität der Bahamas; eine riesige, essbare, feste Meeresschnecke, mit Abalonen, Shrimps oder Muscheln vergleichbar. In das konische Gehäuse kann man wie in ein Horn blasen. Sie enthält viel

Protein, wenig Fett und wird häufig als Appetizer angeboten, zum Beispiel als Ceviche, in einer Suppe oder frittiert.

Florida catfish (Florida-Wels) – Spezialität aus dem Lake Okeechobee, nordwestlich von Palm Beach; wird mit Maismehl bestreut und frittiert.

Florida lobster – Hummer mit riesigen Fühlern, einem stacheligen Panzer, aber ohne Scheren. Essbares Fleisch sitzt nur im Schwanz. Sehr häufig in Floridas Gewässern; Saison ist von Ende August bis April.

Florida-Mangos – Kurze Saison, etwa Mai bis August; findet jedoch ganzjährig Verwendung in Salsas und Chutneys. Hunderte von Sorten gedeihen in Gärten und an Straßenrändern.

Froschschenkel – Die Frösche werden in den Everglades gefangen. Das Fleisch ist zart, saftig und schmeckt mild-würzig und süßlich.

Key lime (Echte Limette) – Klein, gelb und im Süden Floridas heimisch. Key Lime Pie ist das beliebteste Dessert. Es wird mit Kondensmilch gesüßt, hat eine puddingartige Füllung und eine Kruste aus Graham-Crackers.

Stone crab – Die Saison der Steinkrebse dauert von Oktober bis April. Die Scheren dieser Tiere sind der einzig essbare Teil. Traditionell werden sie mit Butter oder Senfsauce angerichtet.

Swamp cabbage (Palmherzen) – Das Hauptnahrungsmittel der frühen Pioniere. In ländlichen Gegenden beliebt, aber auch bei kreativen Köchen.

Zitrusfrüchte – Gewinnbringendste Erntefrüchte in Florida, wo 80 Prozent der US-Limetten-Ernte, 50 Prozent der weltweiten Grapefruit-Ernte und 25 Prozent der weltweiten Orangen-Ernte produziert werden. Homestead ist Hauptstadt der exotischen Früchte.

FRISCHE FRÜCHTE

In Floridas Küche spielen Früchte eine große Rolle, je exotischer, desto besser. Man findet sie in Obstsalaten, Salsas, Chutneys und Desserts. Sie werden für die Herstellung von Brot, Eiscreme und Mousse verwendet, zu Saucen und Aufstrichen püriert und zu Weinen fermentiert. Key limes, Kiwis, Mangos, Papayas und Kumquats gehören zu den bekannten Stars der innovativen Küche, weniger geläufig sind:

Acerola – Die »Barbados-Kirsche« schmeckt wie eine säuerliche Erdbeere. Eine Frucht enthält 20- bis 50-mal so viel Vitamin C wie eine Orange.

Atemoya – Eine Kreuzung aus Zimtapfel und Cherimoya. Typischerweise herzförmig oder rund mit hellgrüner, unebener Haut und saftigem, weißem Fruchtfleisch; schmeckt ein wenig nach Piña Colada.

Bignay – Süßsaure Frucht, die weißen Trauben ähnelt; enthält viel Vitamin A und wird zu Wein verarbeitet.

Black sapote – Eine grüne Verwandte der Kaki-Frucht, wegen des süßen, braunen Fleisches auch Schokopudding-Frucht genannt. Wird häufig mit

Papayas kurz vor der Reife

Vanille- oder Zitronensauce serviert oder für Mousse und Eis verwendet.

Calomondin – Diese Verwandte der Kumquat ähnelt einer kleinen Orange und hat eine essbare Schale. Schmeckt ähnlich wie eine Zitrone; beliebt für Eingemachtes.

Carambola – Die Karambole wird wegen ihrer Form auch Sternfrucht genannt. Goldfarben macht sie sich als Topping hervorragend. Je nach Sorte schmecken Karambolen nach Apfel, Traube oder Zitrone.

Ciruela – Eine dekorative rote oder orangefarbene Frucht mit der Größe und Form einer Eiertomate. Das cremefarbene oder rote Fleisch erinnert geschmacklich an Erdnüsse.

Guave – Das große Mitglied der Beerenfamilie ist in Greater Miami sehr beliebt. Guaven gibt es in vielen Formen und Sorten mit weißer, gelber, grüner oder rosafarbener Haut, die gelbe Sorte ist die süßeste. Auf Miamis Speisekarten findet man sie als Nektar, eingemacht, in Saucen und in Desserts.

Jackfruit (Jakobsfrucht) – Die größte Baumfrucht der Welt wiegt bis zu 40 Kilogramm. Die ovale Frucht mit unebener Haut ist gelblich oder braun, wenn sie reif ist; ihr Fleisch erinnert ein wenig an Papayas. Manchmal wird sie wie Gemüse gegart; die nach Kastanien schmeckenden Samen der Jackfruit werden geröstet als Gewürz verwendet.

Monstera – Gurkenförmige Frucht, die während der Reifung hellgrüne Schuppen verliert. Ihr weiches Fleisch ist süßsauer und wird oft in Desserts verarbeitet oder pur gegessen.

Muscadine grape – Die heimische Traube ist besonders groß, hat eine hellgrüne, braun gesprenkelte Haut und ein moschusartiges, fruchtiges Aroma; sie wird zu Saft, Eingemachtem und Wein *(scuppernong)* verarbeitet.

Sugar apple (Zuckerapfel) – Die Haut der herzförmigen Frucht ist mauve-, cremefarben oder gelbgrün und bricht auf, wenn die Frucht reif ist. Innen befinden sich zitronenähnlichen Spalten mit cremigem, süßlichem Fleisch; wird häufig für Eiscreme verwendet.

FISCH AUS FLORIDA

Mit dem Atlantik und dem Golf von Mexiko vor der Tür bietet sich den Köchen Floridas eine große Auswahl an Fisch und Meeresfrüchten:

Amberjack – Bernsteinmakrele mit festem Fleisch; milder Tiefwasserfisch, dem Zackenbarsch ähnlich.

Cobia – Ein großer Warmwasserfisch, der dem Hai ähnelt und auch als Königsfisch bekannt ist; hat einen milden Geschmack und festes Fleisch, das in Suppe und als Ceviche serviert wird.

Dolphin – Goldmakrele, ein Salzwasserfisch (nicht zu verwechseln mit dem Meeressäuger); wird gern gegrillt.

Grouper – Zackenbarsch; großer Fisch mit süßlichem, weißem Fleisch; wiegt bis zu 35 Kilogramm.

Kingfish – Der Königsdorsch mit seinem dunklen Fleisch ist bei Kubanern beliebt; wird traditionell zur Zubereitung von *escabeche* verwendet.

Mullet – Meerbarben werden an der Westküste Floridas in großen Mengen gefangen. Fett und ölig, eignen sie sich gut zum Räuchern.

Pompano – Ein flacher, silbriger Fisch, dessen Filet mit mildem Geschmack besonders beliebt ist.

Snapper – Lebt in den flachen Gewässern der Keys. Der beliebte Fisch ist süß, mild und zart im Geschmack.

Tuna – Der bis zu 280 Kilogramm schwere Gelbflossen-Thunfisch und der bis zu 20 Kilogramm schwere Schwarzflossen-Thunfisch werden beide vor der Küste Floridas gefangen.

Wahoo – Der hawaiianische Name bedeutet »süß«. Beliebter, dunkler Angelfisch, fest im Biss, robust und süßlich im Geschmack. Er gehört zur Familie der Makrelen.

Erlebnis

KULINARISCHE FESTE IN MIAMI

Eine Reihe von kulinarischen Festen bietet reichlich Abwechslung für den Gaumen. Dort kann man die beste *florida cuisine* probieren, die Miami zu bieten hat, oft begleitet von Livemusik. Ob Imbissstände an der Calle Ocho *(S. W. 8th St.)* oder Starkoch-Events: Für jeden ist etwas dabei. Diese Veranstaltungen sind besonders zu empfehlen:

Calle Ocho Festival – Ausgelassenes Fest im März, Teil des Carnaval Miami; neun Tage lang entlang von 23 Blocks in Little Havana lateinamerikanische Küche und Kultur. *Tel. 305/644-8888, www.carnavalmiami.com*

South Beach Wine & Food Festival – Jedes Jahr im Februar zieht die dreitägige, vom Fernsehsender *Food Network* präsentierte Feier TV-Größen und Zehntausende Besucher an. Die einzeln zu buchenden Veranstaltungen sind oft weit im Voraus ausverkauft. *Tel. 305/625-4171, www.corporate.sobefest.com*

VeritageMiami – Bei diesem viertägigen Fest an einigen Orten rund um Miami geht es alljährlich im Frühjahr um Wein, Spirituosen, Bier und Essen. Örtliche Sommeliers, Brauer und Köche geben den Ton an. *Tel. 305/646-7029, www.veritagemiami.com*

Wer echte karibische Unterhaltung mag, der findet hier alles – von kubanischen Straßenfesten bis zu haitianischen Clubs, von *moros y cristianos* (schwarze Bohnen und Reis) bis zu Blaukrabben in Knoblauchsauce. Außerdem warten Galerien, Konzerte, Tanz- und Off-Theater – und nicht zu vergessen: Angelwettbewerbe.

BILDENDE KUNST

Aufgrund der aggressiven Vorgehensweise spanischer Abenteurer in der Neuen Welt ab dem 16. Jahrhundert ist Südfloridas europäisch-amerikanische Geschichte im Vergleich zu der in anderen Teilen Nordamerikas sehr lang. Die Wurzeln von Miamis Kulturinstitutionen reichen fast ebenso lange zurück: bis zu den ersten Missionen katholischer Priester, die davon träumten, Floridas Ureinwohner für die christlichen Glaubens- und Wertvorstellungen zu gewinnen und ihnen Spanisch beizubringen, damit sie eines Tages als verwandte Seelen loyale Unterstützer des Königshauses in Madrid sein werden. Diese Träume erwiesen sich zumindest damals als unrealistisch. Die Entschlossenheit der Missionare begründete aber die Tradition unter Siedlern in dieser Region, im chaotischen tropischen Regenwald so schnell wie möglich Institutionen der Zivilisation zu gründen – als Beweis dafür, dass sich die Wildnis bändigen ließ.

> Der Zustrom diverser ethnischer Gruppen nach Miami ließ eine Vielfalt an thematischen Museen, Bibliotheken und Denkmälern entstehen.

Der erste Künstler von Rang, der in Florida arbeitete, war Amerikas berühmter Vogelmaler John James Audubon (1785–1851), der in den 1830er-Jahren kurz die Keys besuchte. Doch erst mit Ankunft der Eisenbahn Ende des 19. und dem Landboom Anfang des 20. Jahrhunderts kam eine wohlhabende Gesellschaftsschicht, und damit ein Mäzenatentum, nach Miami. Diese Familien stifteten ihren Namen, ihr Geld und oftmals ihren Privatbesitz, um kleine, aber feine Kunstsammlungen zu schaffen, wie etwa jene des Bass Museum of Art in Miami Beach, eine Schatztruhe mit Gemälden alter Meister, Skulpturen, Textilien, Stilmöbeln, Objektkunst und sakralen Artefakten. Sie förderten zudem die Gründung von Schulen und Hochschulen, deren Funktion und Bedeutung in der Gemeinde weit über die Ausbildung hinausgingen. Entsprechend findet man innerhalb der führenden Bildungsinstitute Greater Miamis – der University of Miami, des Wolfson Campus des Miami Dade College und der Florida International University – einige der bedeutendsten Kunstsammlungen der Region.

Urs Fischers Installation »Small Rain« auf der Art Basel Miami Beach, einer jährlich stattfindenden Kunstmesse für moderne und zeitgenössische Kunst

Der Zustrom diverser ethnischer Gruppen nach Miami ließ eine Vielfalt an thematischen Museen, Bibliotheken und Denkmälern entstehen. Der blühenden jüdischen Gemeinde von Greater Miami widmet sich das Jewish Museum of Florida – FIU. Die anhaltende Emigration von Kubanern von ihrer Heimatinsel verwandelte Miami in eine Art Ersatz-Havanna, wo sich Galerien, Bibliotheken, Museen, Restaurants und Nachtclubs auf kubanische Kunst, Literatur, Geschichte, Küche und Musik konzentrieren. Der Zuzug anderer karibischer Emigranten, vor allem aus Haiti, wird in den Läden (darunter befinden sich beispielsweise auch Voodoo-Shops) von Miamis Little Haiti, in den Theatertruppen ohne eigene Bühne und in der allgegenwärtigen karibischen Musik deutlich.

Aufgrund der Tatsache, dass Miami als inoffizielle Hauptstadt der Karibik eine wichtige politische und finanzielle Rolle spielt, sind Kultureinrichtungen wie das Miami-Dade Cultural Center oder das Pérez Art Museum Miami, das sich der Kunst seit dem Zweiten Weltkrieg widmet, international ausgerichtet. Auch der Wolfson Campus des Miami Dade College, einst vornehmlich auf Künstler der Region spezialisiert, präsentiert in seiner InterAmerican Art Gallery Kunst aus aller Welt.

Miami vibriert vor Musik, von den Bars in South Beach bis zu den Clubs in Little Havana

Im *Tropical-Life*-Teil des *Miami Herald* findet man Artikel über das ganze Spektrum von Miamis kultureller Palette: beispielsweise über eine Podiumsdiskussion von Holocaust-Überlebenden, eine Ausstellung afroamerikanischer Künstler in Miami, ein Symposium zum Thema Osteuropa, Galerien für Folklorekunst immigrierter karibischer Künstler und so fort. Wenn es ein Thema gibt, das all dies unter einen Hut bringt, dann ist es die Hoffnung auf und der Glaube an die Zukunft. Sogar Miami Beachs Art-déco-Hotelarchitektur ist mehr als nur eine ornamentale Mode. Die farbenfrohen Gebäude, einst für Gäste aus dem Nordosten des Landes erbaut, von denen viele vor der Unterdrückung in Europa geflohen waren, verströmen noch heute Optimismus hinsichtlich des Schicksals der Stadt und ihrer Bewohner.

DARSTELLENDE KÜNSTE

Das Gefühl, an einer geografischen Schwelle angelangt zu sein, erfüllt viele Menschen, wenn sie in Miami, wo Schiffe zu weit entfernten, exotischen Orten ablegen, ankommen. Dieses Gefühl hat auch in den darstellenden Künsten zu einer lebendigen kreativen Tradition geführt.

Anfangs bildete der Stolz von Miamis Gründungsfamilien den Antrieb, Konzerthallen und Theater zu bauen. Wie in anderen jungen Gemeinden gegen Ende des 19. Jahrhunderts war es auch hier üblich, sich in privaten Salons um ein Klavier zu versammeln und mit Broadway-Songs, Gedichten und improvisierten Theaterstücken zu unterhalten. Bald gingen die Ambitionen der Menschen jedoch über Zitrusfrüchteanbau, Seefahrt, Fischerei, Städte- und Eisenbahnbau hinaus: Man wollte die junge Stadt mit kulturellen Highlights ausstaffieren. Eine Blaskapelle begrüßte nun die Reisenden am Bahnhof. Gelegentlich luden reiche Wintergäste Musiker ein, um auf Anwesen wie Coconut Groves Vizcaya Privatkonzerte zu geben. Einigen Künstlern boten diese Einladungen in das warme, exotische Miami die Chance, von den hinteren Rängen eines Orchesters auf ein Solo-Podium zu gelangen.

Neu zugezogene Nordlichter, viele davon europäischer Abstammung und von Opern und klassischer Musik so begeistert wie Miamis Yankees von Ragtime und Varieté, bildeten ein vielleicht nicht gerade wohlhabendes, aber sehr interessiertes Publikum. Die Einladungen an Opernsänger, Streichquartette und Vortragskünstler für Auftritte in Miami hatten für diese den zusätzlichen Reiz, die Winterkälte des Nordens gegen die tropische Sonne einzutauschen. Nicht selten blieben die Künstler und wurden später zu Musik- oder Schauspielpionieren des Südens.

Greater Miami pflegt seine Talente wie seine Orchideen. Das Miami City Ballet hatte im Jahr 1986 seine Premiere; heute gehört das Ensemble zu den zehn meistgeförderten Ensembles der USA (Jahresbudget umgerechnet an die 17 Millionen Euro) und hat 8000 Saison-Abonnenten. Seit 2006 begeistert das Ballett, ebenso wie die Florida Grand Opera, bei Aufführungen im Adrienne Arsht Center for the Performing Arts mit seiner hervorragenden Akustik und den großartigen Publikumsbereichen.

Der große Bevölkerungsanteil an Kubanern und die Präsenz weiterer tropischer Kulturen hat erstklassige Tanztruppen hervorgebracht.

Der große Bevölkerungsanteil an Kubanern und die Präsenz weiterer tropischer Kulturen in Südflorida hat eine Vielzahl erstklassiger Tanztruppen hervorgebracht. Der *Tropical-Life*-Teil des *Miami Herald* präsentiert täglich das beachtliche Kulturangebot: Flamenco-Ballett und Tänze zu israelischer, osteuropäischer, westafrikanischer, karibischer sowie mittel- und süd-

 **Wissen**

NATIONAL YOUNG ARTS FOUNDATION

Einige der schillerndsten Entertainer des Landes, darunter die Schauspieler Viola Davis, Kerry Washington und Raúl Esparza oder auch Schlagersternchen Nicki Minaj, wurden hier in jungen Jahren entdeckt und gefördert: Die in Miami beheimatete National Young Arts Foundation unterstützt seit 1981 jugendliche Künstler – und hielt sich selbst dabei lange Zeit eher im Hintergrund. Das änderte sich im Jahr 2012, als die Organisation jenen Gebäudekomplex in Miamis Stadtteil Edgewater erwarb, der einst dem Spirituosenhersteller Bacardi als Hauptquartier diente. Seither nutzt die National Young Arts Foundation ihre neue Heimat für Konzerte, Theateraufführungen, Ausstellungen und andere Veranstaltungen. Dank seines berühmten, mit über 28 000 handbemalten Kacheln verfliesten Turms und des markanten Würfelgebäudes gehörte der Komplex schon vor dem Einzug der Talentförderer zu den architektonischen Highlights der Stadt, derzeit arbeitet Stararchitekt Frank Gehry an einer Neugestaltung des gesamten Campus.

amerikanischer Musik. Am Wochenende kann man in Little Havana vor zahlreichem Publikum in einem halben Dutzend Clubs Big-Band-Sound von kubanischem Jazz der Prä-Castro-Ära und moderne kubanische Musik hören. Viele Theater- und Tanzensembles in Greater Miami pflegen ihre eigenen Websites, über die man teils auch Karten bestellen kann (Details siehe Reiseinformationen S. 308).

WEITERE KULTURELLE ATTRAKTIONEN

Das subtropische Wetter und der karibische Einfluss füllen Miamis Veranstaltungskalender mit einer endlosen Parade aus Festivals und Events, die die Vielfalt widerspiegeln: Konzerte, Opern, Ballette, Blumenschauen, Marathonläufe,

Der »Fly's Eye Dome« am Pérez Art Museum in Miami

Speedboat-Rennen, Angelwettbewerbe… Die wichtigsten Events sind Miami Book Fair International, Art Basel Miami Beach und South Beach Miami Wine & Food Festival. Die Viertel sollte man möglichst zu Fuß erkunden, um deren exotischen Zauber intensiv zu erleben. Buch- und Musikläden verkaufen Geschichten und Lieder der Karibik, Afrikas und sogar Europas vor dem Krieg und bieten wunderbare Einblicke in die verzweigten Stammbäume dieser einzigartigen Metropole.

Miamis Tradition verrückter Architektur-Experimente ist ebenfalls einzigartig und wird immer wieder vom Optimismus, den so viele hier verspüren, inspiriert. Um einige der unverwechselbaren Gegenden Miamis wie den Wynwood Arts District und benachbarte Viertel wie Coral Gables und Opa-locka zu besuchen, sollte man sich Zeit nehmen.

Bei der Lektüre einer Tages- oder Wochenzeitung sollte man die Sinne für das Ungewöhnliche öffnen: Auch wenn der vorherrschende Passatwind den Himmel lila färbt und die Strandparty unter Wasser setzt, bieten sich zahlreiche Alternativen für Unternehmungen an.

Beste Informationsquelle zum Thema Festivals ist der *Travel Planner*, der jährlich aktualisiert und vom Greater Miami Convention & Visitors Bureau kostenlos bereitgestellt wird *(www.miamiandbeaches.com)*. ∎

Miamis Innen-
stadtviertel

❮ Moderne Hochhäuser dominieren die Skyline in
Downtown Miami

Das schillernde Miami Beach zieht zwar mehr Aufmerksamkeit auf sich als seine Festlands-Schwester, doch die Seele dessen, was Greater Miami zur internationalen Metropole und zum wirtschaftlichen Zentrum Südfloridas macht, befindet sich in Miamis Innenstadt. Hier liegen einige der ältesten Viertel neben Stadtteilen mit der höchsten Konzentration an neuen Immigranten. Gemeinsam machen sie Miamis multikulturelles Flair aus.

Im Innenstadtviertel sind die Finanzhäuser, die Miami als Basis für weltweite Geschäfte nutzen, angesiedelt. Und man findet hier die Machtzentrale von Miamis passionierter politischer kubanoamerikanischer Führung.

SÜDFLORIDAS KRONJUWEL

Der Zustrom von Immigranten, ob legal oder illegal, erschwert genaue Zählungen für die Bevölkerungsstatistik. Die meisten Schätzungen belaufen sich jedoch darauf, dass heute weniger als ein Viertel der Bewohner Zentral-Miamis Weiße aus Ländern außerhalb Lateinamerikas sind. Etwa eine Viertelmillion nichtkubanische Kariben – vor allem aus Haiti, Puerto Rico, Jamaika, von den Bahamas und aus der Dominikanischen Republik – leben in der Innenstadt, somit ist hier jeder Dritte karibischer Abstammung.

Die Skyline von Miami spiegelt sich im Glanz ihres Rufs als »Amerikas Stadt der Zukunft«

MIAMI IN FARBE

Um einen Feiertag zu zelebrieren, ausländische Würdenträger zu begrüßen oder eine lokale Sportmannschaft anzufeuern, werden bei Nacht die Wolkenkratzer in Downtown in buntes Licht getaucht. Etwa 40 Hochhäuser sind jede Nacht angestrahlt, manche, wie der Miami Tower, wechseln sogar die Farben bis zu 100 Mal im Jahr. Rot und Orange ist meist ein Gruß an das Basketball-Team Miami Heat, Orange und Türkis sind Farben des Football-Teams Miami Dolphins.

Einige der bekanntesten Attraktionen Miamis befinden sich in den City-Distrikten (Bayside Marketplace, Little Havana), zudem Kulturinstitutionen (Miami-Dade Cultural Center, Adrienne Arsht Center for the Performing Arts), die bedeutendsten archäologischen Stätten (Miami Circle), erstklassige Beispiele fantasievoller »Themen«-Wohnbauten, die die gesamte Region charakterisieren (Opa-locka, Morningside), sowie große Parks (Bicentennial Park, Bayfront Park) und Rennbahnen (Hialeah), die viele Bewohner zur Entspannung und Unterhaltung aufsuchen.

Hier konzentrieren sich aber auch allgegenwärtige soziale Probleme der Region: Arbeitslosigkeit, Armut, Obdachlosigkeit und Kriminalität. Doch Miami hat schon viele Schwierigkeiten überwunden. Überall in der Stadt wird gebaut und renoviert, und das nicht so sehr aufgrund gedeihender Wirtschaft als vielmehr aus der allgemeinen Überzeugung heraus, dass die Stadt einmal ein kosmopolitisches, einflussreiches Zentrum sein wird.

MIAMIS STRASSENNETZ

Eine Bemerkung zur Orientierung in Miamis Innenstadt: Die Straßen sind im Allgemeinen von Ost nach West und von Nord nach Süd durchnummeriert, doch es gibt auch Ausnahmen. Die meisten Avenues, Plätze und die als *Roads* bezeichneten Straßen verlaufen von Nord nach Süd, andere Straßen (*Streets, Drives, Lanes, Terraces*) von Ost nach West. Die Himmelsrichtungen vor den Straßennamen (N., S., E., W., N.W., N.E., S.W. und S.E.) richten sich nach der Lage der Straße im Verhältnis zur Kreuzung Miami Avenue und Flagler Street.

Die Zahlen der Avenues (beginnend mit *First*) werden westlich und südwestlich der Miami Avenue höher. Die Zahlen der Straßen (*Streets*), ebenfalls mit *First* beginnend, sind höher, je weiter sie von der Flagler Street entfernt sind. Fast überall ist das Straßennetz von Downtown Miami rechtwinklig angelegt. Neben Nummern tragen viele Straßen, Avenues und Boulevards auch Namen (S.W. 13th Street ist bekannt als Coral Way, US 1 heißt im Norden Biscayne Boulevard, im Zentrum Brickell Avenue, im Süden South Dixie Highway). ■

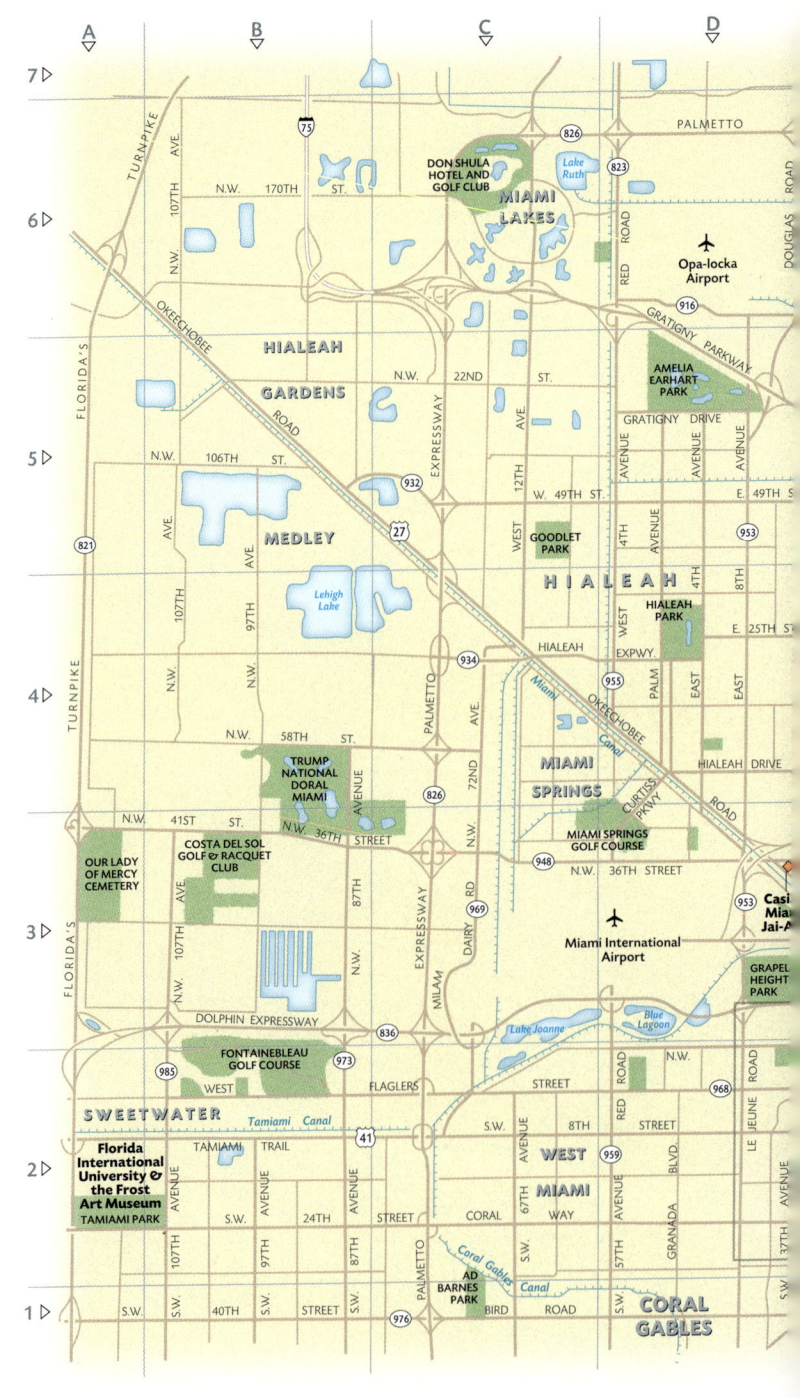

Die Meinungen über Downtown Miami gehen auseinander. Von fern sehen die Wolkenkratzer des Bankenviertels toll aus; doch aus der Nähe wirken sie nicht eben einladend. Reisende können in der Innenstadt, die kein eigentliches Zentrum hat, schon mal die Orientierung verlieren. Hier gibt es keine Gegend zum Flanieren – und sobald es Abend wird, sind die verlassenen Gehwege nicht unbedingt der sicherste Ort. Dennoch gibt es einiges zu sehen.

Büroangestellte genießen ihre Mittagspause gerne im Bayfront Park

Die Innenstadt wird von der N.E. 15th Street im Norden und der S.E. 14th Street im Süden, von der Biscayne Bay im Osten und der I-95 im Westen begrenzt. Diese 28 Blocks kann man gut zu Fuß bewältigen. Hier liegen unter anderem die Museen des Miami-Dade Cultural Center, der Bayside Marketplace und der Bayfront Park.

DIE DOWNTOWN-KULISSE

Man trifft in dieser Gegend Straßenhändler an, die Kaffee, karibisches Gebäck, Kuchen und Säfte verkaufen. Spanischsprachige Musik schallt aus den Läden (viele sind auf Elektrogeräte, Kleidung, Taschen und Schmuck spezialisiert) – eine Mixtur aus nord- und lateinamerikanischen Geschäften. Ein paar Blocks westlich des Biscayne Boulevard umfängt einen eine kulturelle Melange aus Haitianern, Jamaikanern, Puerto Ricanern, Mittel- und Südamerikanern und ein Gemisch aus verrückten Läden, kleinen Lokalen und kubanischen *cafeterías*, in denen man starken *café Cubano* bekommt.

Downtown Miami ist vielsprachig: Spanisch hört man überall, Kreolisch häufig, ebenso Hebräisch und Brasilianisch. Rastafaris leben Seite an Seite mit orthodoxen Juden. Der Charakter der Stadt wurde in den letzten Jahren immer kosmopolitischer – ein Ausblick auf die Zukunft ganz Amerikas.

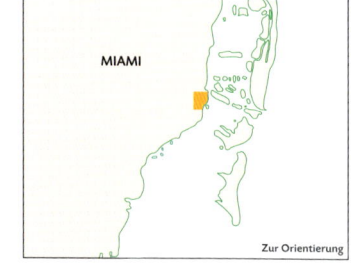

MIAMI
Zur Orientierung

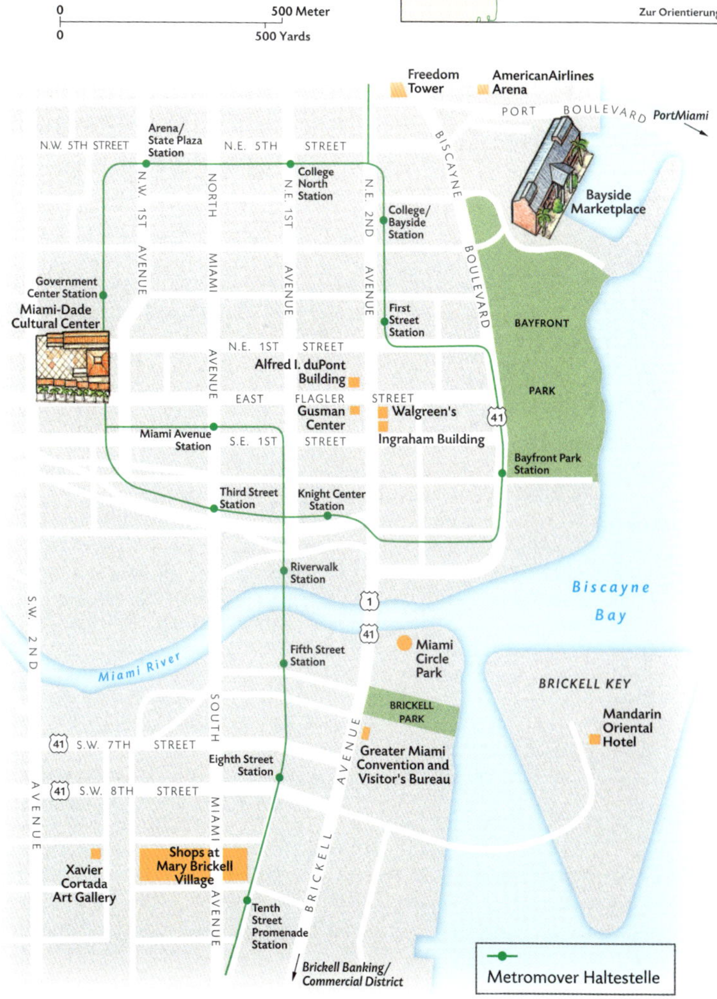

0
500 Meter
0
500 Yards
Freedom Tower
AmericanAirlines Arena
PORT BOULEVARD
PortMiami
Bayside Marketplace
BISCAYNE BOULEVARD
N.W. 5TH STREET
N.E. 5TH STREET
Arena/ State Plaza Station
College North Station
College/ Bayside Station
N.W. 1ST AVENUE
NORTH MIAMI AVENUE
N.E. 1ST AVENUE
N.E. 2ND AVENUE
Government Center Station
Miami-Dade Cultural Center
First Street Station
BAYFRONT PARK
N.E. 1ST STREET
Alfred I. duPont Building
EAST FLAGLER STREET
Gusman Center
Walgreen's
Ingraham Building
41
Miami Avenue Station
S.E. 1ST STREET
Bayfront Park Station
Third Street Station
Knight Center Station
Riverwalk Station
1
41
Biscayne Bay
Miami River
Fifth Street Station
Miami Circle Park
BRICKELL PARK
BRICKELL KEY
Mandarin Oriental Hotel
S.W. 2ND AVENUE
SOUTH MIAMI AVENUE
41 S.W. 7TH STREET
41 S.W. 8TH STREET
Eighth Street Station
Greater Miami Convention and Visitor's Bureau
BRICKELL AVENUE
Xavier Cortada Art Gallery
Shops at Mary Brickell Village
Tenth Street Promenade Station
Brickell Banking/ Commercial District
Metromover Haltestelle

Geht man von der Kreuzung Miami Avenue und Flagler Street Richtung Westen, trifft man auf Zeugen der Vergangenheit. Es sind architektonische Juwele wie die einstige Hauptfiliale der Drogeriekette Walgreen's (heute La Epoca-Geschäft) an der Ecke zur N.E. Second Avenue, daneben das Ingraham Building von 1926 im Stil der florentinischen Renaissance mit seiner Art-déco-Lobby. Manche betrachten das Alfred I. du Pont Building von 1939 *(169 E. Flagler Street)* als Miamis Antwort auf New Yorks Rockefeller Center. Die Wandgemälde über der Lobby sind von Floridas Geschichte inspiriert. An der 174 E. Flagler Street stößt man auf das Olympia Theater at the Gusman Center for the Performing Arts. Es befindet sich in einem Kino von 1926, das die Paramount Pictures Studios im Stil eines mediterranen Patios erbauten (siehe Kasten S. 59). Hier findet jedes Jahr das Miami International Film Festival statt.

Bis zum Nachmittag herrscht in Downtown lautes Treiben – bis die Schatten der Hochhäuser länger werden. Am Abend sind hier nur noch einige verloren wirkende Touristen unterwegs.

MIAMI-DADE CULTURAL CENTER

Das Fehlen eines Zentrums in Downtown Miami wurde Ende der 1970er-Jahre mit einem viel debattierten Bauprojekt angegangen, das auf eine völlige Neugestaltung der westlichen City hinauslief. Das Prunkstück die-

---

☐ Erlebnis

EIN JAI-ALAI-SPIEL BESUCHEN

Der Sport Jai-alai (sprich hai-lai) gilt als »schnellstes Spiel der Welt«; die Spieler *(pelotaris)* werfen einen harten Ball fast zweimal schneller als bei den schnellsten Würfen im Baseball. Ein Spiel mitzuerleben (das meist vier bis fünf Stunden dauert), kann für Neulinge ein Abenteuer sein. Für Fans, von denen es in Miami viele gibt, ist es eine Passion. Amerikas wichtigster Jai-alai-Austragungsort, das **Casino Miami Jai-Alai** *(Karte S. 52 D3, 3500 N.W. 37th Ave., Tel. 305/633-6400, www.casinomiamijaialai.com, $)*, befindet sich fünf Minuten östlich des Miami International Airport in einem Gebäude von 1926; der Zuschauerraum *(fronton)* bietet 4000 Sitzplätze. Das Spiel, auch bekannt als *pelota*, ist über drei Jahrhunderte alt und stammt ursprünglich aus dem Baskenland. Es wird auf einem etwa 54 Meter langen Feld mit drei hohen granitverstärkten Wänden gespielt. Die Spieler schnallen sich einen bumerangförmigen Korb *(cesta)* an ihre Wurfhand und schleudern die Bälle gegen die Wände, während sie von Fans über 14 Runden hinweg angefeuert werden. Das Publikum sitzt auf einer Tribüne, die mit Drahtgittern geschützt ist. Kinder haben erst ab zwölf Jahren und in Begleitung Erwachsener bei den Samstags- und Sonntagsvormittags-Veranstaltungen Zutritt zum *fronton*. Das benachbarte Casino bietet Slot-Automaten, ein Restaurant, zwei Bars und Live-Entertainment.

Das Adrienne Arsht Center for the Performing Arts bietet 2400 Zuschauern Platz

ses ambitionierten Unternehmens ist der 1,3 Hektar große, von dem Architekten Philip Johnson entworfene Komplex des Miami-Dade Cultural Center zwischen First und Flagler Street. Hier befinden sich das HistoryMiami Museum und Miamis wichtigstes Archiv für Bücher und historische Dokumente: die Miami-Dade Public Library. Johnson nannte sein Werk »neomediterran«, und in der Tat könnte die gepflasterte Plaza auch irgendwo am Mittelmeer liegen. In diesem Komplex befand sich bis 2013 auch das Miami Art Museum, das unter dem neuen Namen Pérez Art Museum Miami in ein großes Gebäude im Museum Park, gegenüber dem Adrienne Arsht Center for the Performing Arts (siehe S. 83) umzog.

HistoryMiami Museum: Den Anspruch, auf verständliche Weise rund 10 000 Jahre Geschichte Südfloridas nachvollziehbar zu machen, erfüllt das Museum mit traditionellen und interaktiven Exponaten wie einer alten Straßenbahn. Man kann das Museum auf eigene Faust oder bei einer Führung erkunden. Objekte sind zu sehen, die aus Zeiten stammen, lange bevor Europa überhaupt von der Neuen Welt erfuhr.
In der **Folklife Gallery** kann man die Odysseen der Einwanderer nachvollziehen, die so viele Kulturen nach Florida brachten, bis hin zu den heutigen jüdischen und kubanischen Gemeinden.

MIAMI-DADE CULTURAL CENTER ✉ 101 W. Flagler St.
🅰 Karte S. 55

Tipp

An Wochenenden finden geführte Touren in Miami statt – zu Fuß, mit Rad oder Bus und sogar per Boot (historymiami.org/tours).

HANNAH SAMPSON,
NATIONAL GEOGRAPHIC-MITARBEITERIN

Eine beliebte Ausstellung erzählt vom Einfluss der Eisenbahn bei der Anbindung Miamis und Südfloridas an den Rest von Amerika. Der Schwerpunkt des Museums liegt darauf, die gesellschaftlichen Kräfte, die die ungewöhnliche Geschichte der Region und ihren einzigartigen Charakter formten, den Besuchern nahezubringen.

Auch ein Besuch des Archives and Research Center des Museums lohnt sich. Hier werden über eine Million Bilder von Südflorida und der Karibik aufbewahrt. Darunter sind historische Karten, Fotos, Zeichnungen und Postkarten sowie Briefe, Tagebücher, Zeitzeugenberichte, seltene Bücher, Magazine, frühe Adressverzeichnisse, Tourismusprospekte und Zeitungsartikel von 1900 bis in die 1960er-Jahre. Interessant ist die Baugeschichte in den Woodrow W. Wilkins Archives of Architectural Records. Einige Ausstellungen richten sich speziell an junge Besucher. Wer eine Führung in einer anderen Sprache als Englisch bevorzugt, greift zum Telefon und reserviert rechtzeitig Plätze.

Tausende Bücher füllen die Regale der Miami-Dade Public Library

OLYMPIA THEATER

Miamis Kulturfans besuchen das Olympia Theater bereits seit Jahrzehnten. Erst sahen sie hier Stummfilme und Varietés, später Auftritte von Elvis Presley, B. B. King und Luciano Pavarotti. Heute stehen Ballett, Oper, Konzerte und Filme auf dem Programm. 1926 erbaut, weist seine kunstvolle, maurisch geprägte Architektur majestätische Türmchen und Balkone auf. Außerdem gibt es einen Abendhimmel mit Sternen im Innern.

Das Olympia, heute offiziell Olympia Theater at the Gusman Center for the Performing Arts *(174 E. Flagler St., Tel. 305/374-2444, www.olympiatheater.org)*, ist heute Ort für verschiedene Events, unter anderem Auftritte der Miami Lyric Opera, des Florida Classical Ballet oder des Miami Symphony Orchestra. Zudem ist es jedes Jahr Flaggschiff und Hauptvorführungsort für das Miami International Film Festival im März. Neue Fans will das Olympia Theater mit Veranstaltungen und kleinen Konzerten in der Lobby gewinnen – Eintritt frei. (Das Veranstaltungsprogramm ist auf der Website zu finden.)

Miami-Dade Public Library: Um die Vorzeige-Bibliothek des Miami-Dade Public Library System mit ihren über vier Millionen Büchern und Kunstobjekten schätzen zu können, man muss kein Wissenschaftler sein, obwohl hier zahlreiche Wissenschaftler in den Spezialsammlungen recherchieren. Im Hörsaal im Erdgeschoss und in der Lobby im ersten Stock wird auch Kunst ausgestellt. Im Erdgeschoss sollte man auf die Kuppeldecke mit Trompe-l'œil-Wolken und einem Zitat aus Shakespeares *Hamlet* über Worte und ihre Bedeutung achten, beides Werke des in Kalifornien ansässigen Künstlers Edward Ruscha. Die Wechselausstellungen im Auditorium, meist mit Fotos und Gemälden über Miami, ziehen zahlreiche Besucher an. Die meisten Fotos stammen aus der **Romer Collection**, die etwa 17 500 Negative und Abzüge umfasst. Sie ist vor allem für Fotografen, aber auch für Historiker interessant sowie für Besucher, die einen Blick auf das alte Miami werfen wollen. (Die Website *www.mdpls.org/databases/Romer_Site/ search_romer.asp* bietet eine Bilddatenbank über das alte Miami an.) Genieren muss man sich nicht, wenn man hier nur wegen der Klimaanlage reinschaut. Die Bibliothek hat außerdem WLAN (einfach einen der Mitarbeiter nach dem Zugang fragen).

(Fortsetzung auf S. 62)

HISTORYMIAMI MUSEUM
✉ 101 W. Flagler St.
☎ 305/375-1492
🕐 An wichtigen Feiertagen geschl.
💲 $$
www.historymiami.org

MIAMI-DADE PUBLIC LIBRARY
✉ 101 W. Flagler St.
☎ 305/375-2665
🕐 Juli–Sept. So geschl.
www.mdpls.org

SPAZIERGANG: DOWNTOWN MIAMI MIT DEM METROMOVER

Die beiden Touren mit der kostenlosen Hochbahn Metromover dauern nicht einmal eine Stunde. Man überblickt dabei die ganze Downtown, von Biscayne Bay bis N.W. First Avenue und von N.E. 15th Street bis S.W. 14th Street, außerdem die Anlage des Central Business District. Wer dann später auf der Straße unterwegs ist, findet sich garantiert besser zurecht.

Die Fahrt mit dem klimatisierten, computergesteuerten Metromover ist angenehmer als die Stadterkundung zu Fuß. An der Station Government Center, 138 N.W. Third Street, in allen Informationsbüros sowie über *www.miamidade.gov/transit* ist die leicht verständliche *Miami-Dade County Transit Map* mit dem gesamten Verkehrsnetz des Countys inklusive der zwei Metromover-Linien kostenlos erhältlich.

INNER LOOP (INNERE LINIE)

Der *Inner Loop* umkreist den Business District, man kann auch auf eine Nebenlinie in Richtung Norden zur N.W. 15th Street umsteigen. Dabei passiert man den **Bayfront Park** (siehe S. 62). Am Biscayne Boulevard nördlich der Station College/Bayside (nach dem Umsteigen) steht der 1924 fertiggestellte **Freedom Tower**, einst Sitz der *Miami News*. In hiesigen Büros bearbeitete man damals die Asylanträge der kubanischen Flüchtlinge (siehe S. 36ff). Das heruntergekommene Gebiet soll in Kürze modern-dynamisch daherkommen. Highlight ist die 14-stöckige **AmericanAirlines Arena** (siehe Kasten S. 67) mit 20 000 Sitzplätzen, die im Jahr 1999 mit einem Konzert der kuba hen Sängerin Gloria Estefan eröffnet wurde. Hier ist das Basketball-Team Miami Heat zu Hause. Das ungewöhnliche Design des Stadions, ein Wirbelwind aus Beton und Stahl, ist das Werk des amerikanischen Architekturbüros Arquitectonica.

Nach der Station Park West passiert man den **Museum Park** mit dem **Pérez Art Museum Miami** und dem neuen **Phillip and Patricia Frost Museum of Science**. Nördlich liegt der Kreuzfahrthafen **PortMiami** mit Läden und Restaurants. Wer über die Interstate 395 gleitet, die über den MacArthur Causeway die Biscayne Bay mit Miami Beach verbindet, sieht im Westen das **Adrienne Arsht Center for the Performing Arts** (siehe S. 83) für Oper, Ballett und Konzerte. Noch ungewiss ist die Zukunft des Geländes,

Ein computergesteuerter Metromover-Zug fährt durch Downtown Miami

auf dem von 1963 bis zu seinem Abriss 2014 das Gebäude des *Miami Herald* und des *El Nuevo Herald* stand. Investoren planen hier eine gigantische Bebauung inklusive eines Kasinos – doch bis eine politische Entscheidung fällt, will die Art Miami Exhibition an dieser Stelle für die nächsten Jahre ein riesiges Ausstellungszelt errichten.

BRICKWELL AVENUE OUTER LOOP (ÄUSSERE LINIE)

Ziel der Linie ist die **Brickell Avenue** (siehe S. 66f), wo sich an der Ecke Brickell Avenue und S.W. 14th Street Miamis Finanzdistrikt befindet. Die Brickell Avenue, einst ein prächtiger Boulevard mit grandiosen Anwesen, ist die erste Adresse für Millionäre – nicht mehr für Eisenbahnbarone, sondern für Banker. Südlich der Station Riverwalk hat man einen schönen Blick auf den **Miami River**, an dessen Ufer einst die Tequesta siedelten. Man kann sogar das Gras sehen, das den **Miami Circle Park** (siehe S. 67f) bedeckt, eine 2000 Jahre alte indianische Ruine.

Holzhäuser entlang der Strecke erinnern an Miamis ersten Vorort. An der Station Financial District kehrt der Zug um. Wer noch etwas Zeit hat, steigt hier aus und unternimmt einen Bummel durch das vornehme Viertel. Man folgt dem Bogen der S.E. 14th Street zur S.E. 15th Street, auf der man wieder zurück zur Brickell Avenue gelangt.

🅐 Siehe auch Karte S. 55
► **Government Center Station** (beim Miami-Dade Cultural Center)
🕐 1 Stunde
⬚ 4,4 Meilen (7 km)
► **Government Center Station**

Miamis raues Hafenviertel hat sich zum glitzernden Bayside Marketplace gemausert

BAYFRONT PARK

1926 legte man mit der ausgebaggerten Erde aus der Biscayne Bay die Grünanlage am Biscayne Boulevard an. 1933 verfehlte hier der Schuss eines Attentäters Franklin D. Roosevelt, tötete aber den Chicagoer Bürgermeister Anton Cermak. Positivere Erinnerungen verbindet man mit dem **Mildred and Claude Pepper Fountain** im Park. Der Kongressabgeordnete Pepper war ein Kämpfer für die Rechte der amerikanischen Senioren.

Der Brunnen zieht, besonders an warmen Abenden, verliebte Pärchen an. Die imposante Figur, die über den Osten des Parks wacht, stellt **Christoph Kolumbus** dar. Die Statue schenkte Italien, das Heimatland des Entdeckers, im Jahr 1953 der Stadt Miami.

In der Südostecke des Parks erhebt sich die Doppelhelix des **Challenger Memorial** vom japanischen Bildhauer Isamu Noguchi, die an die Astronauten erinnert, die 1986 ums Leben kamen, als das NASA-Spaceshuttle »Challenger« nach dem Start explodierte. Der Minimalist Noguchi leitete 1987 auch die Neugestaltung des Parks. Das kunstvolle Pflaster des Biscayne Boulevard, das an Strandpromenaden in Rio de Janeiro erinnert, schuf der Landschaftsarchitekt Robert Burle Marx.

Im Bayfront Park sieht man Familien beim Picknick, karibische Steeldrummer, Liebespärchen, Touristen, Hundetrainer und zumeist ältere Schachspieler. Sie bilden einen Querschnitt der Bevölkerung. Im Amphitheater **Tina Hills Pavilion** finden Konzerte statt, und am Abend durchschneiden Laserstrahlen den Himmel. Auch wenn gerade nichts passiert: Der Blick von der Promenade über die Biscayne Bay und den PortMiami ist atemberaubend.

BAYSIDE MARKETPLACE

Er ist der wohl größte Touristenmagnet des Dade County und erstreckt sich nördlich des Bayfront Park auf über sechs Hektar. Seine rund 150 Läden, Straßencafés, Restaurants und Imbissstände blicken auf einen Hafen, in dem es zuweilen betriebsamer zugeht als in Hongkong. Mit dem freundlichen und entspannten Flair eines Kleinstadt-Jahrmarkts zieht der Marketplace unzählige Besucher an, die hier bummeln und etwas essen. Am besten bestellt man einen eisgekühlten Daiquiri oder Fruchtdrink mit Rum und Eis und betrachtet die Boote und die Menschen. Günstig einkaufen kann man in Outlet-Läden nationaler Mode-Labels. Jeden Nachmittag gibt es zudem Konzerte, zu besonderen Anlässen auch Lasershows. Einige Restaurants und Bars im Marketplace sind länger geöffnet (*Ladenöffnungszeiten: Mo–Do 10 bis 22 Uhr, Fr–Sa 10 bis 23 Uhr, So 11 bis 21 Uhr*).

Angebote im Hafen: Mehrere Firmen bieten Bootstouren durch die Biscayne Bay an. Zu den interessantesten gehört die Fahrt mit dem nachgebauten Piratenschiff **El Loro**, übersetzt »Der Papagei« *(Miami Aqua Tours, Tel. 305/358-7600, http://miamiaquatours.com, $$$$$, Touren ganzjährig, tägl. 13.30, 15.30 und 17.30 Uhr)*. Mit blutrot gestrichenem Rumpf und einem Totenkopf auf dem Segel geht der 80-minütige Törn bei gutem Wetter und günstigem Wind durch die Biscayne Bay, vorbei an Miamis Skyline, Fisher Island und Star Island. Erläuterungen an Bord gibt es in englischer und spanischer Sprache, und der Kapitän erzählt spannende Geschichten von berühmten Piraten und Freibeutern vergangener Jahrhunderte.

BAYFRONT PARK
🅼 Karte S. 55
✉ Zw. S. E. 2nd u. N.E. 2nd St.
www.bayfrontparkmiami.com

BAYSIDE MARKETPLACE
🅼 Karte S. 55
✉ 401 Biscayne Blvd.
☎ 305/577-3344
www.baysidemarketplace.com

 **Wissen**

SÜDFLORIDA IN DER KRIMINALLITERATUR

Die ständig wechselnde Bevölkerungsstruktur, undurchdringliche Sümpfe sowie das schwüle tropische Klima in Verbindung mit extremem Reichtum und Glamour ließen eine schillernde Kriminalliteraturszene in Miami entstehen (siehe auch S. 277). Eindrucksvoll setzten Edna Buchanan, ehemalige Kriminalreporterin des *Miami Herald*, Carl Hiaasen, Dave Barry, Elmore Leonard, James Grippando und Thomas Harris Südflorida in Szene. In jüngster Zeit sorgte Jeff Lindsays Figur Dexter bei Lesern und Fernsehzuschauern für Entsetzen. Über ein halbes Dutzend Romane und TV-Staffeln hinweg trieb der Serienkiller/Polizeiforensiker sein Unwesen in den Straßen Miamis.

☐ **Wissen**

MUSEUM PARK

Früher als Bicentennial Park bekannt, grenzt dieses über sieben Hektar große Areal an die Kunst- und Wissenschaftsmuseen entlang der Biscayne Bay. Einst hatte man hier große Pläne: Springbrunnen, Gärten und Spielplätze sollten den öffentlichen Raum aufwerten. Aber das arg strapazierte Stadtsäckel erlaubte nur eine Sparversion. Immerhin: Das 2014 als Museum Park wiedereröffnete Gelände bietet heute schattige Bäume, umfangreiche Grünflächen und Spazierwege. Und vielleicht lässt sich die ursprüngliche Planung doch noch verwirklichen. Ende 2015 formierte sich eine Bürgerinitiative mit dem Ziel, das Gelände unter die Verwaltung einer privaten Organisation zu stellen. Um dann mit Spendengeldern vielleicht doch noch die ambitionierten Pläne von einst umzusetzen – Springbrunnen und blühende Rabatten inklusive.

PÉREZ ART MUSEUM MIAMI

2013 wurde das Pérez Art Museum Miami (PAMM) für zeitgenössische Kunst in einem imposanten Bau der Schweizer Stararchitekten Herzog & de Meuron am Biscayne Boulevard eröffnet. Die Architekten, die auch die Münchner Allianz-Arena und die Tate Modern in London entwarfen, knüpften bei diesem Bau an die Tradition der in der Biscayne Bay beheimateten Pfahlhäuser an. Präsentiert wird eine hochkarätige Sammlung internationaler Kunst vom Zweiten Weltkrieg bis heute. Zu sehen sind auch unbekannte Werke moderner Meister oder solche von Künstlern, die sicher noch eine große Zukunft vor sich haben.

PHILLIP AND PATRICIA FROST MUSEUM OF SCIENCE

Über 50 Jahre lang gingen Eltern in Südflorida, die ihre Kinder in die Welt der Wissenschaften einführen wollten, mit den lieben Kleinen ins Miami Science Museum: ein Tempel des Wissens in der Nähe der Villa Vizcaya am südlichen Ende des Rickenbacher Causeway. Nun ist das Museum mitsamt seiner Exponate in einen 300 Millionen Dollar teuren und über 23 000 Quadratmeter großen Neubau im Museum Park neben das Pérez Art Museum Miami umgezogen – und lockt als Phillip and Patricia Frost

PÉREZ ART MUSEUM MIAMI
✉ 1103 Biscayne Boulevard
☎ 305/375-3000
🕐 Mo u. an wichtigen Feiertagen geschl.
💲 $$; jeden 2. Sa im Monat Eintritt frei
www.pamm.org

PHILLIP AND PATRICIA FROST MUSEUM OF SCIENCE
✉ 1101 Biscayne Boulevard
☎ 305/434-9600
🕐 9–18 Uhr
www.frostscience.org

⬜ Tipp

Besuchen Sie das Living Core Aquarium, wo Sie den Everglades, dem Golfstrom, Mangroven und dem Florida Reef begegnen. Ein echtes Florida-Erlebnis – bei dem Sie noch nicht einmal nasse Füße bekommen.

JUSTIN KAVANAGH,
NATIONAL GEOGRAPHIC TRAVEL BOOKS

Museum of Science kleine und große Wissenschaftsinteressierte. Die Ausstellungen beinhalten das **Livin Core Aquarium**, ein Meereslabor, in dem Besucher alles über Korallenriffe und die darin lebenden Bewohner lernen. Hier können Sie sogar Seepferdchen und Seeigel anfassen. Es gibt auch Sehenswertes über Wetterphänomene; diese zeigen Ihnen, wie Hurrikane entstehen, wie das Klima sich wandelt und weitere Aspekte des Wetters. Andere Ausstellungen thematisieren Nanowissenschaft, Energie, Bewegung, Gesundheit, Natur, Wildtiere und vieles mehr. Das **Frost Planetarium** hat eine gewölbte Projektionswand mit 20 Metern Durchmesser und 231 Sitzen. Es bietet einen Blick in den Weltraum, nimmt mit in einen Sturm oder auf eine Reise ins menschliche Gehirn. Spektakuläre Laserlicht-Shows sind ein Highlight des Museums. **Feathers to the Stars**, die 6000 Quadratmeter große Dauerausstellung, erzählt derweil die Geschichte des Fluges: von den Dinosauriern bis hin zu den Raumschiffen. Die **Baptist Health People & Science Gallery**

Das Pérez Art Museum Miami wurde vom Architekturbüro Herzog & de Meuron entworfen

verfügt über ein virtuelles Restaurant und einen Energy Dancefloor. Im fünfstöckigen Innovation Center können junge Forscher die Stadt der Zukunft erkunden, während die interaktive Ausstellung **River of Grass** in die Geheimnisse der Everglades einführt. Einzig das beliebte Raubvogelgehege schaffte den Umzug an den neuen Standort nicht: Es wurde auf den Campus der FIU an der Biscayne Bay verlegt.

BRICKELL AVENUE

Die Straße, die an William Brickells Rolle bei Miamis Entwicklung zu einer ausgewachsenen Stadt (siehe S. 33) erinnert, verläuft vom Miami River nach Coconut Grove im Süden. Vor dem Ersten Weltkrieg war die Brickell Avenue eine bescheidene Landstraße, die zu den Hütten mitten in Coral Groves wild wucherndem Gestrüpp führte. Das änderte sich, als eine neue Generation begeistert ans Werk ging und Miamis Vorzüge im ganzen Land anpries: die »Heilkräfte« des tropischen Klimas, schnelles Geld durch Landspekulationen, sogar klügere Kinder aufgrund der wärmenden Sonne. Die Kampagne lockte zahlreiche Menschen an, darunter auch reiche Leute, die sich an der Brickell Avenue prächtige Villen bauten.

Die Lage war famos: nahe der Biscayne Bay und doch weit genug im Landesinneren, sodass die Mangrovendickichte und Regenwälder den Wind abhielten und Überschwemmungen durch Hurrikans verhinderten.

> ## Tipp
>
> **Eine Besonderheit in Miami ist die Hochbahn Metromover. Beachten Sie an der Brickell Station (1001 S.W. 1st Ave.) die Kunst an der Kassettendecke.**
>
> KAY KOBOR HANKINS,
> NATIONAL GEOGRAPHIC-MITARBEITERIN

Die Brickell Avenue wurde fortan »Millionaire's Row« genannt, erst recht, als 1916 Vizcaya (siehe S. 136ff) fertiggestellt worden war – ein wahres Xanadu des Industriellen James Deering. Heute sieht man nur noch wenige solch prachtvoller Anwesen; sie sind zwischen Luxus-Wohnanlagen und Bürohochhäusern eingezwängt, die während Miamis Firmenboom in den 1970er- und 1980er-Jahren entstanden. Sehenswert sind das Atlantis-Wohnhaus mit seiner roten Wendeltreppe und die Regenbogenfarben der Villa Regina. In den Bürohäusern sitzen heute internationale Banken, deren Kapital wichtige Säulen der Wirtschaft der Karibik und der ganzen südlichen Hemisphäre bilden.

The Shops at Mary Brickell Village: Auf der Westseite der Brickell Avenue wartet mit gehobenen Boutiquen und Lokalen The Shops at Mary Brickell Village in einer schattigen Umgebung auf. Stärken kann man sich in einem

AMERICANAIRLINES ARENA

Miamis größter Veranstaltungsort, die AmericanAirlines Arena *(Karte S. 55, 601 Biscayne Blvd., Tel. 786/777-1000, www.aaarena.com)*, wurde Silvester 1999 eröffnet. Sie blickt auf den Biscayne Boulevard und auf die Biscayne Bay, bietet 19 600 Sitzplätze und Platz für Konzerte von Top Acts wie Beyoncé, Kanye West oder die Rolling Stones sowie für Eis-Revuen oder Zirkusaufführungen. Auch das Basketball-Team Miami Heat *(Tel. 786/777-HOOP, www.nba.com/heat)* spielt in dieser Arena. Es gibt reichlich Parkplätze; Segelboote können an der Marina hinter der Arena anlegen.

Daneben verfügt Greater Miami über weitere Sportstätten für Profi-Mannschaften wie das Baseball-Team Miami Marlins *(Tel. 305/480-1300, www.miami.marlins.mlb.com)*, das Football-Team Miami Dolphins *(Tel. 305/943-8000, www.miamidolphins.com)* und das Hockey-Team Florida Panthers *(Tel. 954/835-PUCK, www.panthers.nhl.com)*.

der Restaurants wie **Perricone's Marketplace and Café** *(Tel. 305/374-9449, www.perricones.com)*, das feine italienische Küche bietet. Oder man besucht das **Fadó Irish Pub & Restaurant** *(Tel. 786/924-0972, www.fadoirishpub.com/miami)*, ein beliebtes Lokal, dessen Einrichtung aus Dublin stammt.

Am Miami River: Bei Einheimischen beliebt ist hier das Seafood-Restaurant **Area 31** im 16. Stockwerk des Kimpton EPIC Hotel *(270 Biscayne Boulevard Way, Tel. 305/424-5234, www.area31restaurant.com)*. In der Nähe, an der 66 S.E. Fourth Street steht eine der 14 Kiefernholzhütten von 1897, die Eisenbahnmagnat Henry Flagler bauen ließ und für 15 bis 22 Dollar im Monat vermietete. Die Hütte wurde im Jahr 1980 von der S.W. Second Street an diese Stelle versetzt. Trotz der Nähe zu Miamis Bankenviertel wirkt der Downtown-Abschnitt des Miami River wie die Kulisse eines Humphrey-Bogart-Films über Drogenschmuggler oder eines Romans über Schurken, die unter Bedingungen leben, wie sie sich Bewohner der noblen Häuser flussabwärts nicht vorstellen können.

MIAMI CIRCLE PARK

Wenn man von der Tequesta-Indianer-Statue auf der Brickell Avenue Bridge in Richtung Südosten schaut, sieht man den Miami Circle, eine 2000

BRICKELL AVENUE
△ Karte S. 55

THE SHOPS AT MARY BRICKELL VILLAGE
△ Karte S. 55

✉ 901 S. Miami Ave.
☎ 305/381-6130
www.marybrickellvillage.com

MIAMI CIRCLE PARK
△ Karte S. 55

DER MARATHON VON 5K BIS MIAMI

Wollen Sie auch während Ihres Urlaubs die Laufschuhe unterschnallen? Und sich mit anderen Sportlern bei den in Florida so beliebten »5K Races« messen? Kein Problem, im Miami-Dade County hat sich die Zahl dieser Fünf-Kilometer-Rennen, die meist für wohltätige Zwecke abgehalten werden, in den letzten Jahren vervielfacht. In der Wintersaison mit ihrem trockeneren und kühleren Klima findet zwischen November bis April fast an jedem Wochenende ein entsprechender Lauf (oder für weniger ehrgeizige Zeitgenossen gerne auch Walk) statt. Sollte die gewünschte Laufstrecke länger sein? Dann sollten Sie Ihren Urlaub rund um den jährlichen Miami-Marathon und -Halbmarathon im Januar planen. Jährlich nehmen fast 20 000 Menschen an diesen Veranstaltungen teil, die durch Coconut Grove und die Innenstadt von Miami bis nach Miami Beach führen. Interessierte finden alle Informationen zu Terminen und Rennstrecken unter *www.themiamimarathon.com*.

Jahre alte indianische Ruine. Sie wurde 1998 beim Abbruch eines Apartmenthauses entdeckt. Die Kreisanlage mit einem Durchmesser von zwölf Metern enthält 24 große und zahlreiche kleine Löcher, die in den Kalkstein gehauen wurden. An der östlichen Seite befindet sich ein Gebilde, das aussieht wie ein menschliches Auge. Archäologen halten die Anlage für das Haus eines Häuptlings oder das Versammlungszentrum eines Stammes. Aufgrund der an die 150 000 ausgegrabenen Artefakte, darunter Delfinschädel, Tonscherben und diverse Gegenstände aus Muscheln sowie aus Basalt, der aus Georgia stammt, nimmt man an, dass die Stätte bis zum Kontakt mit den Spaniern vor 400 Jahren ununterbrochen für Zeremonien genutzt wurde. Vor der Entdeckung dieses Kreises gingen Archäologen davon aus, dass die Ureinwohner Südfloridas in erster Linie Nomaden waren.

Die Brickell Point Site, wie die Stätte auch genannt wird, wurde im Jahr 2002 ins *National Register of Historic Places* aufgenommen und 2009 zum *National Historic Landmark* erklärt. Die kreisförmige Anlage ist zwar zum Schutz immer noch mit Erde bedeckt, aber Tafeln und Broschüren erklären ausführlich ihre Bedeutung. Das Museum HistoryMiami (siehe S. 57f) bietet hin und wieder für Interessierte Führungen ($$$$$) zu dieser Ausgrabungsstätte an. ■

□ Tipp

Im Miami Circle Park, an der Mündung des Miami River in die Biscayne Bay, wird die strategische Bedeutung der Bucht deutlich. Miamis erste Siedler lebten hier, heute säumen sie Hochhäuser.

BOB CARR,
GESCHÄFTSFÜHRER, ARCHAEOLOGICAL AND
HISTORICAL CONSERVANCY

Die 30 Blocks rund um die S.W. Eighth Street (Calle Ocho) sind für Miami das, was Little Italy für New York ist: ein Sammelbecken für Immigranten, die ein neues Kapitel ihrer Lebensgeschichte begannen und dabei ihre Traditionen bewahrten.

Graffiti in Little Havana: Die kubanische Kultur ist in diesem Viertel omnipräsent

Little Havana verläuft von der Banker's Row der Brickell Avenue Richtung Westen über den Miami River bis zu den Wohngebieten rund um die Florida International University unweit von Sweetwater. Viele von Little Havanas bekannteren Attraktionen befinden sich an oder in der Nähe der S.W. Eighth Street zwischen S. Miami Avenue und S.W. 27th Avenue. (Calle Ocho bezeichnet die S.W. Eighth Street sowie ganz Little Havana.) Nach den Kubanern kamen Immigranten aus Mittel- und Südamerika, vor allem aus Nicaragua, El Salvador und der Dominikanischen Republik.

(Fortsetzung auf S. 73)

━━━━━━━━━━━━━━━━━━━━ ☐ **Wissen** ━━━━━

LITTLE HAVANA IM WANDEL

Neue Einwanderergruppen strömen nach Little Havana, während sich die Kubanoamerikaner in den amerikanischen Mainstream integrieren. Das Viertel wird auf diese Weise stetig kosmopolitischer. In den letzten Jahrzehnten zogen viele Kubanoamerikaner nach Hialeah, Miami Gardens und Homestead. Ihren Platz nahmen andere *hispanics*, vor allem aus Kolumbien, Guatemala, Honduras, Nicaragua und Puerto Rico ein. Little Havana verändert sich, doch die Bevölkerung bleibt hispanisch — laut der Volkszählung von 2010 zu 93 Prozent.

Wenn man Little Havana mit dem nostalgischen Blick seiner Bewohner betrachtet, die ihre kubanische Heimat verlassen mussten, dann sollte man über Kitsch und Kommerz in der imitierten karibischen Kulisse der Calle Ocho hinwegsehen und die Lebensfreude der Menschen bewundern.

Mit dem Metrobus Nr. 8 fährt man von Miami Avenue und Flagler Street beim Miami-Dade Cultural Center bis zur Kreuzung Calle Ocho und 36th Avenue. Von hier aus geht man die S.W. 8th Street Richtung Osten, vorbei an Straßencafés *(cafeterías)* und Imbissständen *(fondas)*, an denen Anwohner aus schnapsglasgroßen Pappbechern *café Cubano* trinken. Für den Abend reserviert man einen Tisch im Restaurant **Versailles** ❶ *(3555 S.W. 8th St., Tel. 305/444-0240, www.versaillesrestaurant.com; siehe S. 282)*, das Gäste aus der ganzen Stadt anlockt. Die Gerichte sind traditionell (nahrhaft, würzig und süß), von *arroz con pollo* (Reis mit Huhn) bis Flan. Das Versailles ist wohl das netteste Lokal in der kubanischen Gemeinde, und häufig finden hier auch politische Veranstaltungen statt. Aber auch Nichtkubaner genießen die fröhliche und ausgelassene Atmosphäre des Prä-Castro-Havanna und die Spiegel an den Wänden, in denen man diskret die anderen Gäste beobachten kann.

Zwei Blocks östlich, an der Ecke S.W. 8th Street/32nd Avenue, liegt der **Woodlawn Park Cemetery** ❷ mit einem schwarzen Marmordenkmal für den Unbekannten kubanischen Freiheitskämpfer und den Gräbern dreier

Das Grab von Kubas Präsident Carlos Prío Socarrás (reg. 1948–1952) im Woodlawn Park

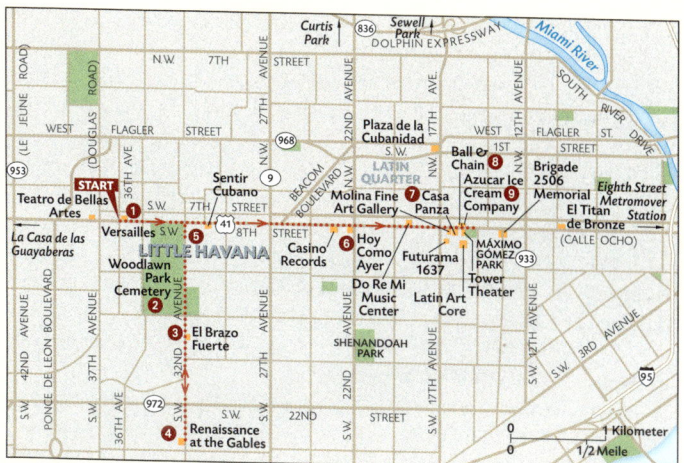

früherer kubanischer Präsidenten. Auf dem 1913 eingeweihten Friedhof steht auch ein Denkmal für die 400 Todesopfer eines Hurrikans, der 1935 über Südflorida wütete.

> 🏛 Siehe auch Karte S. 52/53
> ► Kreuzung S.W. 8th St. u. 36th Ave.
> ⏱ 3 Stunden
> ⬌ 6,75 Meilen (11 km)
> ► Metromover-Station 8th St.

ENTLANG DER S.W. 32ND AVENUE

Nun folgt man der S.W. 32nd Avenue einige Blocks südwärts, um einen Eindruck vom Viertel zu bekommen. Viele Mütter mit Kinderwagen tragen rosa Schachteln aus *dulcerías* (Konditoreien) heim. Eine der besten ist **El Brazo Fuerte** ❸ *(1697 S.W. 32nd Ave., Tel. 305/444-7720, www.ebfbakery. com)*, in der alles – außer Brot und Salzgebäck – mit Zucker, Karamell oder Baiser überzogen ist. Probieren sollte man ein *pastelito*, dessen süßer Teig mit Fleisch, Guaven oder Käse gefüllt ist, Eierspeisen (*señoritas*) oder auch *masareales*, süße Guaventörtchen.

Imbisswagen (*fritangas*) werden oft von Nicaraguanern durch die Straßen geschoben. Sie verkaufen gebratenes Fleisch (*carne asada*) mit Tortillas, Bohnen und Reis, Eintopf (*baho*) oder in Bananenblätter gewickelte Maisteigtaschen mit Reis, Schweinefleisch, Kartoffeln, Oliven und Pflaumen (*nacatamal*). Kalt zu essen sind *guarapo* mit Sirup und *cocofrio* aus Kokosmilch. Bei **Renaissance at the Gables** ❹ *(2340 S.W. 32nd Ave., Tel. 305/445-1313)* bekommt man moderne kubanische Küche und am Wochenende Live-Unterhaltung geboten.

Die kubanische Gemeinde in Little Havana heißt ihre Besucher willkommen

CALLE OCHO MUSIC & FOOD

Zurück auf der Calle Ocho, sieht man auf dem Weg nach Osten **Sentir Cubano** ❺ *(3100 S.W. 8th St., Tel. 305/644-8870, www.sentircubano.com)*, wo es kubanische Kunst, Musik, Kleidung und mehr zu kaufen gibt. Ein Stück weiter liegt **Hoy Como Ayer** ❻ *(2212 S.W. 8th St., Tel. 305/541-2631, www.hoycomoayer.us)*, wo donnerstag- bis samstagabends Latino-Bands Musik aus vergangenen Zeiten spielen. Die dunkle Bar mit Latino-Beats und sexy Publikum gehört zu den populärsten in Little Havana.

Die Calle Ocho ist Miamis Topmeile für Musik aus Lateinamerika und Spanien. Flamencotänzer treten in der kleinen **Casa Panza** ❼ *(1620 S.W. 8th St., Tel. 305/644-344)* auf, die für gute spanische Küche bekannt ist. Die Show geht bis spät in die Nacht, jeden Tag in der Woche. Gefeiert wird auch im **Ball & Chain** ❽ *(1513 S.W. 8th St., Tel. 305/643-7820)*, eine Bar und ein Nachtclub, dessen Geschichte bis 1935 zurückgeht. Der randvolle Veranstaltungskalender bietet Livemusik, Salsa-Unterricht, die Karte hält kleine kubanische Leckereien und Drinks wie den Pastellito Daiquiri bereit.

In der nahen **Azucar Ice Cream Company** ❾ *(1503 S.W. 8th St., Tel. 305/ 381-0369, www.azucaricecrem.com)* locken Eissorten wie Café con Leche, Coconut Flan und die unvergleichliche Kreation Abuela Maria: Vanilleeis mit Guavenstücken, Cream Cheese und knusprigen Waffeln. Weiter im Osten der Calle Ocho erreicht man den **Máximo Gómez Park** (siehe S. 76), wegen des Dominospiels, das hier gespielt wird, auch Domino Park genannt. Ein paar Blocks weiter steht das **Brigade 2506 Memorial** (siehe S. 74), ein Tribut an die Kubaner, die 1961 bei der Invasion in der Schweinebucht starben. Der Rundgang endet an der Metromover-Station Eighth Street *(59 S.E. 8th St.)*, etwa 2,5 Kilometer weiter die Calle Ocho entlang. Wer im Versailles einen Tisch reserviert hat, geht dorthin zurück. Westlich steht das **Teatro de Bellas Artes** *(2173 S.W. 8th St., Tel. 305/325-0515)*, dessen Travestie-Revue mit Latino-Pop (samstags um Mitternacht) berühmt ist.

Ihre landestypischen Restaurants liegen nun zwischen etablierten kubanischen Bistros, Obst- *(puestos de frutas)* und Schuhputzständen *(limpiabotas)*. Verkäufer bieten *medianoche*-Sandwiches und einen espressoähnlichen *cafecito* an. Kritische Gemüter nennen den Geschäftsteil der Calle Ocho schäbig und halten ihren Status als Touristenattraktion für unberechtigt, und wer eine Disneyland-Version des alten Havanna oder eine ethnische Enklave mit dem exotischen Flair von San Franciscos Chinatown erwartet, wird tatsächlich enttäuscht. Doch noch immer betört Little Havanas Lebhaftigkeit, besonders am Wochenende, wenn Fans lateinamerikanischer Musik die Clubs füllen und Feinschmecker die Restaurants. Die Eröffnung des neuen Stadions der Miami Marlins 2012, eines echten Architekturjuwels mit Skulpturen von Romero Britto (siehe Kasten S. 111), wertet das Viertel auf.

☐ Tipp

Versäumen Sie nicht Little Havanas Viernes Culturales, ein allmonatliches Kulturfest, bei dem Musiker und Salsa-Tänzer durch die Straßen ziehen.

MATT PROPERT,
NATIONAL GEOGRAPHIC-FOTOGRAF

BRIGADE 2506 MEMORIAL
◪ Karte S. 71
⊠ S.W. 8th St. u. S.W. 13th Ave.

🕒 An jedem letzten Freitag im Monat geöffnet
www.viernesculturales.org

VIERNES CULTURALES
⊠ S.W. 8th St. zw. S.W. 12th Ave. u. S.W. 16th Ave.

 ☐ **Wissen**

DER GEPLANTE STURZ FIDEL CASTROS

Manuel Artime besuchte 1960 und 1961 häufig das unauffällige Haus im Ranch-Stil an Miamis Poinciana Avenue, zwischen Le Jeune und Douglas. Mieter des von Bäumen und einem hohen Zaun umgebenen Hauses war ein Mann, der in seiner Freizeit Agentenromane schrieb. Sein Name: E. Howard Hunt, ein CIA-Agent, mit dem Artime und seine Kameraden, darunter frühere kubanische Beamte, eine Regierung entwarfen, die Castros Regime ersetzen sollte. Später erinnerte sich Hunt amüsiert an eine Nachbarin, die bemerkte, dass bei den Zusammenkünften nie Frauen dabei waren, und daraufhin Mutmaßungen über seine sexuelle Orientierung anstellte. »Sie arrangierte ein Treffen mit ihrer frisch geschiedenen Tochter«, erzählte Hunt, der später für seine Rolle in Nixons Watergate-Skandal 32 Jahre im Gefängnis sitzen sollte. »Dass ich bereits verheiratet war, konnte ich nicht zugeben. Da ich der Tochter keine Avancen machte, fühlte sich die Mutter in ihren Vermutungen bestätigt. Das war gut, so war ich als Agent noch besser geschützt.« Das Haus steht heute nicht mehr.

LITTLE HAVANAS JÄHRLICHES STRASSENFEST

Wer Ende Februar, Anfang März in Miami ist, hat dort Gelegenheit, den Carnaval Miami International zu erleben, das größte hispanische Kulturfestival im ganzen Land. Neun Tage lang finden Konzerte, Paraden und Wettkämpfe statt, etwa ein Golfturnier auf dem Platz des Biltmore Hotel (siehe S. 149) in Coral Gables. Den Schlusspunkt bildet das von Kiwanis Club of Little Havana gesponserte Straßenfest mit Kunst, Tanz, Musik und kulinarischen Genüssen, bei dem Tausende von Besuchern die Calle Ocho zwischen der 4th und 27th Avenue bevölkern. Wer das Fest besuchen möchte, nimmt am besten den Metromover bis zur 8th Street. Von hier aus muss man ein wenig laufen, erspart sich aber Staus und Parkplatzsuche. Der Metrobus Nr. 8 fährt von der Kreuzung Miami Avenue/Flagler Street (östlich vom Miami-Dade Cultural Center, siehe S. 56f) ins Herz von Little Havana. Man steigt auf der Calle Ocho, Ecke 36th Avenue, aus, wo Gäste des Restaurants Versailles *(3555 S.W. 8th St., Tel. 305/444-0240)* auf der Terrasse auf einen Tisch warten. Informationen erhält man unter der Telefonnummer 305/644-8888 und auf der Website *(www.carnavalmiami.com).*

BRIGADE 2506 MEMORIAL

Manche Denkmäler veralten rasch, doch an der Stelle, wo die Calle Ocho die S.W. 13th Avenue kreuzt, weckt ein schlichtes Steinmonument mit einer ewigen Flamme noch nach fast 60 Jahren starke Emotionen. Hätten amerikanische Truppen die 2506. Brigade damals unterstützt, hätte das Ergebnis wohl anders ausgesehen. Doch innerhalb von drei Tagen waren etwa 1300 Kubaner, die Castro stürzen wollten, auf sich gestellt, nachdem sie am 17. April 1961 an Kubas Südküste in der Bahía de Cochinos (Schweinebucht) an Land gegangen waren.

Das Fiasko begann in Miami, wo Kubaner planten, ihre Insel aus dem bis dahin zwei Jahre dauernden Griff Castros zu befreien. Sie wurden von der CIA ausgebildet und finanziert und waren überzeugt, dass die US-Regierung hinter ihnen stünde. Die meisten Konterrevolutionäre hatten kaum oder gar keine Kampferfahrung. Viele trugen T-Shirts und Turnschuhe und wa-

FUTURAMA 1637
🗺 Karte S. 71
✉ 1637 S.W. 8th Str.
☎ Tel. 305/407-1677
🕐 Tägl. von 10–18 Uhr geöffnet
www.futurama1637.com

LATIN ART CORE
🗺 Karte S. 71
✉ 1646 S.W. 8th St.
☎ Tel. 305/989-9085

🕐 So geschl.
www.latinartcore.gallery

MOLINA FINE ART GALLERY
🗺 Karte S. 71
✉ 1634 S.W. 8th St.
☎ 305/642-0444
🕐 Mo–Sa 11–19 Uhr, So nach Vereinbarung geöffnet
www.molinaartgallery.com

ren mit veralteten Gewehren bewaffnet. Das kubanische Volk erhob sich nicht, um sie zu unterstützen, und die erwarteten US-Flugzeuge blieben aus. Fidel Castro führte, in einer Hand ein Gewehr, in der anderen eine Zigarre, seine Truppen in den Kampf. 94 Konterrevolutionäre wurden getötet, die restlichen wurden zu 30 Jahren Haft verurteilt. Etwa zwei Jahre später waren sie – dank 62 Millionen Dollar Lösegeld aus Spenden – wieder in Miami. Die Inschrift auf dem Denkmal erinnert an »die Märtyrer der Invasions-Brigade vom 17. April 1961«.

KUBANISCHE GALERIEN

In den letzten Jahren hat die Kunst Little Havana belebt. Es gibt zwar nicht den typischen Miami-Stil, doch die Kunstrichtung erinnert oft nostalgisch an das alte Kuba und andere Länder Lateinamerikas. Am letzten Freitag im Monat, jeweils von 19 bis 23 Uhr, wird die Calle Ocho von der kreativen Energie der **Viernes Culturales/Cultural Fridays** belebt, einer Freiluftausstellung und -feier, an der mehr als hundert Künstler und Musiker teilnehmen. Außerdem sorgt eine Vielzahl von Imbissständen für das leibliche Wohl.

Im Jahr 2011 öffnete **Futurama 1637** seine Pforten mit der Vision, die zeitgenössische Kunst in Little Havana zu fördern und Künstlern bezahlbare Atelierräume zur Verfügung zu stellen. Heute beheimatet das Zentrum ein Dutzend Studios und organisiert darüber hinaus Vernissagen, Konzerte und andere Events für Kunstinteressierte. Viele der hier inzwischen arbeitenden Künstler haben kubanische Wurzeln, unter anderem die Maler Santos Mendez und Roy Rodriguez. **Latin Art Core** ist spezialisiert auf kubanische und lateinamerikanische Kunst von Meistern des 19. und 20. Jahrhunderts wie Esteban Chartrand, Amelia Pelaéz, Roberto Matta und Wilfredo Lam. In der **Molina Fine Art Gallery** können Besucher die farbenfrohen Ölgemälde und Drucke des kubanischen Künstlers Luis Molina betrachten und erwerben. Molina ist für seine afrokubanischen Folklore-Arbeiten bekannt. Santería ist ein wichtiges Thema seiner Werke.

■ Erlebnis ■

STARK UND SÜSS

Wer kräftigen Kaffee liebt, sollte unbedingt einen *café Cubano* in einer von Little Havanas Straßen-Cafeterias probieren. Für dieses starke Gebräu wird Zucker schon zu den gemahlenen Bohnen gegeben, der fertige, espressoartige Kaffee wird dann nochmals gezuckert. Wer auf Englisch einen *coffee* bestellt, bekommt eine *colada*, einen Espresso in einer schnapsglasgroßen Tasse serviert. Und wer Milchkaffee möchte, der bestellt *café con leche* aus einem Teil kubanischem Kaffee und zwei Teilen Milch.

MÁXIMO GÓMEZ PARK

Wer an der Ecke Calle Ocho und S.W. 15th Avenue den Dominospielern zuschaut, kann miterleben, wie über dem Klappern der Spielsteine über Kubas Vergangenheit und Zukunft diskutiert wird. Den Dominospielern, meist älteren Männern in weiten Hemden (*guayaberas*), schauen Staatsmänner aus Nord- und Südamerika über die Schulter. Sie zieren die Wände, seitdem sich die Porträtierten 1994 in Miami zum Amerika-Gipfel getroffen hatten. Der Park ist zwar nicht sehr eindrucksvoll, aber bei Little Havanas Gründergeneration beliebt.

An der Südwestecke von W. Flagler Street und S.W. 17th Avenue, auf der **Plaza de la Cubanidad**, trägt ein Brunnen die Inschrift *Las palmas son novias que esperan* (»Die Palmen sind wartende Geliebte«). Diese Worte stammen von José Martí, dem kubanischen Dichter des 19. Jahrhunderts, der für seinen Widerstand gegen die spanische Kolonialmacht bekannt war.

TOWER THEATER

Das Kino an der Kreuzung beim Máximo Gómez Park in Little Havana spielte für viele kubanische Emigranten, die ab 1959 nach Miami kamen, eine wichtige Rolle. Das 1926 errichtete und 1931 sowie 2000 umgebaute Art-déco-Gebäude mit seinem klassischen Schriftzug hat einen zwölf Meter hohen, beleuchteten Stahlturm auf dem Dach. Seit 2002 wird das Theater vom Miami Dade College betrieben, das die Kunst innerhalb Südfloridas multikultureller Gesellschaft in all ihren Formen fördert.

EL TITAN DE BRONZE

Am 3. Februar 1962 verbot US-Präsident John F. Kennedy jeglichen Handel mit Kuba. Er wollte Castros klamme Wirtschaft schwächen und Kubas Bestreben, die Revolution nach Amerika zu bringen, behindern. Das Embargo war fatal für die Zigarrenindustrie Floridas, die damals ausschließlich auf kubanischen Tabak angewiesen war. Der Tabak in den Lagerhäusern reichte noch zehn Monate, dann verloren an die 6000 Zigarrenarbeiter ihre Jobs. Viele Zigarrenproduzenten gingen bankrott. Der Tradition treu geblieben ist das Unternehmen El Titan

Den Zigarrenrollern wurde früher vorgelesen, um ihnen die Zeit zu vertreiben

 **Wissen**

WIE MAN EINE ZIGARRE RICHTIG RAUCHT

»Der echte Raucher«, verfügte August Barthélemy, Verfasser von *L'Art de fumer pipe et cigare* (1849), »sieht davon ab, den Vesuv zu imitieren.«

- Knipsen Sie mit einem Zigarrenschneider oder einem Messer das Ende ab, das der Bauchbinde am nächsten ist.
- Beschädigen Sie das Deckblatt nicht.
- Halten Sie die Zigarre waagerecht und drehen das Ende über einem Streichholz, bis es gleichmäßig glüht.
- Nehmen Sie die Zigarre in den Mund und ziehen Sie leicht daran.
- Inhalieren Sie den Rauch nicht, sondern nehmen Sie ihn in den Mund auf und lassen ihn wieder ausströmen.
- Halten Sie die Zigarre nur mit den Lippen fest.
- Achten Sie darauf, die Zigarre nicht zu sehr mit Speichel zu befeuchten.
- Rauchen Sie langsam, nicht mehr als zwei Züge in der Minute.
- Das Rauchen einer Zigarre dauert 30 bis 90 Minuten – etwa 50 Züge.

Diese Anweisungen stammen von Barnaby Conrad III., Autor von *The Cigar* (*Chronicle Books*, 1996).

---

de Bronze in der berühmten Calle Ocho. Die kleine Firma beschäftigt zehn »master rollers«, die alle ihr Handwerk in berühmten kubanischen Fabriken gelernt haben. Der Familienbetrieb verwendet Tabak aus Nicaragua und der Dominikanischen Republik (der Samen der Tabakpflanzen, so heißt es, stamme aus Kuba) und verkauft die handgerollte Ware direkt vor Ort. Eine der ältesten Manufakturen, die bekannte El Credito Cigar Factory, 1807 in Havana gegründet und mehr als 40 Jahre in Miami im Zigarren-Geschäft, hat ihre Tore geschlossen. Heute findet sich in ihren ehemaligen Räumen die Cigar Boutique of Little Havana mit großer Auswahl und Relaxing Lounge (*1100 S.W. 8th St., Tel. 305/285 9154, www.cigarboutique.net*).

MIAMI RIVER

Auf dem Miami River, der sich malerisch durch Little Havana schlängelt, verkehren Schlepper, karibische Frachter, kleine Fischerboote und Luxusli-

---

MÁXIMO GÓMEZ PARK
△ Karte S. 71
✉ S.W. 8th St. u. S.W. 15th Ave.

TOWER THEATER
✉ 1508 S.W. 8th St.
☎ 305/237-2463
www.towertheatermiami.com

EL TITAN DE BRONZE
△ Karte S. 71
✉ 1071 S.W. 8th St.
☎ 305/860-1412
🕐 So geschl.
www.elitecigars.com

MIAMI RIVER
△ Karte S. 53 E3

═══════════ ☐ **Wissen** ═══════════

UNBEDINGT PROBIEREN: KUBANISCHE SPEZIALITÄTEN

Kubanische Speisen und Getränke haben sich einen festen Platz auf dem Speiseplan vieler Bewohner Südfloridas erobert. Folgende Spezialitäten werden überall in Miami angeboten und sind typisch für die Kubas Küche:

Adobo – Marinade aus Bitterorangensaft, Knoblauch, Kreuzkümmel und Oregano

Arroz con pollo – Reis mit Huhn und Gewürzen. Aus diesem kubanischen Standardgericht zaubern die Restaurants unzählige Varianten.

Boliche – Schmorfleisch mit Chorizos, grünen Oliven und einer reichlichen Portion Knoblauch

Café con leche – Die kubanische Variante des Milchkaffees ist Espresso, serviert mit aufgeschäumter oder heißer Milch.

Cuba libre – Der klassische Longdrink kombiniert weißen oder dunklen Rum mit Limettensaft und Cola.

Empanada – Frittierte Teigtaschen mit Rind-, Hühnerfleisch oder Käse

Enchilado – Meeresfrüchte in kreolischer Sauce

Emparedado – Kubanisches Brot mit etwas Butter, Schweinebraten, Serrano, Käse, sauren Gurken und Senf. Das Sandwich wird gepresst und überbacken.

Flan Cubano – Kubanischer Flan. Dieser Karamellpudding wird mit Kondensmilch und manchmal Kokosnuss zubereitet.

Mariquitas – Frittierte Kochbananen

Mojito – Erfrischender Rumcocktail. Zutaten sind Minzblätter, Limettensaft und Zucker

Mojo – Leckere Sauce mit Knoblauch und saurem Saft von Orangen- oder Limetten

Pastel de tres leches – Ein süßer Kuchen, hergestellt mit drei Sorten Milch

Pastelito de guyayaba – Blätterteigtaschen, gefüllt mit süßem Guavenfleisch

Vaca frita – Die »gebratene Kuh« besteht aus in frischem Orangen- und Limettensaft mariniertem, geschnetzeltem Rindfleisch, das mit gedünsteten Zwiebeln serviert wird. Das Rindfleisch kann man auch durch Hühnerfleisch ersetzen.

---

ner. Die Ufer säumen Bootswerften, Fischereien, Lagerhäuser und Jachthäfen, und auf den Hausbooten lebt eine aktive Künstlergemeinde.

Die Entwässerung im frühen 20. Jahrhundert schnitt den Miami River von seiner Quelle in den Everglades, die damals bis zur heutigen 32th-Avenue-Brücke reichten, ab. Heute wird er von Kanälen gespeist. Die öffentlichen Parkanlagen am Flussufer sind am Wochenende voller Spaziergänger und Radfahrer. Eine der schönsten Grünanlagen ist der **Sewell Park** am südlichen Ufer auf Höhe der 17th-Avenue-Brücke. Einst gehörte sein Gelände zum Grundbesitz eines wohlhabenden Generals des amerikanischen Bürgerkriegs, der zu den ersten Einwohnern Miamis zählte. Der palmenbestandene Park zieht sich bis zum Südufer in der Nähe der 17th Avenue Bridge. Picknicktische und Miamis einzige öffentliche Bootsrampe bietet der **Curtis Park** flussaufwärts am Nordufer *(N.W. 20th St. gen Westen zur N.W. 22th Ave.).*

FROST ART MUSEUM

Das Kunstmuseum auf dem Campus der Florida International University wurde 1977 als Studentengalerie gegründet. Etwa 40 Jahre danach ist der von Yann Weymouth entworfene Bau einer der bestkuratierten Ausstellungsorte für moderne latein- und nordamerikanische Kunst. Die Sammlung mit Werken von Künstlern aus Kuba und Florida zählt zu den interessantesten im ganzen Bundesstaat. Im Skulpturenpark sieht man Werke von Jacques Lipchitz, Anthony Caro, Alexander Liberman, Tony Rosenthal und anderen. Bei der Tour durch Little Havana sollte man unbedingt einen Museumsbesuch einplanen *(ca. 20 Minuten Autofahrt auf der S.W. 8th Street).* ■

Tipp

Studienanfänger glauben, dass es Glück bringt, den »Marty's Cube« im Skulpturenpark des Frost Art Museum zu drehen.

MADIANA ECHAVARRIA, STUDENTIN, FLORIDA INTERNATIONAL UNIVERSITY

FROST ART MUSEUM
🅰 Karte S. 52 A2
✉ Florida International University
10975 S.W. 17th St.
☎ 305/348-2890

🕐 Geöffnet: Di–Sa 10–17 Uhr, So 12–17 Uhr. Geschlossen: Mo/feiertags sowie am 23./24. Nov., 22.–26. Dez., 30. Dez.–1. Jan.
www.thefrost.fiu.edu

Besucher im Frost Art Museum, das moderne Kunst aus Kuba und Florida zeigt

Floridas erster bekannter Architekturstil, der sogenannte neomediterrane Stil, entstand in den 1920er-Jahren. Er vereint verschiedene Traditionen aus dem Mittelmeerraum: römische, toskanische, venezianische, spanische und maurische – und leiht sich Stilelemente des antiken Griechenlands und aus dem Frankreich der Renaissance. Die Bungalows gleichen oft kleinen Palazzi.

Spanische Architektur inspirierte den Bau von George Merricks Biltmore Hotel in Coral Gables

In Miami, das man einem unwirtlichen Gelände aus Sumpf und Dünen abgetrotzt hatte, wollte man eine Architektur aus der Fantasie schaffen.

NEOMEDITERRANER STIL

Hauptmerkmal des neomediterranen Stils ist die Imitation von Altem. Außenmauern wurden so gefärbt, dass sie denen in Rom glichen, Dachschindeln und Bodenfliesen ähnelten jenen in Sizilien. Für Architekten bot dieser Stil die Chance, in Holz und Stuck zu schwelgen. Illusion hieß das Zauberwort. Die Residenz eines Millionärs sah zum Beispiel aus wie eine spanische Klosterruine. Balken wurden in Salzwasser gelegt, mit Säure geätzt und mit Meißeln bearbeitet. Eisenobjekte wurden verbeult und Beton mit Waschsoda behandelt. Miamis Streben nach einem falschen Altertum ließ neue Mal- und Gipstechniken entstehen. Fabriken wurden gegründet, die Innenarchitekten mit »Stilmöbeln«, Schmiedeeisen, Kacheln und Buntglasfenstern belieferten, die »Orientteppiche« knüpften und »mittelalterliche« Gobelins webten. Viele Häuser schienen mit Gegenständen spanischer Konvente eingerichtet zu sein.

Die besten unter Miamis »Traumhändlern« schufen in Wohnhäusern nahezu theaterwürdige Kulissen. Ein Anwaltsbüro wurde zur Suite eines venezianischen Aristokraten aus dem 16. Jahrhundert, das Wohnzimmer eines Bankiers zu dem eines spanischen *ranchero*. Diese Mode ebbte in den 1930er-Jahren ab, als in der Architektur Moderne und Streamline angesagt waren, die neue Technologien symbolisierten, die Amerika vor dem wirtschaftlichen Abgrund retten sollten.

MORGENLÄNDISCHE MAROTTEN

Etwa zu der Zeit, als der mediterrane Stil florierte, bewegten den Bauherrn und früheren Flugzeugingenieur Glenn Curtiss Visionen. Der Flugpionier nutzte seinen Prominentenstatus, um Investoren aufzutreiben. Er und sein Architekt Bernhardt Muller hatten eine Schwäche für die Märchen aus *Tausendundeiner Nacht*. In Hollywood waren schon diverse Geschichten daraus verfilmt worden, und Frauen fielen 1921 in Ohnmacht, als Rudolph Valentino in *Der Scheich* seine dunklen Mandelaugen blitzen ließ. Und sogar Männerherzen schlugen höher, als Douglas Fairbanks 1924 in *Der Dieb von Bagdad* von Dach zu Dach sprang.

Curtiss und Muller entwarfen eine Art Themenpark mit ständigen Bewohnern. Sie wählten dafür einen Ort nordwestlich von Miami, den die Seminolen Opatishawockalocka (»hölzerner Hügel«) nannten. Sie kreierten dafür den angeblich »arabisch-persischen« Namen Opa-locka. Ihre Zentrale, heute Opa-lockas Rathaus, sah wie der Palast eines saudischen Herrschers aus. Eine Bank glich einer ägyptischen Tempelruine, eine Tankstelle hatte eine Kuppel und Minarette, und an Ali Baba Avenue, Sharazad Boulevard und Aladdin Street standen Wohnhäuser mit Kuppeldächern. Kaufinteressenten kamen damals in Scharen. Architektur-Fans pilgern noch heute hierher.

Das Rathaus von Coral Gables ist Teil des staatlichen Verzeichnisses historischer Stätten

Nördlich der Flagler Street in Downtown Miami tragen die Straßennamen das Präfix »North«. Die Straßen auf der Bay-Seite der Miami Avenue heißen »Northeast«, jene auf der Everglades-Seite »Northwest«. Tatsächlich sind die Grenzen zwischen Miamis nach Himmelsrichtungen eingeteilten Bezirken nicht präzise – das stört kaum (es sei denn, man will Straßenkarten lesen).

Oleta River State Park, Halouver und Sunny Isles aus der Vogelperspektive

Die bekanntesten Gemeinden im Nordwesten sind Hialeah und Opa-locka. Ersteres, ein Patchwork aus Wohn- und Gewerbegebieten, ist den meisten Nicht-Floridanern nur wegen der berühmten Rennbahn ein Begriff. Nördlich von Hialeah liegt Opa-locka, dessen fantasiereiche pseudomaurische Architektur der Faszination zu verdanken ist, die *Tausendundeine Nacht* auf einen Bauherrn ausübte. Im Westen vom Flughafen Opa-locka liegen die Miami Lakes. Hier hinterließ das Zurückdrängen der Everglades zahlreiche Seen, die inmitten von Golfplätzen und Privatanwesen liegen.

Miamis nordöstlicher Quadrant ist wesentlich kleiner und beherbergt überwiegend ein Wohngebiet, dessen Bauten von Bungalows bis zu Apartmenthochhäusern reichen, mit Blick auf Golfplätze, die von Jachten befahrene nördliche Biscayne Bay und den Atlantik.

Zu North Miamis Parks, Museen, Wohnvierteln und Kuriositäten fährt man am besten mit dem Auto – dabei relativiert sich der erste Eindruck, dass diese Gegend nur Golfplätze und Schnellboote zu bieten hat.

ADRIENNE ARSHT CENTER FOR THE PERFORMING ARTS

Im Jahr 2006 krönte das Arsht Center das Kulturangebot Miamis. Das Vorzeigeprojekt des argentinischen Architekten Cesar Pelli kostete 473 Millionen Dollar und zieht sich über ganze zwei Blocks in Downtown hin. Das Adrienne Arsht Center gilt als *das* Zentrum für darstellende Künste in Florida. Zu den Bühnen gehören das Sanford and Dolores Ziff Ballet Opera House (2400 Plätze), die John S. und James L. Knight Concert Hall mit 2200 Plätzen, das Peacock Foundation Studio sowie das Carnival Studio Theater.

Der stufige Gebäudekomplex von Oper und Konzerthalle ist mit hellem Granit verkleidet, unterbrochen von Glas- und Stahlblenden, die einen transparenten Eindruck vermitteln. Im Opernhaus sorgt eine Klangkuppel über dem Zuschauerraum, in der Konzerthalle eine Spirale über der Bühne für hervorragende Akustik.

Im Center sind die Florida Grand Opera, das Miami City Ballet und die New World Symphony beheimatet; regelmäßig treten auch kleinere Ensembles auf. Broadway Across America und Cleveland Orchestra haben hier jährlich Gastspiele. Montags und samstags um 12 Uhr werden kostenlose Führungen angeboten. Während man durch Säle, Garderoben und über Bühnen spaziert, erfährt man etwas über Architektur und Geschichte des Centers – und hört Anekdoten über Künstler wie Bernadette Peters, Itzhak Perlman oder Gloria Estefan.

> ☐ **Tipp**
>
> **Lebendige Wandbilder schmücken die Lagerhallen von Wynwood. Hier befinden sich die wichtigsten Galerien von Miami.**
>
> XAVIER CORTADA,
> KÜNSTLER, XAVIER CORTADA ART GALLERY

WYNWOOD ARTS DISTRICT

In Midtown Miami gibt es viele Galerien sowie Cafés, Restaurants und Bars mit kreativer Energie, vor allem im Miami Design District und Wynwood. Mittellose Künstler ließen sich in Wynwood nieder, als es noch ein Viertel mit verwaisten Fabriken und Lagerhäusern war. Als die Künstler erste Erfolge feierten, blühte auch das Innenstadtviertel auf. In den ehemaligen Industriegebäuden entstanden Ateliers und Galerien. Heute präsentieren

ADRIENNE ARSHT CENTER FOR THE PERFORMING ARTS
🅰 Karte S. 61
✉ 1300 Biscayne Blvd.
☎ 305/949-6722
www.arshtcenter.org

WYNWOOD ARTS DISTRICT
🅰 Karte S. 53 F3
✉ Zw. Biscayne Blvd. u. I-95, u. N.W. 20th St. u. N.W. 36th St.
www.wynwoodmiami.com
www.artcircuits.com

in Wynwood 60 Galerien ihre Werke, vorwiegend zeitgenössische Kunst. Auch wenn hier und da Skulpturen, Digitalkunst und andere Medien zu finden sind, überwiegt doch die Malerei.

In Wynwood findet man auch reichlich Graffiti und andere Straßenkunst von jungen Künstlern. Das fällt einem vor allem ins Auge, wenn man durch die wichtigste Galerienstraße, die N.W. 2nd Avenue, bummelt. Die Wände sind hier eine ständig wechselnde Galerie, deren einzelne Pieces (Kunstwerke) alle paar Monate übermalt werden. Nicht verpassen sollte man die **Art Bastion** (*2085 N.W. 2nd Ave., Nr. 104*), die vor allem unbekannte internationale Künstler entdecken und fördern will. Oder die **Alejandra von Hartz Gallery** (*2630 N.W. 2nd Ave*), spezialisiert auf Malerei aus Lateinamerika, ebenso wie die **Alberto Linero Gallery** (*2294 B N.W. 2nd Ave.*). Jeden zweiten Samstagnachmittag im Monat findet der **Wynwood's Art Walk** (*wynwoodartwalk.com*) statt. Verkaufsstände, Galerien und Ateliers sind dann für Besucher geöffnet, und Musiker und Tänzer treten im Freien auf. Das Viertel organisiert zudem jedes Jahr ein halbes Dutzend Kunstmessen, die größtenteils im Winter stattfinden.

RUBELL FAMILY COLLECTION

Ein reichhaltiges Kunstarchiv ist der außergewöhnliche Schatz zeitgenössischer Kunst, den Don und Mera Rubell in ihrer Sammlung vereint haben. Dem aus New York stammenden Paar gehört auch das luxuriöse Albion

Die Rubell Family Collection zeigt zeitgenössische Kunst teils hochkarätiger Künstler

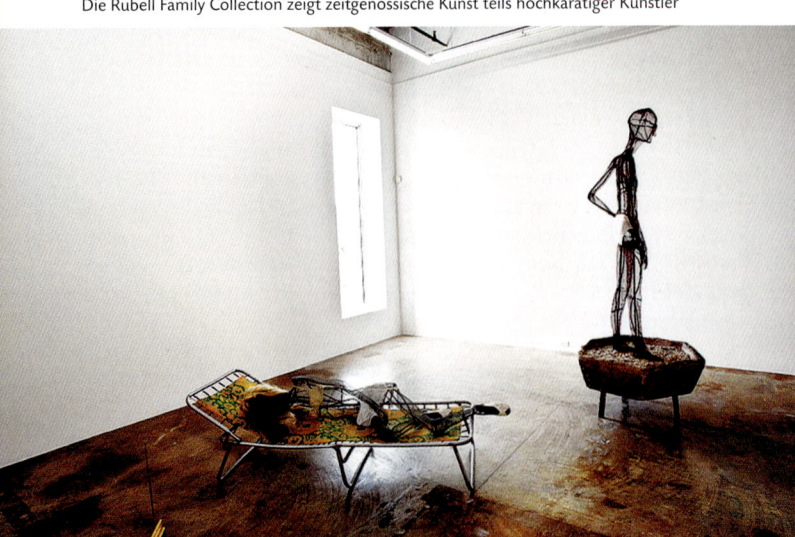

Wissen

ARCH CREEK PARK

Der Arch Creek Park in North Miami *(Karte S. 53 G6, 1855 N.E. 135th St., 305/ 944-6111, Mo u. Di geschl.)* bietet viel Geschichte und landschaftliche Schönheit. Ein kleines Museum informiert über die Hauptattraktion des Parks: eine natürliche Kalksteinbrücke, die Teil einer wichtigen Route der indigenen Tequesta und später der Seminolen war. Während der Seminolenkriege wurde sie von der US-Armee überquert, später von Pionieren mit ihren Kutschen. Das Museum zeigt Artefakte von Indianern und Pionieren. Von einem in Form einer Acht angelegten Weg von einem Kilometer Länge kann man Wildtiere erspähen. Der Park bietet zudem einen Schmetterlingsgarten und Picknickplätze.

Hotel in Miami Beach. Die Kunstsammlung mit dem Titel »Provokative Werke von den 1960er-Jahren bis heute« zeigt Arbeiten von Jeff Koons, Keith Haring, Cindy Sherman, Jean-Michel Basquiat, Paul McCarthy und Charles Ray sowie Werke junger Talente. Die wohl kühnste öffentlich präsentierte Privatsammlung der Stadt ist in einem Industriebau im Wynwood Art District ausgestellt. Im Museum sind fast alle Künstler vertreten, die in den letzten Jahrzehnten Aufsehen erregten. Die hervorragende Bibliothek im Rubell Museum bestätigt die Worte des Schriftstellers Tom Wolfe in seinem Buch *The Painted Word*, dass moderne Kunst die intellektuelle Debatte durch ihre erstaunliche Fähigkeit fördere, Emotionen und Diskussionen über das Wesen der Kunst auszulösen.

MIAMI DESIGN DISTRICT

Wie in anderen Städten haben Künstler auf der Suche nach günstigen Ateliers dem Teil von Nordost-Miami, der etwa von N.E. Second Street bis N. Miami Avenue und zwischen 36th und 41st Street liegt, zum Aufschwung verholfen. Noch vor zehn Jahren galten die Straßen vor allem nachts als gefährlich, doch Maler, Bildhauer, Medienkünstler und Fotografen bewahrten das Viertel vor weiterem Verfall. In den 1920er-Jahren war der Stadtteil bekannt als »Decorators Row«. Dekorateure und Innenarchitekten deckten sich in Fachgeschäften mit Material ein. Heute kann man in Antiquitäten- und Stoffläden, Möbelschreinereien und Fabrikläden stöbern.

RUBELL FAMILY COLLECTION
🅰 Karte S. 53 F3
✉ 95 N.W. 29th St.
☎ 305/573-6090
🕐 Mo, Di und So geschl.
💲 $$
www.rfc.museum

MIAMI DESIGN DISTRICT
🅰 Karte S. 53 F3
✉ Zw. N.E. 2nd Ave. u. N. Miami
　 Ave., u. N.W. 36th St. u. 41st St.
www.miamidesigndistrict.net

□ **Tipp**

Besuchen Sie das altehrwürdige Ancient Spanish Monastery: ein Stück Europa in Florida, das einst aus Segovia nach Miami verpflanzt wurde.

MATT PROPERT,
NATIONAL GEOGRAPHIC-FOTOGRAF

An der 40th Street zwischen N.E. 2nd und N. Miami Avenue findet man heute eleganten Schnickschnack und Exotika. Exquisite Antiquitäten gibt es in der **Susane R Lifestyle Boutique** (4141 N.E. 2nd Ave, Tel. 305/573-8483, www.susaner.com) oder bei **Artisan Antiques Art Deco** (110 N.E. 40th St., Tel. 305/573-5619, www.artisanartdeco.com). In den kleinen Cafés zwischen den Läden debattieren Designer über die Bedeutung von Le Corbusier oder das Bauhaus. Ruhe vom Straßenlärm bietet der blumengeschmückte Hof von **Michael's Genuine Food & Drink** (130 N.E. 40th St., Tel. 305/573-5550, www.michaelsgenuine.com), ebenso das **Mandolin Aegean Bistro** (4312 N.E. 2nd Ave., Tel. 305/576-6066, www.mandolinmiami.com).

Die meisten Galerien schließen am Abend. Doch am zweiten Samstag im Monat haben sämtliche Läden, Ateliers, Galerien und Bistros, ebenso wie jene im benachbarten Wynwood Arts District (siehe S. 83f), von 19 bis 22 Uhr geöffnet. Es gibt Vernissagen, ebenso Musik- und Tanzvorführungen. Im Winter, der hiesigen Hauptsaison, ist der Design District Gastgeber mehrerer Kunstmärkte.

MORNINGSIDE

Zeitgleich mit dem Aufschwung des Design District stieg das Interesse an Miamis älteren Wohnvierteln, insbesondere an jenen, die im Boom der 1920er-Jahre und in den ersten Jahren der Depression entstanden waren. Morningsides Bungalow-Enklaven am Biscayne Boulevard waren zuvor nahezu in Vergessenheit geraten.

In den 1920er-Jahren liebte man architektonische Spielereien. Es genügte nicht mehr, ein Haus zu bauen – es musste ein Thema haben. Vorherrschend waren der Missionsstil, der spanische Kolonialkirchen im weit entfernten Kalifornien imitierte, und der neomediterrane Stil: ein Sammelbegriff für Kopien von Häusern des Mittelmeerraums. Diese Bauweisen waren zu der Zeit, als man in Morningside baute, in ganz Amerika modern. Die Themenhäuser in Morningside sind der Kahlschlagsanierung entkommen und werden heute von designbewussten Leuten hoch geschätzt. Vor einigen Jahren gelang es den Befürwortern der Restaurierung des Viertels, Morningside zur historisch wertvollen Stätte erklären zu lassen. Schöne

Stein für Stein wurde das Ancient Spanish Monastery zerlegt und in Florida neu aufgebaut

Beispiele sind das neomediterrane Haus an der 5731 N.E. 6th Avenue und ein frühes Beispiel für den Missionsstil an der 5940 N.E. 6th Court, beide befinden sich in Privatbesitz.

Am besten erkundet man Morningside zu Fuß. Das Viertel ist nicht groß, es reicht von der Küste bis etwa zum Biscayne Boulevard bzw. von der N.E. 60th bis zur N.E. 50th Street. Das Museum of Contemporary Art (siehe unten) bietet ab und zu Architekturführungen durch Morningside an.

MUSEUM OF CONTEMPORARY ART

In Miami nennt man das 1996 eröffnete, 2135 Quadratmeter große Museum nach seinen Initialen MoCA, und die Stadt ist stolz auf dieses renommierte Museum. Die Hauptgalerie bietet das Ambiente eines zum Atelier umgebauten Lagerhauses. Der große Raum beherbergt Werke von nationalen und internationalen Spitzenkünstlern. Ein kleinerer Raum präsentiert Topaktuelles, häufig von einheimischen Künstlern. Die Ausstellung repräsentiert die Avantgarde der ganzen Welt, mit Multimedia-Installationen und Fotografien, vornehmlich aber mit Gemälden und Skulpturen. Wichtige Ausstellungen des MoCA widmeten sich dem Werk von Kunstlegenden wie der Mexikanerin Frida Kahlo und ihrem Gatten Diego Rivera oder Frank Stella. Angeboten werden hin und wieder spezielle Architekturführungen durch das Morningside-Viertel (siehe S. 86f).

Eine russische Nacht in Miami: Dinner, Tanz und Cabaret im Tatiana Night Club

Ein Ableger des MoCA ist seit 2014 das **Institute of Contemporary Art**, seit Dezember 2017 im neuen Haus im Design District, das sich zeitgenössischer Kunst und aktuellen Kunstexperimenten widmet und etablierten wie auch unbekannten Künstlern gleichermaßen ein Publikum bieten möchte. Getragen wird es hauptsächlich von Privatleuten und Sponsoren. Der Eintritt ist frei.

ANCIENT SPANISH MONASTERY

Das im 12. Jahrhundert errichtete Kloster ist das bei Weitem älteste Bauwerk Nordamerikas. Doch stand es ursprünglich in Spanien. Nachdem er 700 Jahre lang zu einer Zisterzienserabtei gehört hatte, diente der Kreuzgang des Klosters Sacramenia im Nordosten der Provinz Segovia im 19. Jahrhundert nur noch als Getreidelager und Stall.

MUSEUM OF CONTEMPORARY ART
🅰 Karte S. 53 F5
✉ 770 N.E. 125th St.
☎ 305/893-6211
🕐 Mo und Sa vorm. geschl.
💲 $
www.mocanomi.org

INSTITUTE OF CONTEMPORARY ART
✉ 61 NE 41st St.
☎ 305/901-5272

🕐 Mo geschl.
www.icamiami.org

ANCIENT SPANISH MONASTERY
🅰 Karte S. 53 G6
✉ 16711 W. Dixie Hwy. zw. N.E. 167th u. 171st Sts.
☎ 305/945-1461
💲 $$
🕐 zu besonderen Anlässen geschl.; Öffnungszeiten wechseln; telefonisch erfragen.
www.spanishmonastery.com

 **Wissen**

MIAMIS RUSSISCHE GEMEINDE

Moskauer Bürokraten, sibirische Schamanen, zentralasiatische Muslime, buddhistische Mönche, persischsprachige Hausfrauen – sie alle gehörten zu den Bürgern der Sowjetunion. Auch North Miamis »russische« Gemeinde spiegelt diese Vielfalt wider. Tennisstar Anna Kournikova kommt von hier, und auch der russische Popsänger Philip Kirkorov verbringt den größten Teil des Jahres in Miami.

Das **Tatiana Restaurant & Night Club** *(1710 E. Hallandale Beach Blvd., Tel. 954/ 454-1222, www.fltatianarestaurant.com),* ein Kabarett mit Schwertschluckern und Tänzerinnen in paillettenbesetzten Bikinis, ist das Zentrum der abendlichen Unterhaltung in der russischen Gemeinde. Das Essen erinnert an die alte Heimat: eingelegtes Gemüse, Fleisch aus Kaukasien, Kaviar aus Aserbaidschan, Kiew-Huhn aus der ukrainischen Hauptstadt und sibirische *pelmeni.* Dazu werden Wodka, armenischer Cognac und georgischer Wein gereicht.

Am Strand erstreckt sich das Einkaufszentrum Village Plaza mit russischen Buchhandlungen, Reisebüros und dem Deli **Kalinka** *(18090 Collins Ave., Tel. 305/705-9333).* Wer sich mit russischer Küche nicht auskennt, fragt am besten einfach die Bedienung.

Auf der Collins Avenue Richtung Norden biegt man links in den Hollywood Boulevard ab. Hier liegt das russische Lokal **Chocolada Bakery & Café** *(1923 Hollywood Blvd., Tel. 954/920-6400, www.hollywoodchocolada.com),* das jeden Abend Livemusik bietet.

Für 500 000 Dollar erwarb der Zeitungszar William Randolph Hearst das Gebäude 1925 für sein Anwesen Xanadu in Kalifornien. Er ließ es abbauen und in 11 000 nummerierten, mit Stroh ausgekleideten Kisten nach New York verschiffen. Da Zollbeamte glaubten, das Stroh trüge das Virus der Maul- und Klauenseuche, packten sie die Steine aus und verbrannten das Stroh, brachten aber die Stücke und Kisten hoffnungslos durcheinander. Die Kisten lagerten darauf 26 Jahre lang in einem Speicherhaus in Brooklyn, bis neue Besitzer 1952 die Steine für 1,5 Millionen Dollar als Besucherattraktion in Miami zusammensetzen ließen. Zehn Jahre später erwarb die Episkopalkirche den Kreuzgang als Gotteshaus und Museum frühgotischer und romanischer Architektur. Im Souvenirladen hängt das Gemälde »La Gracia« des spanischen Meisters Julio Romero de Torres (1880–1930). Das Bauwerk ist eine beliebte Kulisse für Hochzeiten, weshalb sich hier am Wochenende oft extravagant gekleidete Gäste tummeln.

OLETA RIVER STATE PARK

Obwohl er von dicht bebauten Wohngebieten wie dem luxuriösen Bal Harbour von North Miami Beach umgeben ist, bietet der Park Gelegenheit, mit dem Auto, dem Rad oder zu Fuß Mangrovenwälder und Lagunen zu

Glücksspiel gibt es in Greater Miami seit Jahrzehnten. 1932 wurden in Miami von Buchmachern unabhängige Wetten legalisiert. Drei Jahre später folgten Spielautomaten, die aber nach zwei Jahren schon wieder mit einem Verbot belegt wurden.

Von Fort Lauderdale bis Key West gab es zur Blütezeit über 300 Glücksspielanbieter, viele davon waren illegal. Darunter befanden sich Buchmacher für Seeleute und Einheimische, Lottospiele, die bei kubanischen Einwanderern beliebt waren, und sogar Kasinos.

Videospielautomaten wurden 1992 legalisiert, Tischspiele 2008, als die Seminolen im benachbarten Broward County ein Abkommen mit dem Staat Florida schlossen. Die ehemals beliebten Schiffskasino-Touren vom Port of Miami sind passé, seitdem es ausreichend Angebote an Land gibt.

Die Situation des Glücksspiels in Miami-Dade änderte sich 2008 mit einem Referendum, das das Aufstellen von Spielautomaten im Jai-alai-Fronton (siehe Kasten S. 56) sowie auf Hunde- und Pferderennbahnen des Countys erlaubte (2005 legalisierte das benachbarte Broward County mit seinen Indianerreservaten Automaten). Ob gehobene Kasino-Resorts erlaubt werden sollen, ist noch immer ein Streitpunkt.

Zu den wichtigsten Kasinos und Rennbahnen Miamis zählen:

Das **Magic City Casino** (450 N.W. 37th Ave., Tel. 305/649-3000, www.magic citycasino.com), im Oktober 2009 eröffnet, bietet Greyhound-Rennen und ein Freiluft-Amphitheater, in dem landesweit bekannte Künstler auftreten.

Im **Casino Miami Jai-Alai** (siehe Kasten S. 56) können Gäste auf Sportereignisse wetten, die auf Großbildschirmen gezeigt werden.

Calder Casino (21001 N.W. 27th Ave., Tel. 305/625-1311, www.caldercasino. com); auf Bildschirmen kann man hier Pferderennen verfolgen und wetten.

Gulfstream Park Racing & Casino (901 S. Federal Hwy., Hallandale Beach, Tel. 954/454-7000, www.gulfstreampark.com) in Broward veranstaltet mit dem Florida Derby das wichtigste Pferderennen Südfloridas.

Der **Hialeah Park** (2200 E. 4th Ave., Hialeah, Tel. 305/885-8000, www.hialeah parkracing.com) von 1925 besitzt eine hübsche, denkmalgeschützte Pferderennbahn für Quarter-Horse-Rennen.

Das Glücksspiel in Greater Miami wird dominiert vom **Seminole Hard Rock Hotel & Casino** (1 Seminole Way, Hollywood, Tel. 866/502-7529, www. seminolehardrockhollywood.com) im Seminolenreservat Hollywood, einem massiven Komplex mit Unterhaltungsareal, Bars und Läden.

Das **Miccosukee Resort & Gaming** (500 S.W. 177th Ave., Tel. 877/242-6464, www.miccosukee.com), eine halbe Stunde westlich von Downtown Miami, ist bekannt für seinen Bingosaal.

□ Erlebnis

EINEN CRASHKURS IN SPANISCH BELEGEN

Wollen Sie Ihr Spanisch aufpolieren oder ein paar Redewendungen lernen? **Berlitz** *(1200 Brickell Ave., Tel. 305/3 71 36 86, www.berlitz.us/miami),* **Inlingua** *(80 S.W. 8thSt.Suite 1720., Tel. 305/697-2131, www.inlingua-if.com)* und **CCLS Miami** *(3191 Coral Way, Miami, Tel. 305/529-2257, www.cclsmiami.edu)* organisieren Intensivkurse oder Einzelunterricht, maßgeschneidert für individuelle Reisepläne – ob ein paar Tage lang täglich eine Stunde oder 14 Tage lang von morgens bis abends. Kurse kosten ab $ 250 im Monat (Gruppenunterricht).

erkunden. Hier trifft man auf Watvögel, und morgens oder abends sieht man vielleicht die Fluke eines Schweinswal aus dem Wasser ragen. Das seltsamste aller Wassersäugetiere Floridas, die Seekuh, erspäht man selten, doch die vom Aussterben bedrohten Lebewesen fliehen zuweilen vor dem Schiffsverkehr an der Flussmündung in die ruhigen Gewässer des Parks.

Wer will, kann mit dem Fahrrad 2,4 Kilometer Radweg und 16 Kilometer Mountainbikestrecken erkunden oder auch ein Kanu oder Stehpaddelbrett mieten und die 1,2 Kilometer lange Paddelstrecke in Angriff nehmen. Anwohner picknicken gerne im Park im Schatten von Pavillons, waten am Sandstrand entlang oder angeln am Pier. Angesichts der Skyline von Hochhäusern kann man sich kaum vorstellen, dass auf der Halbinsel noch vor 150 Jahren Bären, Hirsche, Panther, Rotluchse, Wölfe, Alligatoren und im Wasser unzählige Seekühe lebten. In den 1890er-Jahren befanden sich hier zahlreiche Ananas- und Gemüsefarmen. All das ist heute Geschichte.

□ Tipp

Nutzen Sie die Busse des Opa-locka Express Circulator für eine Tour durch Opa-locka. Sie sind kostenlos und passieren viele architektonische Perlen.

JANE SUNDERLAND,
NATIONAL GEOGRAPHIC-MITARBEITERIN

GREYNOLDS PARK

Franklin Delano Roosevelts Civilian Conservation Corps verwandelte einen aufgegebenen Steinbruch in eine beliebte öffentliche Parkanlage. Den ma-
(Fortsetzung auf S. 94)

OLETA RIVER STATE PARK
 Karte S. 53 G6
✉ 3400 N.E. 163rd St./Sunny Isles Blvd., östl. des Biscayne Blvd.

☎ 305/919-1844
🕐 Tägl. von 8–20 Uhr geöffnet
💲 $$
www.floridastateparks.org/park/ oleta-river

Die Enklave im Norden von Downtown Miami mit seinen 29 000 vorwiegend haitianischen Immigranten war früher ein Geschäftsbezirk inmitten von Zitrusgärten. Heute sind die vielen günstigen Läden auf die Bedürfnisse der finanzschwachen Anwohner ausgerichtet – und auf Touristen, die jedoch wegen Little Haitis kriminellen Rufs meist vorbeifahren.

Ein Verkaufsstand in Little Haiti bietet tropische Früchte an

Östlich der I-95 erstreckt sich Little Haiti ein paar Blocks gen Westen, etwa vom Miami Design District bis El Portal. Seine Hauptstraße ist die N.E. 2nd Avenue. Es ist ein buntes Viertel mit handgeschriebenen Schildern in französischem Kreolisch, fantasievollen Wandgemälden, Frauen mit Strohhüten und schmucken Baumwollkitteln, intensiven Düften von Schweinefleisch und Knoblauch und alten Schindelhäusern in lebhaften Farben, die noch aus Seefahrertagen stammen. Mehrere Tausend Haitianer riskierten es, den Golf in offenen Booten zu überqueren, um Gewalt und Entbehrungen unter der Willkürherrschaft in ihrer Heimat zu entkommen. Wie bei den meisten Immigrantengruppen waren die Neuankömmlinge oft besser ausgebildet und wohlhabender als ihre Landsleute in der Heimat. Die meisten Haitianer Miamis lebten zunächst jahrelang in Enklaven im Nordosten Haitis und verfügen über Schulbildung und gute Englischkenntnisse. Aus dieser Gruppe stammen Little Haitis Kommunalpolitiker und Geschäftsleute. Sie geben Grund zur Hoffnung auf eine bessere Zukunft.

LITTLE HAITIS ZENTRUM

Das Herz von Little Haiti liegt an der N.E. 54th Street zwischen N.E. 2nd und Miami Avenue. Man bummelt zwischen Kitsch, Lebensmitteln und Exotika umher, für die mit altmodischen Schildern geworben wird. Dabei tönt *compas*, ein melodisch-rhythmischer karibischer Musikstil, der in den Clubs von Little Havana und Little Haiti populär ist, aus den Ladenfronten. An der Kreuzung von N.E. 54th Street und Miami Avenue hält man nach dem **Veye Yo** (»Schau ihnen zu«) Ausschau, Little Haitis politischem Zentrum. Es bietet am Abend Vorträge, zumeist über haitianische Politik und Immigranten. Am Wochenende verwandelt sich die Kreuzung von N.E. 54th Street und

N.E. 2nd Avenue in einen karibischen Lebensmittelmarkt. Der Versuch, an N.E. 2nd Avenue und N.E. 60th Street einen ständigen Markt einzurichten, schlug fehl. Hinter dem Markt bietet das neue **Little Haiti Cultural Center** *(212 N.E. 59th Terr., Tel. 305/960-2969, www.littlehaiticulturalcenter.com)* Schwarzes Theater, Tanzstudios, Galerien und Ateliers.

Nahe des Marktplatzes, an der N.E. 2nd Avenue, steht die **Church of Notre Dame d'Haiti**, einst Cafeteria einer katholischen Mädchenschule. Ihre lebhaften Buntglasfenster illustrieren die Geschichte Pierre Toussaints (1746–1803), eines frommen Haitianers, der der Sklaverei entfloh und Konsul von Haiti und spiritueller Führer wurde. Ein Wandbild hat die Odyssee haitianischer Flüchtlinge nach Amerika zum Thema.

Von hier aus ist es nicht weit zum **Mapou Cultural Center** *(5919 N.E. 2nd Ave., Tel. 305/757-9922)*. Die Idee seines Gründers, des Schriftstellers Jan Mapou, ist es seit mehr als 25 Jahren, Kultur und Sprache der Haitianer in Miami zu pflegen und zu bewahren. Hier trifft man sich, tauscht sich aus und kann Souvenirs, Gemälde, Bücher und vieles mehr kaufen.

HAITIANISCHE KÜCHE UND BUENA VISTA EAST

Eines der Highlights von Little Haiti ist seine Küche – unkompliziert, aber so lecker wie überall in der Karibik. Es gibt diverse einladende Lokale, darunter farbenfrohe Hütten mit Tischen im Hinterhof. Das Essen ist einfach, billig und gut, und die meisten Gäste sind Anwohner. Die kreolischen Namen der Gerichte klingen mysteriöser, als sie es sind: *Lambi* ist eine Meeresschnecke, *griot* ist gebratenes Schweinefleisch. Zum Angebot gehören auch gebratener Fisch, Hühnchen, eingelegtes Gemüse und karibische Beilagen wie Reis, Bohnen und Kochbananen. Little Haitis Buena Vista East ist ein weiteres altes »Themen-Viertel« von Miami. Die Bauten, von denen die meisten zur Zeit der neomediterranen Mode in den 1920er-Jahren entstanden, sind unkonventionell, fantasiereich, bisweilen aber auch recht gewöhnlich.

--- ☐ **Wissen** ---

BOTANICAS

In diesen wohlriechenden Läden gibt es Arzneibücher und Zeremonienzubehör für Voodoo und Santería – Religionen, die bei den westafrikanischen Yoruba entstanden und durch den Sklavenhandel in die Karibik kamen. Gläubige statten sich hier mit Heilkräutern, Kerzen, Statuen, Bildern und anderen Utensilien für ihre Rituale aus. Botanicas sind weder Kuriositäten- noch Souvenirshops, sondern religiöse Stätten, in denen man sich entsprechend verhalten sollte. Über Kruzifixe aus Knochen oder mit Stecknadeln »gespickte« Voodoopuppen sollte man sich auf keinen Fall lustig machen: Für viele Bewohner Little Haitis ist all dies heilig.

☐ **Wissen**

MIAMI THEATER CENTER

Das Gebäude, in dem sich heute das Miami Theater Center in Miami Springs befindet, war einst das Play Ground Theatre *(Karte S. 53 F5, 9806 N.E. 2nd Ave., Tel. 305/751- 95 50, www.mtcmiami.org)*. Der Bau, den Harold Steward aus Miami in den späten 1930er-Jahren entwarf, gehört zu den letzten großen Artdéco-Architekturen Südfloridas und ist eines der wenigen erhaltenen Kinos, die einst die Produktionsfirma Paramount Pictures in vielen amerikanischen Städten als exklusive Vorführungsorte errichten ließ. Von außen erinnert es immer noch an Amerikas große Zeit der Filmtheater.

roden Maschinenpark schütteten sie mit Steinen und Sand zu und schufen so einen zwölf Meter hohen Hügel mit einem Aussichtsturm. Der Steinbruch wurde zum See, auf dem man heute mit dem Boot fahren kann. Ende des 19. Jahrhunderts lag hier ein Handelsposten der Seminolen, heute kann man im Park Golf spielen, joggen oder picknicken. Die vielen Watvögel und Eulen, die in Greater Miami rar sind, locken Vogelbeobachter in die einstige **Greynolds Park Rookery**. Für Radfahrer und Mountainbiker gibt es einen Rundweg (2,5 km).

OPA-LOCKA

Dieses unglaubliche Abbild maurischer Architekturfantasien ist ein Produkt der Visionen von Glenn Curtiss (1878–1930), der hier in den 1920er-Jahren, im »Bagdad des Dade County«, zum Kalifen aller Unternehmer Floridas werden wollte (siehe S. 81). Er wünschte sich, inmitten der Reichen zu wohnen, doch der Ort, den er auserkor, ist tatsächlich arm – ein wirtschaftliches Getto, in dem vor allem afroamerikanische Familien und karibische und lateinamerikanische Immigranten leben.

Nördlich des Miami International Airport (MIA) und westlich des Autobahnkreuzes 13 der I-95 erheben sich die orientalischen Kuppeln, Minarette, Hufeisenbögen und Halbmondmotive von Opa-locka vor einigen einfallsloseren Gebäuden, die später entstanden.

Besuchen sollte man unbedingt die **Opa-locka City Hall**, das Rathaus, in dem Curtiss unter blauen und weißen, in Mauve und Gold übermalten Kuppeln seinen Firmensitz hatte. Auch der Rest des Bauwerks ist heute in Goldtönen gehalten. In dem Fantasiebau zwischen Moschee und Palast (als *Thematic Resource* im *National Register of Historical Places* gelistet) zeichnete der Architekt Bernhardt Muller Hunderte von Plänen für die »schönste Stadt an der Ostküste« mit ihren Flammen- und Eukalyptusbäumen, Bambusbüschen und Kokospalmen. Passenderweise findet man hier ein Regal mit den Märchen aus *Tausendundeiner Nacht*.

Sehenswert sind das kleinere **Hurt Building** mit Bögen, Kuppeln und Minaretten und die **Tri-Rail Opa-locka Station** *(480 Ali Baba Ave.)*, ein hübsches Gebäude von 1927, dessen Fassade mit Kacheln und Zinnen geschmückt ist. Am besten erkundet man Opa-locka am Tag, denn nachts sind die Straßen im Viertel nicht sehr sicher.

MIAMI SPRINGS

Miamis jüngste Geschichte prägten Unternehmer, deren Namen auf Straßenschildern zu lesen sind: Flagler, Brickell, Tuttle und natürlich Curtiss. Doch abgesehen von ein paar Hausbesitzern mit historischem Interesse, die in den *Pueblo*-Häusern von Glenn Curtiss in Miami Springs wohnen, ahnen die meisten Anwohner nicht, dass ihre kleine Gemeinde nördlich des Miami International Airport der lebhaften Fantasie eines Luftfahrtpioniers und Rennfahrers entsprungen ist. Die *Pueblo*-Mode breitete sich im ganzen Land aus. Die klimabedingten Vorteile der Schindeldächer, der dicken Mauern aus Lehmziegeln *(Adobe)* und der großen Veranden waren den amerikanischen Fans dieser Häuser gleichgültig. Glenn Curtiss mochte diesen Baustil und machte damit Miami Springs, das Santa Fe der Subtropen, berühmt. Miami Springs erkundet man mit dem Auto. Man beginnt am Curtiss Parkway, der zwischen Okeechobee Road und N.W. 36th Street verläuft und den Miami Springs Golf Course kreuzt. Achtung, Fälschung: Die Adobe-Bungalows beim Parkway sind nur aus Holz und Teerpappe gebaut und mit Gips überzogen. In Downtown besucht man am Parkway die **Miami Springs Pharmacy** *(45 Curtiss Pkwy.)* in einem *Pueblo*-Haus, in dem sich eine kleine historische Ausstellung und ein kurioses pharmazeutisches Archiv befinden. In der Nähe steht ein weiteres *Pueblo*-Juwel: **Fairhavens Retirement Home** *(201 Curtiss Pkwy.)*, einst das Country Club Hotel von Curtiss. ■

GREYNOLDS PARK
- ▲ Karte S. 53 G7
- ✉ 17530 W. Dixie Hwy., N. Miami Beach
- ☎ 305/945-3425
- 💲 An Wochenenden $$ (nur für Autofahrer)

OPA-LOCKA
- ▲ Karte S. 53 E6

OPA-LOCKA CITY HALL
- ▲ Karte S. 53 E6
- ✉ 777 Sharazad Blvd.
- ☎ 305/688-4611
- 🕐 Sa u. So geschl.

Opa-locka Express Circulator
Der Opa-locka Express Circulator *(www.opalockafl.gov)* bedient montags bis freitags von 6–19 Uhr zwei Strecken. Beide Strecken teilen sich eine Haltestelle an der Tri-Rail Station Opa-locka.

HURT BUILDING
- ▲ Karte S. 53 E6
- ✉ 490 Opa-locka Blvd.

MIAMI SPRINGS
- ▲ Karte S. 52 C4

Miami Beach

❮ Abendliche Rushhour auf dem Ocean Drive in Miami Beach

Für die meisten Besucher von Miami Beach eignet sich South Beach als Basis. Wer mehr Zeit hat, kann auch die fünf Gemeinden auskundschaften, die den größten Teil der elf Kilometer langen Küste südlich der Grenze zum Broward County ausmachen. Jede hat ihren Reiz – Surfside und Sunny Isles sind attraktiv für jene, die mehr aufs Geld achten müssen.

Fünf Dämme verbinden die Insel mit Miami, jeder führt in ein anderes Viertel. Die schönste Aussicht bietet der MacArthur Causeway, der die Biscayne Bay ab Downtown Miami über Watson Island überquert und am südlichen Ende von South Beach endet.

SOUTH BEACH

Zwischen 5th und 41st Street liegt der bekannteste District von Miami Beach. Hier findet man die meisten der rund 800 Art-déco-Gebäude, außerdem die meisten der auf die Jungen und Schönen ausgerichteten Vergnügungsorte und die berühmtesten Strände. Die Gegend südlich der 5th Street wurde umfassend saniert. Die neu errichteten oder restaurierten Gebäude behielten jedoch ihr unkonventionelles Künstlerflair.

NÖRDLICHES MIAMI BEACH

Nördlich der Stelle, wo der Julia Tuttle Causeway die Insel mit Miami verbindet, liegt eine Mischung aus Wohn- und Geschäftsstraßen. Diese Gegend ist zwar nicht besonders angesagt, aber sie bietet dasselbe warme, blaue Wasser und schöne Strände. Erst wenn man an die Surfside gelangt, wird die Architektur so ansprechend wie in SoBes Art Deco District. Und wer shoppen möchte, ist in der Mall von Bal Harbour richtig.

DREI ENKLAVEN DER REICHEN

Wer auf dem MacArthur Causeway nach Miami Beach fährt, sieht links die Brücken zu den Inseln Palm, Hibiscus und Star, an deren Ufern Segelboote und Villen auszumachen sind. In diese privaten Gemeinden ist die Zufahrt teilweise beschränkt. Der Causeway endet bei der Miami Beach Marina

Die Atlantikküste von Miami Beach wartet mit endlosen weißen Sandstränden auf

(300 Alton Rd., Tel. 305/673-6000, www.miamibeachmarina.com), einem parkähnlichen Hafen mit 400 Liegeplätzen für bis zu 75 Meter lange Boote.

PORTMIAMI

Zusammen bilden Dodge Island und Lummus Island südlich von Miami
Beach den PortMiami, den weltweit größten Hafen für
Kreuzfahrtschiffe, der jährlich nahezu fünf
Millionen Passagiere abfertigt. Vom Bis-
cayne Boulevard, nahe dem Bayside
Marketplace, führt ein separater
Damm zum Hafen *(N.E. 6th St./
Port Blvd.)*. Abends erstrahlen
die Schiffe hell wie Las-Ve-
gas-Kasinos. ■

Miami Beach besteht nicht nur aus South Beach, aber das Bild der Insel als amerikanische Riviera bezieht sich meist auf die 40 Häuserblocks zwischen 5th und 41st Street. Hier gibt es die Cafés, Hotels und Apartmenthäuser im Stil der Streamline-Moderne der 1930er-Jahre, Restaurants, Boutiquen, Museen, Strände und die fotogenen Anwohner, die in Magazinen abgebildet sind.

South Beach, kurz SoBe, lässt sich gut zu Fuß erkunden und ist an der Atlantikseite mit einem der schönsten Strände Südfloridas gesegnet. Der Ort hat eine bunte Einwohnerschaft. Künstler, Schriftsteller, Musiker, Homosexuelle und Entertainer leben hier.

OCEAN DRIVE

Der Ocean Drive, eine von Palmen und farbenfrohen Hotels mit Neonlichtern gesäumte Strandpromenade, ist SoBes meistfotografierte Straße. Zwischen 5th und 14th Street tummeln sich die Schönen und Lässigen, deren Lebenssinn der Müßiggang zu sein scheint. Das rege Wirtschaftsleben wird von Gastronomen, Hoteliers, Ladenbesitzern und Bauträgern bestimmt. Am Wochenende, wenn abends an die 30 000 Leute nach SoBe kommen, kann man hier prima ausgehen. Man sollte sich rechtzeitig einen Parkplatz suchen (einen kleinen öffentlichen Platz mit Zehn-Stunden-Parkuhren gibt es an der Ecke 10th Street und Washington Avenue).
Wer nur wenig Zeit hat, isst am besten in einem der Straßencafés und geht dann rüber zum Strand in Lummus Park, um wenigstens an den Füßen das herrlich warme Golfstromwasser zu spüren. Für die zehn Blocks mit Art-

Erlebnis

SOUTH BEACH BOOT CAMP

Das **South Beach Boot Camp** bietet ein typisches South-Beach-Fitnesstraining. Die durchtrainierte Besitzerin, Viktoria Telek, war 2009 Siegerin des Hot Body Model Search von Wilhelmina Models. Am Vormittag und manchmal auch in den frühen Abendstunden hält Telek Trainingseinheiten für eine Stammklientel und auch für Gäste an diversen Orten am Strand ab. Ihr Hauptaugenmerk liegt dabei auf Beweglichkeit und Gleichgewicht sowie auf Cardio- und Krafttraining. Die Trainingseinheiten umfassen Übungen zur Förderung der Gelenkigkeit, Sprints, Oberkörpermuskeltraining, Kniebeugen und mehr. Laut Viktoria Telek ist das Training direkt am Strand aufgrund des sandigen Untergrunds rund 60 Prozent anstrengender als im Studio. Und vor der wunderschönen Kulisse von South Beach und an der frischen Luft macht es zu hundert Prozent mehr Spaß. Auf der Website findet man aktuelle Trainingszeiten und -orte – die Teilnahmegebühr ist abhängig vom Ort *(www.thesouth beachbootcamp.com).*

Die Dachterrasse des Clevelander mit Blick auf South Beach und die Skyline Miamis

déco-Bauten braucht man eine knappe Stunde. Gleich am Anfang, Ecke 5th und Ocean, steht das **Bentley Hotel South Beach** aus dem Jahr 1939.

Ocean Drive Cafés: Zu behaupten, jedes Ocean-Drive-Café garantiere einen Blick auf SoBes Archetypen, wäre vermessen, aber wenn man bei Eistee und einem Sandwich vor dem **Pelican Hotel** (*826 Ocean Dr., Tel. 305/673-3373*) sitzt, kann es durchaus passieren, dass eine Modeikone vorbeipromeniert. Das **News Café** (*800 Ocean Dr.; siehe S. 287*) zählt zu den besten Speiselokalen in SoBe. Nicht selten wird es als Stammlokal der Berühmten beschrieben. Zwischen 8th und 9th Street liegt **Larios on the Beach** (*820 Ocean Dr., s. S. 288*), ein kubanisches Restaurant, das der Sängerin Gloria Estefan gehört. Schrill geht es im **Mango's Tropical Café** (*900 Ocean Dr.; siehe S. 289*) Ecke Ocean und 9th zu. Hier ertönen abends karibische Rhythmen, und Singles suchen Salsa-Partner.

> **☐ Tipp**
>
> **Am Ocean Drive kann man viele tolle Autos sehen, aber einen Parkplatz zu suchen ist ein Albtraum. Zum Glück bieten die meisten Hotels und Restaurants einen Parkservice.**
>
> KAY KOBOR HANKINS,
> NATIONAL GEOGRAPHIC-MITARBEITERIN

SOUTH BEACH
△ Karte S. 103

Besucherinformation
www.visitsouthbeachonline.com

Beach-Volleyballer finden in Miami Beach eine Vielzahl von Möglichkeiten

SOBES CLUBSZENE

Nachts lebt SoBes junge Clubszene auf. Türsteher lassen nur die Schönsten und Trendigsten rein – wie im eleganten **Casa Tua Miami** (*1700 James Ave., www.casatualifestyle.com*). Wird man glücklich eingelassen, findet man drinnen oftmals nur selbstbewusste Poser, ohrenbetäubende Musik und planlosen (und zudem teuren) Service. Wer sich wirklich dem harten Sozialdarwinismus der Clubszene stellen möchte, tut dies am besten im **Mynt** (*1921 Collins Ave., Tel. 305/532-0727, www.myntlounge.com*), einem der etwas gediegeneren Clubs. Mit ähnlichem Elan wie im Mynt werden Jazz und Spirituosen im **Jazid** (*1342 Washington Ave., Tel. 305/673-9372, www.jazid.net*) geboten, einer angenehmen, bei Anwohnern wie Touristen beliebten Bar. Das Jazid gehört zu den relaxteren Lokalen in SoBe und bietet jeden Abend Livemusik. Die Bar im hübschen **Hotel Astor** (*956 Washington Ave.; siehe S. 285*) bietet dagegen subtile Eleganz.

DIE STRÄNDE

Ehe die Gegend zu Miami Beach wurde, fuhren die Bewohner von Miami nach Ocean Beach zum Picknicken und Baden. Die weißen Sandstrände erstrecken sich hier über 25 Kilometer von der County-Grenze bis zur Spitze von Miami Beach. Der Strand in South Beach (5th bis 15th St.) ist ein Erholungsgebiet namens **Lummus Park.** Hier gibt es weißen Sand mit seichtem Wasser, in dem man weit ins Meer waten kann. Beim Ocean

(Fortsetzung auf S. 106)

 **Wissen**

WARUM IST DAS MEER HIER DENN SO BLAU?

In kälterem Klima, in dem das Meerwasser bei niedrigeren Temperaturen mehr gelösten Sauerstoff und Kohlendioxid enthält, entstehen aufgrund der Nährstoffdichte viele kleine Pflanzen (Phytoplankton), von denen sich wiederum mikroskopisch kleine Tiere (Zooplankton) ernähren. Diese reichhaltige Suppe, die die Basis der Meeresnahrungskette bildet, lässt das kalte Wasser dunkel erscheinen. Südfloridas warmes Wasser enthält dagegen weniger gelöste Gase. Deshalb gibt es hier kaum Plankton, das das blaue Licht ausfiltern könnte, was immer dann entsteht, wenn die Sonne auf ein kristallklares Wasser fällt.

Fontainebleau
& Eden Roc

500 Meter

500 Yards

MIAMI BEACH
GOLF
COURSE

ALTON ROAD

DADE

BOULEVARD

Bass Museum
of Art

Miami City Ballet

21ST

STREET

WASHINGTON

Plymouth

Mynt

Holocaust
Memorial

19TH

STREET

18TH

STREET

JEFFERSON

17TH

STREET

New
World
Center

Colony
Theater

Books &
Books

WEST

ALTON

LINCOLN

ROAD

MALL

COLLINS

Ritz-Carlton
Hotel

Britto Central
Art Gallery

16TH

MERIDIAN

EUCLID

PENNSYLVANIA

STREET

AVENUE

15TH

STREET

MICHIGAN

STREET

A1A

ESPAÑOLA   WAY

Clay Hotel

14TH

STREET

LENOX

Cameo
Theater

Jazid

AVENUE

AVENUE

DRIVE

FLAMINGO
PARK

13TH

STREET

907

12TH

STREET

LUMMUS
PARK

Biscayne Bay

11TH

STREET

Wolfsonian–FIU
Museum

10TH

AVENUE

AVENUE

AVENUE

STREET

Hotel Astor

Art Deco
Welcome Center

9TH

STREET

Mango's
Tropical Café

AVENUE

COLLINS

Pelican Hotel

8TH

STREET

News Café

AVENUE

ROAD

7TH

STREET

Colony Hotel

6TH

STREET

5TH

STREET

Bentley
Hotel

41

4TH

STREET

3RD STREET

WASHINGTON

Jewish Museum
of Florida–FIU

2ND STREET

Miami Beach
Marina

1ST STREET

OCEAN

BISCAYNE   ST.

NIKKI
BEACH

SOUTH POINTE
PARK

ATLANTIK

SPAZIERGANG IM ART DECO DISTRICT

Der Miami Design Preservation League, die sich ganz dem Erhalt von Miamis Architekturschätzen verschrieben hat, sind der Art Deco District (zwischen 6th und 23rd Sreet) und die Art-déco-Bauten zu verdanken.

Um einige der 800 herausragenden Art-déco-Bauten zu sehen, nimmt man am besten an einer 90-minütigen Führung *($$$$$)* teil, die am Art Deco Welcome Center *(1001 Ocean Dr., Tel. 305/672-2014, www.mdpl.org, tägl. 10.30, zusätzl. Do 18.30 Uhr)* beginnt. Dieselbe Tour wird auch als Audioguide angeboten. iPods *($$$$)* können am Center ausgeliehen werden, weiter geht es dann auf eigene Faust. Hier ein Streckenvorschlag:

OCEAN DRIVE

Los geht es im Ocean Drive zwischen 6th und 7th Street. Von dort aus geht man Richtung Norden. Hier zählt das **Celino South Beach** ❶ *(640 Ocean Dr.)* von 1937 zu den schönsten Gebäuden. Terrazzoböden und Freitreppen, große Lobby und geätzte Glaselemente erinnern nicht zufällig an opulente Kulissen in Hollywood-Musicals. In der prächtigen Lobby des kleinen **Colony Hotel** ❷ *(736 Ocean Dr.)* kann man einen offenen Kamin und ein Wandgemälde von Ramon Chatov über das südamerikanische Landleben bestaunen, in der Empfangshalle des **Waldorf Towers Hotel** ❸ *(860 Ocean Dr.)* einen hübschen Terrazzoboden, Deckenschmuck und schöne Lampen. An einen Mayatempel erinnert die Fassade des **Breakwater Hotel** ❹ *(Nr. 940)* im folgenden Block. Nachts schreiben blaue Neonlichter BREAKWA-

Zahlreiche Art-déco-Hotels wie das Colony säumen den Ocean Drive in South Beach

TER auf den Turm. Das Breakwater teilt sich einen Pool mit dem neomediterranen **Edison Hotel**, das 1935 nebenan eröffnete. Nun ist man am **Art Deco Welcome Center** ❺ angekommen, in dem man Karten und Informationen erhält. Seine Rückseite ist wie ein Ozeandampfer gestaltet.

Der Kubismus inspirierte die Architekten des **Hotel Victor** ❻ *(1144 Ocean Dr.)* von 1937, und Puristen lieben das dreistöckige **Leslie Hotel** ❼ *(1244 Ocean Dr.)* wegen seiner schlichten klassischen Formen.

Im Jahre 1941 eröffnete das Art-déco-Hotel **The Carlyle** *(1250 Ocean Dr.)*, bei dem der Architekt den modernen Baustil gewissermaßen in die Breite zog. Ein paar Blocks weiter finden sich zwei herausragende Beispiele des Art-déco-Stils gleich nebeneinander: das **Crescent Resort** ❽, erbaut 1932, und das 1940 fertiggestellte **McAlpin Hotel**.

COLLINS UND WASHINGTON AVENUES

An der Kreuzung zur 15th Street hält man sich links. Auf der anderen Seite der Collins Avenue sieht man das schönste Streamline-Gebäude von SoBe: die **Haddon Hall** ❾ *(1500 Collins Ave.)*. Auf der Collins geht es gen Süden, dann rechts in die 13th Street. Hier steht das **Miami Beach Main Post Office** ❿ *(1300 Washington Ave.)* von 1939, ein wunderbares Beispiel für den Federal-Stil. In der großen Rotunde ist ein historisches Wandgemälde zu sehen. Nun folgt man der Washington Avenue gen Süden: Hier steht eine weitere Streamline-Schönheit, das **Hotel Astor** ⓫ *(956 Washington Ave.)*.

Auf der 10th Street gelangt man zur Collins Avenue zurück. Das **Essex House Hotel** ⓬ *(1001 Collins Ave.)* im nautisch-modernen Stil zeigt das Faible der Art-déco-Architekten für die riesigen Ozeandampfer jener Zeit. Etwas weiter die Collins hinunter endet der Rundgang: **The Hotel** ⓭ *(801 Collins Ave.)* mit Metallturm und Neonlichtern ist eines der schönsten Beispiele des Art déco auf der Insel.

☐ **Tipp**

Die Freiluft-Mall Española Way verströmt mit ihren Cafés, Läden und Galerien das Flair einer mediterranen Kleinstadt.

SADIE P. QUARRIER,
BILDREDAKTEURIN, NATIONAL GEOGRAPHIC
MAGAZINE

Drive stehen im Park Bänke, auf denen man Volleyballspielern zuschauen und dem Rascheln der Palmwedel lauschen kann. Den betonierten Fußgängerweg im Park bevölkern Skater. Über Veranstaltungen informiert die Parkverwaltung (*Tel. 305/673-7730*).

SOUTH POINTE PARK

Wie der Name sagt, liegt South Pointe Park an der Südspitze der Insel, am Ende der Washington Avenue. Seine sieben Hektar sind ein beliebter Ausflugsort für Familien. Nach einer Sanierung wurde der Park 2009 mit der Kunstinstallation »Obstinate Lighthouse« vom Künstler Tobias Rehberger, einem Spielplatz und erfrischenden Wasserfontänen wiedereröffnet. Es gibt ausgedehnte Rasenflächen, subtropische Bäume und Sträucher sowie einen Dünenbereich mit fabelhaftem Blick aufs Meer. Unter der Woche, wenn es am Strand von Lummus Park voll werden kann, ist es in South Pointe meist ruhiger. Am Wochenende kommen allerdings viele Familien hierher. Vom Park Richtung Westen liegt die Miami Beach Marina, wo teure Jachten liegen und Angel- und Tauchausflüge starten.

ESPAÑOLA WAY

Architekt Robert Taylor nannte seinen 1925 fertiggestellten Baukomplex im neomediterranen Stil eine »Oase für Künstler und Gauner«. Das waren wohl vornehme Bohemiens, denn diese fantastische »Alhambra« aus Gassen und Höfen, Ateliers und Bogenportalen ist alles andere als schäbig. Die Markisen und Balkone des »Historic Spanish Village« findet man zwischen Washington und Drexel Avenue bzw. zwischen 14th und 15th Street. Taylors Idee regiert hier immer noch, denn in den oberen Etagen wohnen und arbeiten Künstler. Unten befinden sich Cafés, Läden und Galerien.
Ein Rundgang sollte am **Clay Hotel** (*1438 Washington Ave., Tel. 305/534-2988; siehe S. 285*) beginnen. Hier betrieb Al Capone einen Spielerzirkel, und Desi Arnaz begründete den Rumba-Boom. Das Clay war Kulisse für Filme mit Sylvester Stallone, Don Johnson und Elton John.
Das 1927 von Florida-Pionier Carl Fisher erbaute historische Rathaus beherbergt seit 2011 die **Miami Beach Cinematheque** (*1130 Washington Ave., Tel. 305/673-4567, www.mbcinema.com*). Das Kunstkino zeigt dokumentarische, ausländische und unabhängige Filme in einem Komplex, der auch eine Buchhandlung, eine Bibliothek, eine Galerie sowie ein Café umfasst.

Der nachts bunt illuminierte South Pointe Park markiert die Südspitze von Miami Beach

LINCOLN ROAD MALL

Die Geschichte der Lincoln Road ist typisch für Miami Beach: Aus einer Piste durch einen Mangrovensumpf schuf ein vorausblickender Unternehmer eine schicke Promenade, an der heute mehr als 300 Restaurants, Cafés, Galerien, Fachgeschäfte, Boutiquen und Ateliers stehen.

Als Carl Fisher, Erbauer des Indianapolis Speedway, Pläne für die »Fifth Avenue des Südens« ankündigte, besaß Miami Beach noch kein Geschäftsviertel. Die Bewohner mussten zum Einkaufen über die alte Zugbrücke zu den Kaufhäusern in Downtown Miami fahren. Der Platz, den Fisher für sein Shopping-Mekka wählte, hatte den Nachteil, dass er unterhalb des Meeresspiegels lag. Unbeirrt ließ er ihn mit Sand aus der Biscayne Bay aufschütten, baute die Straße aus und benannte sie nach seinem Idol Abraham

(Fortsetzung auf S. 110)

SOUTH POINTE PARK
▲ Karte S. 103

ESPAÑOLA WAY
▲ Karte S. 103

LINCOLN ROAD MALL
▲ Karte S. 103
lincolnroadmall.org

South Beach Local
Das Bussystem South Beach Local (*www.miamibeachfl.gov*), betrieben von Miami-Dade Transit, erschließt als Zweirichtungs-Kreisverkehr das gesamte Gebiet von South Beach.

Die Stilrichtung Art déco ist nach der *Exposition Internationale des Arts Décoratifs et Industriels Modernes* benannt, einer Ausstellung, die 1925 in Paris stattfand. Amerikanische Designer und Architekten versahen damals Automobile wie den Chrysler Airflow (ein Misserfolg), Flugzeuge wie die DC-3 (ein Erfolg) mit diesen Stilelementen und gestalteten sogar modernistische Küchengeräte.

Der schnittige Schnellzug Manhattan–Chicago mit dem Namen *20th-Century Limited* war Inbegriff des landesweiten Fortschrittsglaubens. Designer beschrieben ihre modernen Entwürfe als Streamline, Wolkenkratzer und »Jazz Age«, ein Begriff, den F. Scott Fitzgerald erfand. Jedoch blieb »Art déco« der Terminus, den man bei Bauten in Bezug auf Bogen, parallele Linien, Zickzack und stilisierte Blumen anwendete.

Den stärksten Aufwind erhielt die Art-déco-Mode durch die Depression. Pleiten, Armut und Fabrikschließungen hatten dazu geführt, dass die Amerikaner den Institutionen nicht mehr vertrauten. Wenigstens die Architektur, insbesondere die öffentliche, sollte erhebend und optimistisch sein. Diese Herausforderung nahm Howard Cheney an, als er Ende der 1930er-Jahre den Auftrag für das neue Postamt *(1300 Washington Ave.)* von Miami Beach erhielt. Das Resultat war umwerfend.

Doch warum war Art déco gerade in Miami Beach so beliebt? Manche meinen, die Leichtigkeit gefiel Miamis wintermüden Urlaubsgästen. Andere glauben, dass Europäer, die sich hier niederließen, die klassischen Grundlagen des Stils schätzten und der amerikanische Look sie daran erinnerte, dass sie weit vom Horror des europäischen Faschismus entfernt waren. Art déco hat ein positives Flair, das viele mit Elan und Optimismus verbinden. Die Theatralik sogar kleiner Hotels wie des Essex *(1001 Collins Ave.)* oder des »Mayatempels« Breakwater *(940 Ocean Dr., siehe auch S. 105)* mit ihren Türmen und Neonschriftzügen verströmen ein jugendlich-heiteres Flair.

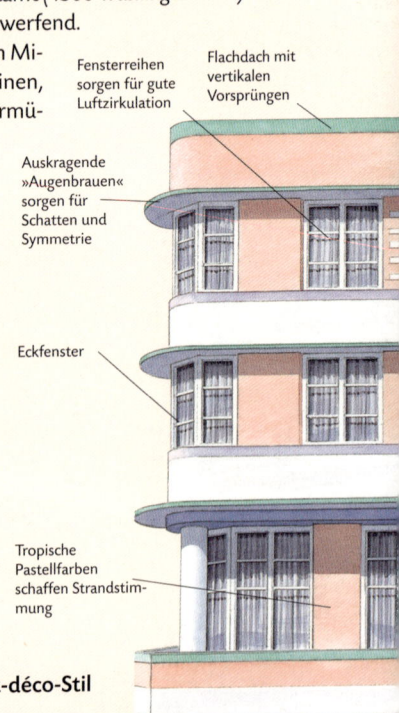

Fensterreihen sorgen für gute Luftzirkulation

Flachdach mit vertikalen Vorsprüngen

Auskragende »Augenbrauen« sorgen für Schatten und Symmetrie

Eckfenster

Tropische Pastellfarben schaffen Strandstimmung

Gebäude im Art-déco-Stil

☐ **Wissen**

TERRAZZO

Architekten, die Art-déco-Gebäude errichteten, verwendeten meist für Böden und Treppen den seit der Antike bekannten Bodenbelag Terrazzo, für den Steinplättchen in Mörtel gesetzt und poliert werden. (Andernorts wurden die Muster mit Linoleumeinlagen nachgeahmt.) Nach Ansicht von Architekturhistorikern besitzt Miamis Art Deco District die weltweit größte Sammlung dieser dekorativen Kunst.

Im Jahr 1940, als Franklin Roosevelts Sozialpläne die Dinge zu wenden schienen, übernahm der Architekt Anton Skislewicz heroische Säulen für sein Luxushotel Plymouth *(336 21st St.)*. Spielte es da eine Rolle, dass man kein Star war, wenn man in einem Apartmenthochhaus wie Robert Collins' Helen Mar *(2421 Lake Pancoast Dr.)* am Lake Pancoast leben konnte? Zudem war Art déco auch praktisch. Die Gebäude aus Beton, glattem Stein und Metall hielten Südfloridas subtropischem Klima besser stand. Die dekorativen Elemente aus Terrakotta, Glas, Edelstahl und Bakelit waren ebenfalls widerstandsfähig. Miamis Bauträger hatten eine große Palette zur Auswahl, die sie nutzten, um zahlreiche Juwele des Art déco zu schaffen.

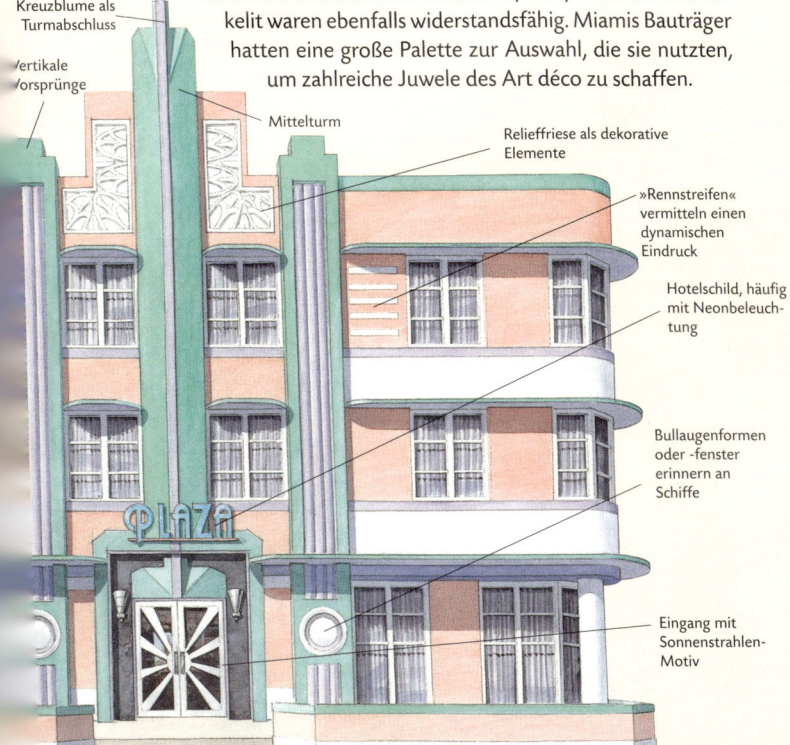

Kreuzblume als Turmabschluss

Vertikale Vorsprünge

Mittelturm

Relieffriese als dekorative Elemente

»Rennstreifen« vermitteln einen dynamischen Eindruck

Hotelschild, häufig mit Neonbeleuchtung

Bullaugenformen oder -fenster erinnern an Schiffe

Eingang mit Sonnenstrahlen-Motiv

Lincoln. Die Kokospalmen (von denen zuweilen Nüsse auf die Passanten fielen) ersetzte er durch Königspalmen und verkaufte Grundstücke an prestigeträchtige Firmen wie Saks Fifth Avenue, Bonwit Teller, Packard und Chrysler. Schon bald galt die Lincoln Road als Nobelmeile. Die Lincoln reicht von der Alton Road bis zum Atlantik. (Die Fußgängerzone liegt zwischen Washington und Lenox Avenue.)

Vor den Vorstellungen sammeln sich häufig große Menschenmengen am Kino **Regal South Beach 18** (1120 Lincoln Rd., Tel. 844/462-7342). Das **Art Deco Colony Theatre** (1040 Lincoln Rd., Tel 305/674-1040, www.colonymb. org) wurde 1935 als Paramount Pictures Movie Theater eröffnet. Nach einer Renovierung dient es seit Kurzem als Bühne für Tanzaufführungen, klassische Musikkonzerte und internationale Film Festivals.

Für geistige Anregung sorgt **Books & Books** (927 Lincoln Rd., Tel. 305/532-3222). Die beliebte Buchhandlung organisiert Autorenlesungen und Signierstunden. Für das leibliche Wohl sorgt das einladende Café, wo man bei einem Lieblingsgetränk in gedruckten Werken schmökern kann.

Zeitgenössische Kunst bietet die **Britto Central Art Gallery** (1102 Lincoln Rd. Mall, Tel. 305/531-8821). Hier sind vor allem die bunten Werke des brasilianischen Pop-Art-Künstlers Romero Britto (siehe Kasten rechts) zu bestaunen. In der Lincoln Road Mall findet rund ums Jahr jeden Sonntag von 9 bis 18.30 Uhr ein Lebensmittelmarkt statt; außerdem in unregelmäßigen Abständen von Januar bis Mai ein Antiquitätenmarkt.

NEW WORLD CENTER

Das 2011 eröffnete New World Center ist die schicke neue Heimat des New World Symphony, der Orchesterakademie der USA. Frank Gehrys einziges Bauwerk in Florida fasst 756 Gäste in seiner Konzerthalle und verfügt über diverse Aufführungs- und Übungsräume. Über seine Eröffnung schrieb der *Miami Herald*: »Durch ein 24 Meter hohes Fenster aus kristallklarem Glas werden Gehrys typische gebrochene Formen über sechs Stockwerke

Dudley Vaill Talcotts *Wrestler* aus Aluminium von 1929, Wolfsonian – FIU Museum

ROMERO BRITTO

Die neokubistischen und bunten Pop-Art-Arbeiten des Brasilianers Romero Britto (geb. 1961) spiegeln das multikulturelle Miami wider. Der berühmteste bildende Künstler der Stadt kam 1988 nach Miami. Zusammen mit Andy Warhol und anderen wurde er 1989 beauftragt, eine Flasche für Absolut Vodka zu gestalten. Seither sind Brittos Gemälde und Skulpturen in aller Welt ausgestellt. In Miami kann man seine Werke an öffentlichen Orten wie dem Miami Children's Museum (Karte S. 99 A2), einer Hochhausfassade (sichtbar von der I-95) und in Galerien sehen.

in weißes LED-Licht getaucht und ähneln von außen riesigen Tänzern auf der Bühne, die einem Picasso-Gemälde entsprungen sein könnten.«
An die 650 Quadratmeter große Fassade werden jeden Abend bis Mitternacht Videos projiziert, manchmal von Konzerten, die im Innern stattfinden, manchmal Filme oder Videokunst. Die Projektionen locken mit Picknickdecken und Wein bewaffnete Fans in den angrenzenden SoundScape Park. Dienstag und Donnerstag um 16 Uhr sowie freitags und samstags um 12 Uhr finden 30-minütige Führungen (*Reservierung erforderlich, $*) statt. Aushängeschild des Centers ist das Orchester New World Symphony (*www. nws.edu*), das 1987 Premiere feierte. Mit über 60 Konzerten jährlich holt das NWS viele bekannte klassische Solisten, Komponisten und Dirigenten nach Miami. Das NWS arbeitete mit so berühmten Künstlern wie Leonard Bernstein, Anne-Sophie Mutter und Genre übergreifenden Musikern wie Yo-Yo Ma und Gloria Estefan zusammen.

THE WOLFSONIAN – FIU

Dieses ungewöhnliche, faszinierende Museum behandelt offiziell »dekorative und Propagandakunst« sowie »Materialkultur«, was ungefähr so aussagekräftig ist, als würde man sagen, *Krieg und Frieden* sei ein Buch über Russland. Das Museum in einem siebenstöckigen einstigen Lagerhaus im spanisch-maurischen Stil besitzt vorwiegend Exponate aus Nordamerika

BRITTO CENTRAL ART GALLERY
🅰 Karte S. 103
✉ 818 Lincoln Rd.
☎ 305/531-8821
www.britto.com

NEW WORLD CENTER
🅰 Karte S. 103
✉ 500 17th St.

☎ 305/673-3331
www.newworldcenter.com

THE WOLFSONIAN – FIU
🅰 Karte S. 103
✉ Washington Ave. u. 10th St.
☎ 305/531-1001
🕐 Vormittags u. Mi geschl.
💲 $$
www.wolfsonian.org

und Europa, die die kulturellen, politischen und technologischen Veränderungen vor dem Zweiten Weltkrieg widerspiegeln. Mitchell Wolfson jun., der Erbe des Wometco-Konzerns, brachte Jahre damit zu, Möbel, Gemälde, Skulpturen, Poster, Bücher, Glas-, Keramik- und Metallarbeiten sowie Kuriositäten zu sammeln – gleichsam als Abbild der modernen Psyche. Unter den rund 180 000 Objekten befinden sich »Jazz-Age«-Küchengeräte, eine Büste von Mussolini, ein Flipperautomat, bei dem es galt, die Kriegsherren der Achsenmächte zu bekämpfen, und eine Blindenschrift-Ausgabe von Hitlers *Mein Kampf*.

Ursprünglich lagerten in dem 1927 errichteten Gebäude die Möbel reicher Nordstaatler mit Winterquartier in Miami Beach. Das Raumklima im modernisierten Bau wird sorgfältig kontrolliert, um die Bücher und empfindlichen Objekte zu erhalten.

BASS MUSEUM OF ART

Der Bau im Maya-Stil, in dem sich heute die Stiftung der Familie Bass mit Werken europäischer Kunst befindet, hatte zunächst die Funktion einer Öffentlichen Bibliothek. Das Gebäude besteht aus Key-Gestein, das über Äonen hinweg aus Korallenbänken entstand und im Boden von fast ganz Südflorida zu finden ist. In der Außenmauer kann man im Key-Gestein auch Fossilien entdecken.

Das Bass steht auf einem Grundstück, das einst der Stadtvater John Collins der Gemeinde Miami Beach zum Geschenk machte. Russell Pancoast, ein Enkel von Collins, entwarf das Gebäude, das 1930 fertiggestellt wurde. Das Museum selbst zog im Jahr 1964 ein.

Sehenswert sind die drei **Reliefs** über dem Museumsportal. Sie stammen von Gustav Bohland, Mitglied einer Architektengruppe aus Miami, deren Werke oft die fantastischen Moden von Floridas Boomjahren reflektierten. Das Relief in der Mitte zeigt einen stilisierten Pelikan vor einer Art-déco-Kulisse mit Palmen, Mangroven und Meer.

Das Bass ist das einzige Museum für schöne Künste auf der Insel. Zu seinem Bestand zählen auch Werke **alter Meister** und interessante **sakrale Objekte** von Peter Paul Rubens, Albrecht Dürer und Henri Toulouse-Lautrec. Außergewöhnlich sind die riesigen **flämischen Gobelins** aus dem 16. Jahrhundert. Neben wechselnden Ausstellungen werden im Vorführraum Filme zum jeweiligen Thema gezeigt.

> ☐ **Tipp**
>
> **Das Bass Museum of Art ist der einzige Ort in Florida, an dem man eine ägyptische Mumie sehen kann.**
>
> SILVIA KARMAN CUBIÑA, GESCHÄFTSFÜHRERIN UND LEITENDE KURATORIN, BASS MUSEUM OF ART

□ Wissen

ERBSTÜCKE IM MUSEUM

Das Jewish Museum of Florida sammelt ständig neues Material über die jüdische Geschichte in Florida, um sie künftigen Generationen nahezubringen. Die Ausstellungen des Museums wechseln dreimal im Jahr. Jüdische Einwohner Floridas, die dem Museum Erbstücke, Objekte oder Fotos überlassen möchten, können sich an den Archivar wenden *(Tel. 786/972-3167)*.

JEWISH MUSEUM OF FLORIDA – FIU

Das Jewish Museum of Florida ist ein beachtliches Archiv zur facettenreichen, mehr als 250 Jahre langen Geschichte der jüdischen Bevölkerung Floridas. Das Museum befindet sich heute in zwei Art-déco-Gebäuden von 1928 und 1936, die beide seit 1980 im *National Register of Historic Places* geführt werden. Ursprünglich dienten sie als Synagogen für die erste jüdische Gemeinde von Miami Beach, Beth Jacob. Das jüngere Gebäude wurde 1995 in ein Museum umgestaltet, das ältere und kleinere erst einige Jahre später. Rund 80 Buntglasfenster tauchen das Innere in sanftes Licht. Die Dauerausstellung **MOSAIC: Jewish Life in Florida** ist Mittelpunkt der kulturellen Dokumentation des Museums. Eine der faszinierendsten Geschichten ist jene über die Juden in Kuba, die mit Fidel Castros Machtergreifung zu Ende ging. Man muss nicht mit dem Judentum vertraut sein, um vom persönlichen Ansatz des Museums angetan zu sein. Dazu tragen etwa Familienfotos bei wie das vom Baby »Felix Glickstein auf einem ausgestopften Alligator in Jacksonville, 1916« oder von »Miss Florida Mena Williams in Tallahassee, 1885«, Erbstücke wie ein Passah-Porzellanservice aus der Zeit um 1850, ergreifende Dokumente wie der kubanische Pass von Elisa Gerkes, die 1917 als Kind von Polen nach Havanna auswanderte, und Florida-Typisches wie ein mit Muscheln besetztes Kleid, das Fannie Moss im Jahr 1916 für ein Purimfest nähte.

Andere Exponate machen betroffen. Alte Fotos von Schildern »Nur für Nichtjuden« vor Hotels von Miami Beach wirken verstörend, da Miami Beach bald zur größten und lebendigsten jüdische Gemeinde im Südosten Amerikas werden sollte. Die Videos sollte man sich unbedingt ansehen.

BASS MUSEUM OF ART
🅰 Karte S. 99 C3
✉ 2121 Park Ave.
☎ 305/673-7530
🕐 Mo u. Di geschl.
🟦 $$
www.bassmuseum.org

JEWISH MUSEUM OF FLORIDA
🅰 Karte S. 99 C2
✉ 301 u. 311 Washington Ave.
☎ 305/672-5044
🕐 Mo u. feiertags geschl.
🟦 $$
www.jmof.fiu.edu

Am Holocaust Memorial sind Bronzeskulpturen auf einem runden Platz verteilt

HOLOCAUST MEMORIAL

Miami Beach, wo eine der größten Gemeinden von Holocaust-Überlebenden in den USA besteht, gedenkt mit einem Denkmal der sechs Millionen
Juden, die während der Schreckensherrschaft der Nationalsozialisten ums
Leben kamen. Das 1990 eingeweihte Mahnmal voller Symbolkraft soll an
die Opfer erinnern, die Überlebenden trösten und dafür sorgen, dass jüngere Generationen nicht vergessen, was damals geschah.

Die Stätte nahe der Kreuzung Dade Boulevard und Meridian Avenue besteht vorwiegend aus rosa Jerusalem-Stein. Aus der Nähe erkennt man
Details, die der Architekt und Bildhauer Kenneth Treister schuf. Auf Tafeln,
Teil einer halbrunden, schwarzen Granitwand, sind die Ereignisse von Hitlers Machtübernahme 1933 bis zu seinem Suizid eingemeißelt. Beim Lesen
gelangt man in einen schreinartigen Raum, der in einen engen Tunnel führt;
an den Wänden stehen die Namen der Konzentrationslager. Die Decke
wird dabei immer niedriger und bedrückender. Aus dem Tunnel tritt man
auf einen runden Platz heraus, auf dem sich eine **Bronzehand** 13 Meter gen
Himmel reckt. Auf dem Unterarm sind knapp hundert gequälte Menschen
zu sehen, außerdem ist eine Häftlingsnummer eingraviert. Anschließend
gelangt man zu einer Mauer mit den Namen von Opfern. Sie wurden von
Menschen vorgeschlagen, die sich an die Opfer erinnern und sie ehren. ∎

HOLOCAUST MEMORIAL
🅰 Karte S. 99 C3
✉ 1933–45 Meridian Ave., zw. 19th
St. u. Dade Blvd.

☎ 305/538-1663
www.holocaustmmb.org

Miami hat nach New York die zweitgrößte jüdische Gemeinde der USA. Juden kamen aus ähnlichen Gründen nach Florida wie andere Siedler: mildes Klima und die Chance, in einer jungen Ökonomie Fuß zu fassen. Einige ließen sich im 19. Jahrhundert in Key West nieder, andere fanden vor den Pogromen in Europa Zuflucht auf Kuba und gründeten später Miamis jüdische Gemeinde.

Unter den ersten jüdischen Immigranten waren Kaufleute, die sich bereits im Nordosten etabliert hatten und den Eisenbahnbau an der Golfküste Floridas als Zeichen einer expandierenden Wirtschaft sahen. Miamis jüdische Enklave errichtete im Jahr 1912 die erste Synagoge der Stadt, die den Namen Beth David (ursprünglich B'nai Zion) erhielt.

Die meisten Einwanderer aus dem Nordosten kamen zwischen den Weltkriegen. Die Aufwärtsspirale der Immobilienpreise lockte viele hierher, und in der wachsenden Wirtschaft entstanden neue Arbeitsplätze. Eine Rolle spielte Miamis mildes Klima. Die andernorts kalten Winter begründeten Miamis Tourismusindustrie. Juden aus New York und Chicago kamen zum Überwintern in die Region. 1927 weihte man den Reform Temple Israel ein, 1929 folgte Beth Jacob, die erste Synagoge in Miami Beach, heute Sitz des Jewish Museum of Florida (siehe S. 113).

Doch mit dem Aufschwung kam auch der Antisemitismus: Verordnungen untersagten Juden damals, Hotelzimmer zu mieten oder in bestimmten Gegenden Häuser zu kaufen. Vor Restaurants verfügten Schilder »Keine Hunde, keine Schwarzen, keine Juden«. Oberschicht-Enklaven wie der Nautilus Club gaben kund, dass sie keine Juden aufnehmen. Doch jüdische Familien ließen sich nicht abschrecken und checkten zu Tausenden in den neuen Art-déco-Hotels von Miami Beach ein.

Während des Zweiten Weltkriegs, in Miamis Zeit als militärisches Ausbildungszentrum, kamen Truppen aus dem ganzen Land. Die Soldaten (auch nichtjüdische) wurden an Feiertagen in jüdische Häuser eingeladen. Nach dem Krieg erinnerten sie sich an die unerwartet freundliche Gemeinde und nicht wenige ließen sich hier nieder. Inzwischen wuchs die Popularität von Miami Beach als Urlaubsort, und nach Castros Machtübernahme verließen dann etwa 10 000 kubanische Juden ihre Heimat. Die meisten von ihnen zogen nach Miami und Miami Beach.

Heute teilt sich die jüdische Gemeinde Greater Miami mit Kubanern und anderen karibischen Immigranten. Noch immer sind sich ältere jüdische Bewohner bewusst, dass sie eine Zeit überlebt haben, in der viele ums Leben kamen, und dass sie eine Odyssee hinter sich haben, die sie an einen sicheren Ort in der Sonne geführt hat.

Unter den Hotelhochhäusern an der Collins Avenue nördlich der 23rd Street stechen das Fontainebleau Hilton und das Eden Roc besonders ins Auge. Diese beiden Ikonen der Resort-Ära definierten einen Baustil, der nicht mit dem Standardvokabular der Architekturkritiker zu beschreiben ist. Eine starke Konkurrenz bildet das neue Ritz-Carlton Hotel 1,5 Kilometer weiter südlich.

Die Lobby des Eden Roc spiegelt den einzigartigen Stil des Architekten Morris Lapidus wider

FONTAINEBLEAU

Die geschwungenen Linien und bonbonfarbenen Zimmer im Fontainebleau Hilton wurden oft von Fotografen und Filmemachern in Szene gesetzt. Viele Autoren haben bei seiner Beschreibung mit den Worten gekämpft: »dekadente Kultur«, »eine vergangene Zeit, um die man trauern sollte« oder »die Cheopspyramide des Kitsch«. Das 1954 erbaute Hotel ist nach wie vor beliebt, teuer und gepflegt und gilt noch immer als Kultbau des optimistischen, kühnen Nachkriegs-Amerika. Für andere ist der Gigant mit zwei Türmen, 17 Etagen, 1504 Zimmern und neun Hektar Fläche einfach ein großes, übertrieben dekoriertes Hotel. Vermutlich ist es all das: sensationell, prächtig und kompromisslos, ersonnen vom Bauunternehmer Ben Novak und dem Architekten Morris Lapidus, der am Anfang seiner Karriere Kaufhausinterieurs entwarf. Trotz vieler Kritik wurde er zum Architekten des American Dream.

Wer zum Fontainebleau fährt, passiert die Golfplätze und Villen von Miami Beach am Indian Creek sowie Jachten und Segelboote. Wenn man keinen

Parkplatz findet, stellt man den Wagen am besten in der Hotelgarage ab. Die Lobby präsentiert das Wahrzeichen des Architekten Lapidus: seltsam geformte Deko-Elemente, die er *woggles* nannte. Die Empfangshalle im Retrostil lockt auch jüngere Gäste an. Die pseudotropische Lagune ist in der Anfangsszene des James-Bond-Films *Goldfinger* aus dem Jahr 1964 zu sehen, in der Sean Connery sich umblickt und sagt: »Gut, das ist das Leben.«

 Tipp

Mehr Kunstskulptur als profanes Nutzgebäude hat sich das von Herzog & de Meuron entworfene Parkhaus an der 1111 Lincoln Road zu einem architektonischen Hotspot entwickelt, auf dessen oberster Etage regelmäßig coole Partys stattfinden.

HANNAH SAMPSON,
NATIONAL GEOGRAPHIC-MITARBEITERIN

EDEN ROC RESORT MIAMI BEACH

Das 18-stöckige Eden Roc, eine weitere Kreation von Morris Lapidus, leidet darunter, dass es weniger von allem hat, was das Fontainebleau aufweisen kann. Die Linien des Roc zeigen den Stil der 1950er-Jahre, doch die fröhlichen Farben – Resultat einer mehrere Millionen Dollar teuren Renovierung – verleihen ihm ein mehr als flamboyantes Flair.

Im Fontainebleau fallen die in die Zimmerdecken geschnittenen Löcher und verschnörkelten Säulen auf; im Eden Roc fällt sofort die karibische Farbpalette in der ballsaalgroßen Lobby auf. In der ganzen Anlage mit 624 Zimmern findet man Spritzer, Streifen und andere Farbexplosionen.

RITZ-CARLTON, SOUTH BEACH

Die Hotelkette Ritz-Carlton hat in den letzten Jahren drei Häuser in Miami eröffnet, von denen das in South Beach das nobelste ist. Die imposante Anlage mit 375 Zimmern debütierte nach einer Renovierung des ursprünglichen Hotels DiLido von Morris Lapidus. Doch statt im Art déco ist es im Stil der Moderne mit klaren Linien und minimalem Dekor gestaltet, mit einem schwarzen Terrazzoboden und Treppengeländern aus Aluminium. ∎

FONTAINEBLEAU
Karte S. 99 C3
4441 Collins Ave.
☎ 800/548-8886
www.fontainebleau.com

EDEN ROC RESORT MIAMI BEACH
Karte S. 99 C4

4525 Collins Ave.
☎ 305/531-0000
www.edenrocmiami.com

RITZ-CARLTON, SOUTH BEACH
Karte S. 103
1 Lincoln Rd.
☎ 786/276-4000
www.ritzcarlton.com

BAL HARBOUR

Die rund 100 Hektar große Luxusenklave Bal Harbour nördlich von Surfside und North Beach ist größtenteils für Besucher gesperrt. Den hiesigen Lebensstil lernt man beim Bummel durch die Bal-Harbour-Shops *(9700 Collins Ave., Tel. 305/866-0311, www.balharbourshops.com)* kennen. Die schicke Mall wurde an der Stelle einer Kaserne des Zweiten Weltkriegs erbaut und bietet internationale Mode- und Schmuckläden für Marken wie Prada, Chanel, Louis Vuitton, Tiffany und Christian Dior. Neben den sündhaft teuren Designermarken gibt es eine große Auswahl an Restaurants *(www.bal harbourshops.com)*.

◭ **Karte S. 99 D5** ☎ **305/866-0311**

HAULOVER BEACH PARK

Weicher Sand, warmes Wasser und der Blick auf South Miami Beach: Diese Highlights sind in dem ruhigen Park nördlich von Bal Harbour kostenlos. Apartmenthäuser stehen versteckt hinter dichter Vegetation. Mit Kanus kann man den Oleta River befahren.

◭ **Karte S. 99 D5** ✉ **10800 Collins Ave.** ☎ **305/947-3525**

NORTH SHORE OPEN SPACE PARK BEACH

Nahe Surfside, zwischen 79th und 87th Street, liegt dieses ländliche, 16 Hektar große Naturschutzgebiet, das zahlreiche Dünen und die einheimische Meertraube (eine Baumart) zu bieten hat. Gepflegte Plankenwege führen zu verschiedenen Habitaten, Picknicktischen, Grills und Radwegen. Rettungsschwimmer wachen über die Badenden.

◭ **Karte S. 99 D5** ☎ **305/861-3616**

Sehen und gesehen werden am Ocean Drive, South Beach

SURFSIDE UND SUNNY ISLES

Im altmodischen Surfside liegt der **Harding Townsite Historic District**, Heimat des verstorbenen jüdischen Autors Isaac Bashevis Singer, der 1978 beim Frühstück im ehemaligen Sheldon's Drugstore erfuhr, dass ihm der Nobelpreis für Literatur verliehen worden war. Einen Blick auf frühere Zeiten gewährt auch

Scheinbar endlos erstreckt sich der Strand im Haulover Beach Park

Sunny Isles Beach, in dessen Strandhotels überwiegend ältere Stammgäste, vor allem aus Miamis russischer Gemeinde (siehe Kasten S. 89), absteigen.

🅰 Karte S. 99 D5

WATSON ISLAND

Hauptattraktion von Watson Island ist **Jungle Island** (1111 Parrot Jungle Trail, Tel. 305/400-7000, www.jungleisland.com, $$$$$). Diese Parkanlage, teilweise ein Aviarium für Dschungelbewohner, beherbergt Säugetiere, Primaten, Reptilien und Fische. Gegenüber liegt das **Miami Children's Museum** (980 MacArthur Causeway, Tel. 305/373-5437, www.miamichildrensmuse um.org, $$$) mit zwölf Ausstellungsräumen und einem großen Auditorium.

🅰 Karte S. 99 A2

☐ **Erlebnis**

ARCHITEKTUR-TOUREN

Die Miami Design Preservation League bietet Exkursionen zu einzigartigen Vierteln wie Surfside. Es gibt Busausflüge zum Thema Interieur und Genres des Art déco wie Tropical Deco, der an die Ozeanriesen von einst, wie den Passagierdampfer »Bremen«, erinnert. Bei manchen Touren wird man durch Apartment- und Privathäuser geführt, bei anderen besucht man die versteckte Welt üppiger tropischer Privatgärten. Tourbeschreibungen und Zeitpläne findet man unter www.mdpl.org.

Key Biscayne und Virginia Key

❮ Rank und schlank: der Leuchtturm im Bill Baggs Cape Florida State Park

Der Blick vom Rickenbacker Causeway auf die Skyline von Miami gehört wohl zu den aufregendsten Ausblicken, die sich auf dem Weg nach Virginia Key eröffnen. Vom Rickenbacker Causeway fährt man links von der Straße ab: Dann sieht man gegenüber die City liegen. Schöner aber sind die Keys selbst, die weit in die Biscayne Bay hineinragen und trotz der Bebauung an der Küste immer noch natürlich und wild wirken.

Der Palmenstrand des Crandon Park, Key Biscayne, gilt als einer der schönsten in den USA

Der neun Kilometer lange Causeway (Maut 1,75 US-Dollar hin und zurück) ist nach seinem Erbauer Eddie Rickenbacker benannt, Amerikas Fliegerass des Ersten Weltkriegs. In Miami gründete er 1926 die Florida Airways Corporation und kurz darauf die Eastern Airlines, die 60 Jahre lang zu Amerikas führenden Fluglinien gehörte. Er verlangte eine Mautgebühr, die damals wie heute als Schnäppchenpreis gilt, um zu den besten Stränden und Küstenparks in Greater Miami zu gelangen.

VIRGINIA KEY

Nach Virginia Key zweigt man vom Causeway Richtung Nordosten ab. Nur wenige Schilder geben an, wo man sich befindet. Erreicht man Virginia Key, sieht man gleich den lang gezogenen Hobie Beach, benannt nach dem Hersteller des kleinen, schnellen Katamarans Hobie Cat. Der Strand ist bei Windsurfern und Stand-up-Paddleboardern beliebt. Hier kann man unter Palmen wunderbar picknicken. Im Jahr 1992 traf Hurrikan Andrew die Südostküste von Virginia Key hart, aber der Wiederaufbau ging in den letzten Jahrzehnten voran. Bereits 2008 konnte der Virginia Key Beach Park wieder eröffnet werden.

KEY BISCAYNE

Weiter geht es Richtung Süden zu den Stränden und Parks von Key Biscayne. Zunächst trifft man auf Freizeitanlagen mit Tennisplätzen und Stadion sowie auf die geschützten Strände im Crandon Park, einst eine Kokosnussplantage. Danach kommt das eigentliche Key Biscayne, ein Wohn- und Erholungsgebiet, in dem einst US-Präsident Richard Nixon relaxte. Schließlich erreicht man die Südspitze der Insel mit den Dünen und Dickichten des etwa 168 Hektar großen Bill Baggs Cape Florida State Recreation Park, das abgelegenste Stück Land Greater Miamis, das man auf dem Landweg erreichen kann. ■

Map labels:

0 1 Kilometer
0 1/2 Meile

RICKENBACKER

VIRGINIA KEY NORTH POINT TRAILS

Virginia Key

Hobie Beach

HISTORIC VIRGINIA KEY BEACH PARK

Miami Rowing & Watersports Center

CAUSEWAY

VIRGINIA KEY BEACH PARK

Miami Seaquarium

Marjory Stoneman Douglas Biscayne Nature Center

Northwest Point

913

Crandon Park Marina

CRANDON PARK

Biscayne Bay

Crandon Golf at Key Biscayne

West Point

Crandon Beach

Crandon Park Tennis Center

CRANDON BOULEVARD

Crandon Park Family Amusement Center

Key Biscayne

CRANDON PARK

ATLANTIK

Sonesta Beach Resort

HARBOR DRIVE

KEY BISCAYNE VILLAGE

DR.

Ritz-Carlton

MCINTIRE ST.

OCEAN

MASHTA DR.

ISLAND DR.

CRANDON

Southwest Point

BILL BAGGS CAPE FLORIDA STATE PARK

No Name Harbor

BOULEVARD

Cape Florida

Cape Florida Lighthouse

MIAMI

MIAMI BEACH

Zur Orientierung

Die ersten Europäer in der Biscayne Bay waren Spanier unter Juan Ponce de León, dessen Schiffe 1513 in der Nähe ihre Wasservorräte auffüllten. Bis zum 18. Jahrhundert hatten eingeschleppte Krankheiten die ansässigen Tequesta-Indianer ausgelöscht. Dann schlugen die Piraten hier ihr Lager auf, bis sie in den 1820er-Jahren vertrieben wurden. Den Rest des Jahrhunderts gingen in der Bucht Schildkrötenjäger und Schwammtaucher ihrem Gewerbe nach.

Ein verheerender Hurrikan beendete 1906 die hier betriebene Landwirtschaft gänzlich; seitdem tummelten sich in den Hammocks Miamis Jachtenbesitzer und, während der Prohibition, Rumschmuggler. Nach dem Zweiten Weltkrieg wurde angesichts der Baumaßnahmen auf den Keys die Sorge laut, die Korallenriffe, Meerestiere und Vögel in der Bucht sowie die Küstenvegetation seien bedroht. Eine Müllkippe am Ufer wuchs 45 Meter hoch und heimste somit den zweifelhaften Ruhm als höchster Berg im Dade County ein. Nur wenige erkannten, wie gefährdet das Ökosystem der Bucht war, darunter Marjory Stoneman Douglas.
Sie widmete ihr Leben als Journalistin und Autorin dem Erhalt der Everglades. In ihrem Buch *The Everglades: River of Grass* (1947) warnte sie vor den Schäden, die Baumaßnahmen und falsch angelegte Projekte zur Überflutungskontrolle anrichteten. Als sie 1998 mit 108 Jahren starb, wurde sie »Schutzheilige der Florida-Everglades« genannt.

Beim Seagrass Adventure im Marjory Stoneman Douglas Biscayne Nature Center untersuchen Kinder eine Muschel

CRANDON PARK

Die nördliche Biscayne Bay war für Douglas »eine der bedeutendsten Ansammlungen natürlicher Lebensräume im ganzen Land«. Daher trägt das **Marjory Stoneman Douglas Biscayne Nature Center** im **Crandon Park** ihren Namen. Das Zentrum informiert über die Natur in der Bucht. Es bietet außerdem unter Leitung eines Naturforschers die Führung *Seagrass Adventure ($$$)* entlang der Atlantikküste von Key Biscayne an. Die Teilnehmer ziehen

◻ **Erlebnis**

PADDELN MIT EINEM AUSLEGER-KANU

Abenteuerlustige, die fit genug sind, kommen voll auf ihre Kosten beim **Kana Lui Miami Outrigger Canoe Club** (*www.kanaluimiami.cmo*), einem Verein auf Virginia Key, der zu Schnupper-Paddeltouren einlädt. Interessierte jeden Alters sind willkommen – nur schwimmen muss man können. Die Teilnehmer trainieren den Oberkörper, werden von der Ozeangischt erfrischt und können die atemberaubenden Ausblicke auf Downtown Miami genießen. Schon oft wurden bei den Touren Haie, Delfine und Seekühe gesichtet; auf jeden Fall bekommt man verschiedene Vögel und Fische zu sehen. Unterwegs kommen die Teilnehmer mit Einheimischen ins Gespräch. Egal, ob Ärzte, Köche, Rentner oder Studenten – sie alle genießen die aus Hawaii importierte Sportart.

Der Club nimmt an Rennen in ganz Florida teil. Trainiert wird an zwei Abenden der Woche und samstagmorgens, je für zwei Stunden. Genaue Zeiten sind auf der Website zu finden. Wer Interesse hat teilzunehmen, sollte Kleidung und Schuhe tragen, die nass werden dürfen, und sich beim **Miami Rowing and Watersports Center** (*3601 Rickenbacker Causeway, www.miamirowing.org*) einfinden.

Netze durch das seichte Seegras, in denen sich Meerestiere wie Garnelen, Krabben, Seegurken und Seepferdchen verfangen. Der »Fang« wird untersucht und dann wieder freigelassen.

Nebenan liegt die **Crandon Park Marina** (*Tel. 305/361-1281*), ein Hafen für Tauchunternehmen und Fischer. Die Straße abwärts findet man den schönen **Crandon Golf at Key Biscayne** (*6700 Crandon Blvd., Tel. 305/361-9129, www.golfcrandon.com, Greenfee $$$$$*) mit 18 Löchern. Mit sieben Salzwasserseen, Sandlöchern, Mangrovendickichten und Dogleg-Gruben ist der Platz anspruchsvoll genug, damit die Senior PGA Tour hier haltmacht. Topsportler kommen auch zum **Crandon Park Tennis Center** mit 27 Plätzen und einem Stadion mit 7500 Sitzplätzen. Hauptattraktion des Parks ist der drei Kilometer lange Strand. Der Sand ist weich, das Wasser warm, es gibt eine Promenade, Picknickareale und Parkplätze. Der Lagunenstrand ist seicht (bis 3,50 m, je nach Gezeiten). Das **Crandon Family Amusement Center** hat ein Karussell von 1949 und neben fast historischen Fahrgeschäften eine Rollschuhbahn zu bieten. ∎

CRANDON PARK
🅼 Karte S. 123
✉ Key Biscayne

MARJORY STONEMAN DOUGLAS BISCAYNE NATURE CENTER
🅼 Karte S. 123

✉ 6767 Crandon Blvd., Key Biscayne
☎ 305/361-6767
💲 Parken $$
www.biscaynenaturecenter.org

BILL BAGGS CAPE FLORIDA STATE PARK

Niemand weiß, wie viele Schiffe in den Untiefen vor dem Cape of Florida liegen. Am stillen Kap erahnt man nicht, welche Gefahren vor der Küste lauern: Riffe und Sandbänke, Strömungen und verheerende Winde. 1825 wurde ein Leuchtturm erbaut, und obwohl Seeleute behaupteten, seine Öllampe sei so schwach, dass man Gefahr liefe, bei der Suche danach auf Grund zu laufen, signalisierte das Licht das Ende der »Karriere« Südfloridas als umstrittener Außenposten.

Benannt ist der Leuchtturm nach dem Herausgeber des *Miami Herald*, der die Kampagne zur Ernennung des Kaps zum Schutzgebiet anführte. Angesichts der nahen Apartmenthäuser von Key Biscayne ist der Park eine kaum gezähmte, jedoch ungefährliche Wildnis. Ziel der Verwaltung von Floridas Schutzgebieten ist es, sie möglichst so wiederherzustellen, wie die ersten Europäer sie entdeckten. Heute führen Plankenwege durch die Vegetation zu langen Stränden, und ein Naturpfad schlängelt sich durchs Gebüsch.

AKTIVITÄTEN UND SEHENSWERTES

Der etwa halbstündige **Naturlehrpfad** führt durch das idyllische Dickicht zwischen den Parkplätzen und der Mauer, die die Inselspitze vor Stürmen schützt. Der Rad- und Fußweg beginnt am nördlichsten Parkplatz und windet sich gen Westen, folgt der Mauer und endet beim Parkplatz und dem Pier unweit des Leuchtturms.

Der 29 Meter hohe weiße **Leuchtturm** warnt Seefahrer noch immer vor den Gefahren vor der Küste, jedoch erlosch sein Licht zwischendurch für einige Zeit. Im Sommer 1836, als Key Biscayne schon zahlreiche Siedler angelockt hatte, wütete der im Jahr zuvor ausgebrochene Zweite Seminolenkrieg – ein Aufstand von Indianerstämmen gegen die erzwungene Umsiedlung in Reservate im Westen. Die Seminolen belagerten den Leuchtturm, und bei dem Versuch, ihn niederzubrennen, töteten sie einen der beiden Leuchtturmwärter. Im Jahr 1842 stellte man den Turm wieder in Dienst, im Bürgerkrieg schlossen ihn die Konföderierten allerdings bis 1866.

Von Donnerstag bis Montag finden zweimal täglich (*10 und 13 Uhr*) auf je zehn Teilnehmer begrenzte Führungen statt; man sollte eine halbe Stunde vorher da sein, um den Leuchtturm zu erklimmen.

> ### ☐ Tipp
>
> **Im Lighthouse Café gibt es *majuas*, kleine ganze Fische, die frittiert mit Limette und Tabasco serviert werden – köstlich! Man muss danach fragen, denn sie stehen nicht auf der Karte.**
>
> JOHN DUFRESNE,
> AUTOR UND PROFESSOR AN DER FLORIDA INTERNATIONAL UNIVERSITY

Das Cape Florida Lighthouse von 1825 hat schon Kriege, Feuer und Hurrikane überlebt

Am Turm endet der **Strand.** Im Süden erscheinen die größtenteils unbewohnten Mangroveninseln des Biscayne-Nationalparks am Horizont. Wie die Küste des Crandon Park (siehe S. 124f) wird auch dieser bewachte Strand in Umfragen immer wieder zu den schönsten Amerikas gewählt. Hier kann man schnorcheln, weiter draußen tauchen, und in den 18 Pavillons picknicken Familien. Wer nicht picknicken möchte, kann im netten **Lighthouse Café** an Tischen im Freien einkehren. Im Nachbargebäude bietet ein Verleih Fahrräder, Inlineskates, Ruderboote, Kajaks und Surfboards sowie Strandliegen und Sonnenschirme an. Wer über das Wasser hierherkommt, kann mit dem Boot im **No Name Harbor** anlegen *($$$$)*. ■

BILL BAGGS CAPE FLORIDA STATE PARK
Karte S. 123
1200 S. Crandon Blvd.

☎ 305/361-5811
$ $$
www.floridastateparks.org/park/ Cape-Florida

Hobie Beach ist aufgrund seiner Lage bei Familien sehr beliebt, die hier die Picknicktische bevölkern. Zwischen dem Rickenbacker Causeway und dem Wohngebiet Key Biscaynes findet man zahlreiche Verleihfirmen, die Fahrräder, Surfbretter, Jetski und – etwas weiter die Straße hoch an der Key Biscayne Marina – Segelboote anbieten, die groß genug sind, dass bei einem Törn ganze Gruppen darin übernachten können.

Beständige Brisen machen den Hobie Beach auf der Biscayne-Bay-Seite von Virginia Key zu einem idealen Hotspot für das Windsurfen. Dieser wunderbare Sport ist nicht einfach zu erlernen, doch er ist relativ ungefährlich. Denn wenn man ins Wasser fällt (was zumindest am Anfang häufiger passiert), kann man sich stets am Brett festhalten. Der Meeresboden ist hier ein maritimer Friedhof, und das warme, seichte Wasser macht das Wracktauchen einfach und sicher. **Divers Paradise** *(4000 Crandon Blvd., Tel. 305/*

Die geschützten Gewässer der Biscayne Bay bieten ausgezeichnete Segelbedingungen

361-3483, www.keydivers.com) an der Crandon Park Marina (siehe S. 125) auf Key Biscayne bietet Tagesausflüge mit Tauchgängen zu Wracks.

Die Biscayne Bay, deren Barriereinseln das Festland vor Überschwemmungen schützen, ist ein gutes Revier für angehende Seeleute. Nehmen Sie Segelunterricht, und schon nach einer einstündigen Einweisung stehen Sie an der Ruderpinne. **Shake-A-Leg Miami** *(2620 South Bayshore Dr., Tel. 305/858-5550, www.shakealegmiami.org)* in Coconut Grove ist eine gute Segelschule (auch für Behinderte). Die Lehrer informieren über Grundlegendes wie die Dynamik von Booten, die Sicherheit an Bord, Wenden und Halsen sowie Wetter- und Umweltkunde.

MIAMI SEAQUARIUM

Wenn die schwarz-weißen Orcas (Schwertwale) in den riesigen Becken des Miami Seaquarium auf Geheiß ihrer Trainer an die Wasseroberfläche schießen, mit schwerfälliger Anmut Bögen in der Luft beschreiben und in ihre

Unterwasserwelt zurückplatschen, erkennt man sofort, dass sie sehr imposant und stark sowie äußerst intelligent sind. Sie sind die unbestrittenen Stars dieser alteingesessenen Sehenswürdigkeit von Miami, zu deren Ensemble auch Seelöwen, Tümmler und Seekühe gehören. Die 15 Hektar große Anlage umfasst verschiedene Meereshabitate wie ein Korallenriff. In Miamis schwüler Nebensaison empfiehlt sich die Abendshow.

☐ Tipp

Wer mit dem Rad über den Rickenbacker Causeway nach Key Biscayne fährt, kann am Hobie Beach bei einem Eis das bunte Treiben beobachten und unterwegs die Aussicht genießen.

SADIE P. QUARRIER,
BILDREDAKTEURIN,
NATIONAL GEOGRAPHIC MAGAZINE

Malerischer Sonnenuntergang im Virginia Key Beach Park

VIRGINIA KEY BEACH PARK

Miami ist heute eine der buntesten Städte der USA. Kaum zu glauben, dass gerade hier nach dem Zweiten Weltkrieg die Rassentrennung ihren Anfang nahm. Der Virginia Key Beach Park wurde 1945 als einziger Strand Miamis, den nur Afroamerikaner besuchen durften, eröffnet. Erst Anfang der 1960er-Jahre durften Schwarze alle Strände in Miami nutzen. 2002 nahm man den ehemaligen »Farbigenstrand« in die Liste der historischen Stätten der USA auf. Heute kann man hier baden, relaxen, einen Spaziergang zu einem der ältesten Mangrovengebiete des Landes unternehmen oder mit dem Mini-zug durch den Park fahren. Wer sich am Nachmittag auf den Weg zurück nach Miami begibt, macht am Rickenbacker Causeway im Rusty Pelican (siehe S. 290) einen Abstecher. Dort kann man auf der Terrasse am Wasser den Blick auf die Skyline von Miami bei einem Sundowner genießen. ∎

HOBIE BEACH
⛰ Karte S. 123

MIAMI SEAQUARIUM
⛰ Karte S. 123
✉ 4400 Rickenbacker Causeway, Virginia Key
☎ 305/361-5705
⑤ $$$$$
www.miamiseaquarium.com

VIRGINIA KEY BEACH PARK
⛰ Karte S. 123
✉ 4020 Virginia Beach Dr., Virginia Key
☎ 305/960-4600
⑤ $ (Wochenenden u. Feiertage)
www.virginiakeybeachpark.net

DIE VIRGINIA KEY NORTH POINT TRAILS

Südflorida ist bekannt für das tiefblaue Wasser des Golfstroms, ein wahres Paradies für Angler und Hochseefischer. Aber auch zu Lande finden abenteuerlustige Besucher sportliche Herausforderungen. Etwa auf den vielen Mountainbike-Trails. Einer der »Hot-Spots« dieser Trendsportart ist der Virginia Key North Point Trails Mountain Bike Park, wo zahlreiche Routen für Biker jeden Niveaus die passende Herausforderung bieten.

Sie finden die **Virginia Key North Point Trails** (*4201 Rickenbacker Causeway, www.virginiakeybicycleclub.com, $$*) an der Nordspitze von Virginia Key. Seit seiner Eröffnung 2011 hat sich der Park schnell zu einem Mekka für Freunde des rasanten Zweiradsports entwickelt. Die insgesamt gut 13 km langen Trails bieten ein aufregendes Vergnügen, Sprünge und Hügel in dieser ansonsten flachen Gegend inklusive. Besonders angenehm: Die meisten der rund ein Dutzend Strecken werden von einem dichten Blätterdach beschattet. Biker könnten sich hier schnell in einer anderen Welt fühlen, würden gelegentliche Blicke auf die Skyline Miamis die Zweiradathleten nicht immer wieder in die urbane Wirklichkeit zurückholen. In jedem Falle schützen die Bäume vor der intensiven Sonne Südfloridas.

Virginia Key bietet bewaldete Strände in der Nachbarschaft der Stadt Miami

In der Nachbarschaft des Eingangs zu den Trails finden sich im **Virginia Key Outdoor Center** (*Tel. 786/224-4777, www.vkoc.net*) ein Kajak- und Paddleboard-Verleih, Toiletten, Duschen und ein Platz zum Reinigen der nach den rasanten Trail-Eskapaden staubigen oder verdreckten Fahrräder. Übrigens: Dass sich diese Gegend von Miami zu einem Dorado der Radsportler gemausert hat, werden Sie sicher schon auf Ihrer Fahrt von Miami zum Miami Seaquarium bemerken. Insbesondere, wenn sich eine Vielzahl von schwitzenden Radfahrern zu Trainingszwecken die Brücke auf dem Rickenbacker Causeway hochquält, dem höchsten Punkt der Stadt.

 Tipp

Die Mitgliedschaft im Virginia Key Bicycle Club – ob als einzelnes Mitglied ($$$$) oder Familie ($$$$$) – beinhaltet Vorteile wie Preisnachlässe, Nachtfahrten und die Teilnahme an speziellen Veranstaltungen.

HANNAH SAMPSON,
NATIONAL GEOGRAPHIC CONTRIBUTOR

Coconut Grove und Umgebung

❮ Das Vizcaya-Museum mit der vorgelagerten
Steininsel in Form eines Bootes

Die Gegend des »Kokosnuss-Hains«, so die Übersetzung des Namens, war ländlich-verschlafen, bis Henry Morrison Flaglers Eisenbahn Miami erreichte und die Wintertouristen in Scharen brachte. Viele dieser Urlauber zogen später hierher. Sie ließen ihre Häuser von karibischen Handwerkern bauen, die Schiffs- und Holzbautechniken und auch ihre Familien von den Bahamas mitbrachten.

Das englische Ehepaar Charles und Isabella Peacock eröffnete 1884 das erste Hotel von Coconut Grove, das Bay View House. Mitte der 1890er-Jahre hatte Coconut Grove einen Jachtclub, der den noblen Ton angab, der noch heute vorherrscht, während sich zur selben Zeit ein buntes Einwohnergemisch entwickelte: Industrielle aus dem Norden, europäische Adlige, vertriebene Südstaatler, die nach dem Bürgerkrieg hier landeten, und Fischer von den Bahamas, die mit ihren Zimmermanns-Landsleuten ein »Klein-Bahamas« namens Kebo gründeten.

Coconut Grove bewahrte sich sein Kleinstadtflair, das es vom geschäftigen Miami unterscheidet. Fragt man die Einwohner, wo sie leben, antworten viele »in the Grove« (nicht »in Miami«), obwohl es seit 1923 zu Greater Miami gehört. Die Grenzen von Grove sind nicht klar gezogen; typisch sind jedoch die großen, alten Häuser aus Korallengestein, die an der Brickell Avenue auf weiten Rasenflächen stehen; typisch auch die üppig begrünten, abgeschiedenen Seitenstraßen und luxuriösen Residenzen in Gestalt von Mayatempeln mit Blick auf den Segelmastwald der Dinner Key Marina, wo die letzten Pan-Am-Clipper-Flugboote gen Südamerika abhoben.

Die schönsten Strecken von Downtown Miami nach Coconut Grove führen über die Brickell Avenue und die South Miami Avenue, die nach der Auffahrt zum Rickenbacker Causeway in den South Bayshore Drive übergehen. Die Route führt über einen kurvigen, palmengesäumten Boulevard, von dem man hier und da durch Grünanlagen bis zur Biscayne Bay sieht. Die architektonisch auffälligen Luxuswohnblocks auf der anderen Seite der Straße gehören zu Miamis begehrtesten Wohnadressen.

UNTERWEGS IM HAIN

Wenn Sie mit dem Wagen in Coconut Grove unterwegs sind, gelangen Sie zwangsläufig in sein Shoppingviertel, das heute der CocoWalk, ein dreistöckiger Komplex mit Läden, Cafés, Boutiquen und Bistros, dominiert. Die Restaurants dort spiegeln Miamis Völkergemisch: Es gibt karibische, kubanische, mittel- und südamerikanische sowie italienische und französische Küche. Abends reizt vor allem Coconut Groves Mischung aus Dolcefarniente und Schläfrigkeit. Dies war es wohl auch, was wohlhabende Nordstaatler veranlasste, ab 1900 an der Brickell Avenue Villen zu bauen, von denen keine luxuriöser ist als die des Industriellen James Deering. Sein Anwesen Vizcaya ist der ultimative Ausdruck des Wunsches nach einem exotischen Zufluchtsort, der so viele nach Florida lockte. ■

Einst war Vizcaya die Privatresidenz eines alleinstehenden Mannes, heute lockt es jährlich rund 185 000 Besucher an. 1994 fanden hier im Rahmen des Amerikagipfels Empfänge für die Staatsoberhäupter statt. Das palastartige Anwesen hat persönliches Flair, in Sachen Einfallsreichtum kann damit höchstens Hearst Castle im kalifornischen San Simeon konkurrieren.

James Deering war pensionierter Vizepräsident der International Harvester Company, die sein Vater gegründet hatte; seine Traktoren und landwirtschaftlichen Maschinen ratterten zu Zehntausenden auf Amerikas Farmen. Dank seines Vermögens konnte der Junggeselle mit einer Passion für die europäische Renaissance tun, was er wollte. Er erwarb im Norden von Coconut Grove 73 Hektar Land und beauftragte drei Architekten, eine Villa im Stil der italienischen Renaissance, formal gestaltete Gärten, wie er sie auf seinen Europareisen gesehen hatte, sowie ein ganzes norditalienisches Dorf für seine Angestellten zu bauen. Die Villa sollte aussehen, als lebte darin seit 500 Jahren eine Adelsfamilie. Als Namen wählte er ein baskisches Wort, das die Lage an der Biscayne Bay beschrieb: *Vizcaya* – »erhöhter Platz«.
Die Bauarbeiten begannen 1914, und als sie zwei Jahre später zu Weihnachten abgeschlossen waren, staunten Deerings Feiertagsgäste, was eine Ar-

Great Stone Barge

mee aus 1000 Arbeitern – zehn Prozent der damaligen Bevölkerung Miamis – errichtet hatte. Deering führte sie durch den dreistöckigen Palast mit seinen 34 Räumen voller Schätze aus dem 15. bis 19. Jahrhundert: Möbel, Gobelins, Teppiche, Deckengemälde, Skulpturen und Bilder. Die Betonmauern der Villa waren mit bemaltem Stuck und Kalkstein kaschiert worden. Der vier Hektar große Garten wurde dem Mangroven- und Hart-

Innenhof

Eingang

üdter-
asse

pelsezimmer

Salon

Musikzimmer

Wohnzimmer

Ostsaal

Vizcaya Museum & Gardens

holzdschungel abgetrotzt und verband den Stil italienischer Landvillen des 16. und 17. Jahrhunderts mit dem französischer Parkanlagen des 17. Jahrhunderts mitsamt Springbrunnen, Wasserbecken und Skulpturenwegen. In der Bucht lag, flankiert von zwei Piers (einer diente als Anlegeplatz für Jachten, der andere trug ein Teehaus), eine kunstvoll behauene Steininsel: die Great Stone Barge, die an venezianische Krönungsgondeln erinnert. Zum italienischen Dorf für das Personal gehörte auch eine Farm. Ein hochmodernes Telefonsystem ermöglichte es dem Mogul, die Vorgänge in seiner künstlichen Welt zu dirigieren. James Deerings Gesundheit war angeschlagen; oft fühlte er sich zu schwach, um an den Mahlzeiten, die auf goldbesetztem Porzellan serviert wurden, teilzunehmen. Seine Residenz war gerade vollendet, als er 1925 starb. Im Jahr darauf wütete ein heftiger Hurrikan und beschädigte die Villa schwer. Die Wiederaufbau- und Unterhaltskosten wuchsen Deerings Erben über den Kopf. Sie übergaben 1952 das Anwesen für eine Million Dollar in Staatsanleihen dem Dade County und schenkten dem County die Kunst- und Möbelstücke in der Villa.

In den nächsten Jahrzehnten wurde das Anwesen restauriert, und der Innenhof erhielt ein Glasdach, damit das Haus mit einem Temperatur- und Feuchtigkeitskontrollsystem ausgestattet werden konnte.

BESICHTIGUNG

Am besten erkundet man Haus und Gärten im Rahmen einer Führung *($, die jeweiligen Zeiten sind im Hauptgebäude zu erfahren)*. Auf den 45-minütigen Touren vermitteln die Guides nicht nur nüchterne Information, sondern auch den Geist, der hinter dem Anwesen steht. Wenn Sie auf eigene Faust losziehen, sollten Sie die Broschüre *Museum and Gardens Guide & Map* mit

 **Wissen**

ERMITA DE LA CARIDAD

Gleich südlich von Vizcayas Eingang, beim Mercy Hospital, erinnert ein ergreifendes Denkmal an den »Verlust« Kubas – auch nach über 50 Jahren wären Miamis Exil-Kubaner sofort bereit, auf ihre Insel zurückzukehren und ihren konfiszierten Besitz einzufordern.

Sie waren die treibende Kraft hinter der Errichtung der 27 Meter hohen, kegelförmigen Kirche Ermita de la Caridad (»Klause der Wohltätigkeit«; *Karte S. 135, 3609 S. Miami Ave., Tel. 305/854-2404, www.ermitadelacaridad.org*). Sie sollte einer Bake (Seezeichen) ähneln und ist so ausgerichtet, dass die Gemeinde bei der Messe gen Kuba blickt. Ein Gemälde über dem runden Fundament illustriert Kubas Geschichte. Die Kirche steht auf einem schönen Flecken von Deerings altem Besitz und blickt auf einen wunderbaren Abschnitt der Biscayne Bay – ein reizvoller Ort für eine meditative Pause.

Im opulent ausgestatteten Musikzimmer wurden einst Konzerte veranstaltet

Grundrissen, Touren und detaillierten Beschreibungen mitnehmen. Zu den Highlights gehören: die **Eingangshalle**, deren Tapeten 1814 in Paris mit Holzblöcken bedruckt und von Hand koloriert wurden; der **Empfangsraum** mit farbiger Stuckdecke aus einem venezianischen Palazzo; das **Wohnzimmer** mit Kamin aus dem 16. Jahrhundert, einem 2000 Jahre alten Marmor-Dreibein und einem spanischen Teppich aus dem 15. Jahrhundert; der **Ostsaal** mit einer italienischen Kassettendecke mitsamt Terrakotta-Wappen; das **Musikzimmer** mit Wandmalerei, Deckentafeln und Dekorationen aus dem Palast der Mailänder Adelsfamilie Borromeo; das **Speisezimmer** mit zwei Gobelins aus dem 16. Jahrhundert, die einst den Dichtern Robert und Elizabeth Barrett Browning gehörten und das Leben des römischen Götterboten Hermes illustrieren, zudem der spätrömische Marmortisch; der **Teesalon**, von dem aus Bronzetüren in den Hof führen, der aus einem venezianischen Palazzo stammt; die für 1916 hochmoderne **Kammer des Butlers**, in der Porzellan- und Kristallpreziosen ausgestellt sind; der im österreichischen Stil des 19. Jahrhunderts eingerichtete **Manin-Raum**; der **Pantaloon-Raum**, der den venezianischen Stil des 18. Jahrhunderts kopiert. Im **Vizcaya Café** kann man sich ausruhen; im Andenkenladen gibt es italienisches Kunsthandwerk. Zuweilen ist der Garten ab 18 Uhr für Mondscheinspaziergänge geöffnet. ∎

VIZCAYA MUSEUM & GARDENS
🄰 Karte S. 135
✉ 3251 S. Miami Ave.

☎ 305/250-9133
🕐 feiertags geschl.
💲 $$$$
www.vizcaya.org

Wenn Sie nach dem Weg zum Zentrum von »the Grove« fragen, werden Sie von Einheimischen den South Bayshore Drive hinunter zur Kreuzung Main Highway/Grand Avenue geschickt: Hier befinden sich eine Vielzahl von Restaurants und Läden. Fans des CocoWalk Ecke Virginia Street/Grand Avenue sagen, dieses Einkaufszentrum sei das Herz von Coconut Grove. Andere werden die nahe Mall Mayfair in the Grove als beste Shopping-Adresse bezeichnen.

Abseits dieses Geschäftszentrums, das man bestens zu Fuß erkunden kann, empfiehlt sich ein Auto.

ARCHITEKTUR-HIGHLIGHTS

Im Wohngebiet **Silver Bluff** am South Bayshore Drive gibt es in den Blocks 1600 bis 2100 architektonisch interessante Residenzen aus der Zeit nach dem Ersten Weltkrieg. Sehen Sie sich auch die Häuschen an, die im 19. Jahrhundert in der Blütezeit von Coconut Groves Bahamas-Gemeinde an der **Charles Avenue** *(zwischen SW 37th Ave. und Main Hwy.)* entstanden. Die Zimmer in den schmalen Gebäuden gehen von einem Flur ab, der von der Vorder- bis zur Rückseite reicht.

Einer der Architekturschätze in »the Grove« ist die im Missionsstil erbaute **Plymouth Congregational Church** am Main Highway *(3400 Devon Rd., Tel. 305/444-6521, www.plymouthmiami.com)*. Das Werk eines spanischen Mau-

Im Missionsstil wurde die Plymouth Congregational Church gebaut

rers wurde 1917 fertiggestellt, als der in Kalifornien entstandene Baustil groß in Mode war. Sehenswert ist das Portal: handgeschnitzte Walnussholzbretter in Eichenholz eingepasst. Sie stammen aus einem Kloster des 17. Jahrhunderts aus den Pyrenäen. Auf dem 4,5 Hektar großen Gelände stehen auch ein Pfarrhaus von 1926 und die erste öffentliche Schule im Dade County, die 1887 aus dem Holz von Schiffswracks erbaut wurde. Im Jahr 1970 wurde sie vom ursprünglichen Standort hierher versetzt.

Einen Besuch lohnt der **Barnacle Historic State Park**, ein zwei Hektar großes Gelände mit heimischem Hartholz rund um das schöne Haus

Trotz vieler Läden und Restaurants auf dem CocoWalk besitzt Coconut Grove Kleinstadtflair

des Pioniers und Bootsbauers Ralph Munroe. Nicht wenige Architekten Miamis halten das Haus für den Inbegriff eines durchdachten Designs. Munroe, dessen Großvater Amerikas erste Bleistifte produziert hatte, sicherte das Haus gegen Hurrikane, indem er ein termitenfestes Kiefernholzfundament in der Erde versenkte. Zusätzliche Sicherheit gaben kräftige Balken von Schiffswracks, die tief in das Fundament eingelassen sind. Bei den Führungen *(10, 11.30, 13 u. 14.30 Uhr, $)* erfährt man, dass das zweistöckige Haus ursprünglich ein Bungalow war, der 1908 aufgebockt wurde, um ein neues Erdgeschoss darunter zu bauen. Die Oberlichter im Dach lassen sich zur Luftzirkulation mit Seilen und Flaschenzügen öffnen. Munroe, den Gründer des Biscayne Bay Yacht Clubs, erinnerte dies an Seepocken *(barnacles)* an einem Schiffsrumpf.

Der spanisch aussehende Bau schräg gegenüber wurde 1927 als Kino erbaut und in den 1950er-Jahren zum **Coconut Grove Playhouse** *(3500 Main Hwy.)* umgestaltet. Hier fand 1956 die USA-Premiere von Samuel Becketts *Warten auf Godot* statt. Das Theater musste 2006 schließen. Es gibt neue Pläne, doch bis heute noch nichts Spruchreifes. ∎

COCOWALK
🅰 Karte S. 135
✉ Virginia St. u. Grand Ave.
www.cocowalk.net

MAYFAIR IN THE GROVE
🅰 Karte S. 135
✉ Mary St. u. Grand Ave.

BARNACLE HISTORIC STATE PARK
🅰 Karte S. 135
✉ 3485 Main Hwy.
☎ 305/442-6866
🕐 Di geschl.
💲 $
www.floridastateparks.org/ thebarnacle

Die Stadtverwaltung von Miami residiert im alten Wasserflughafen der Pan American Airways, einem Relikt aus einer der wohl romantischsten Epochen der US-Luftfahrt. Das Art-déco-Gebäude verkörpert noch heute den Luxus, den die Fluggesellschaft einst den Passagieren in ihren Flugbooten versprach.

Pan-Am-Firmengründer Juan Trippe, der eine globale Fluggesellschaft aufbauen wollte, die in Sachen Service, Luxus und Stil keine Konkurrenz scheuen musste, beauftragte das New Yorker Architekturbüro Delano & Aldrich, am Dinner Key ein Meisterwerk im angesagten Art-déco-Stil zu schaffen. Am 27. Mai 1934 knallten die Sektkorken, und Reporter erklärten den Terminal zum »schönsten Wasserflughafen der Welt« – und das war er auch.

EINE ZEITREISE

Heute kann man direkt vom South Bayshore Drive über den Pan American Drive zum Terminal fahren, der seit 1954 Miami City Hall heißt. Früher aber war Dinner Key eine Insel. 1917 schütteten Marine-Arbeiter den Kanal zwischen Insel und Festland zu, um einen Stützpunkt für Wasserflugzeuge zu schaffen.

Am besten parkt man seinen Wagen am Ende des Rundwegs und geht zu Fuß über den Rasen zu dem Schild, das die Geschichte von Dinner Key erklärt. Links, über dem Kanal, sieht man die Hangars, in denen einst die Clipper standen (siehe Kasten S. 34), und das Terminalgebäude mit seinen horizontalen Linien. Die Globen, die früher den Schriftzug »Pan American World Airways« rahmten, flankieren heute die Miami City Hall.

 **Tipp**

Die restaurierte Lobby sieht wieder so aus wie 1934, mit Wandbildern von Vögeln, alten Flugbooten und Leonardo da Vincis Luftschiff. Sehenswert sind auch die Deckengemälde.

PAUL GEORGE,
PROFESSOR FÜR GESCHICHTE,
MIAMI DADE COLLEGE

Hinter dem Gebäude am Kanal, der sich gen Karibik öffnet, hoben die ersten Clipper von Key West nach Havanna ab. Sie hatten keine Funkgeräte an Bord, dafür allerdings Brieftauben, die im Falle einer Notlandung Hilfe holen sollten. Denkt man über all diese Dinge nach, dann gewinnt dieser Ort eine gewisse zeitlose Poesie. ∎

MIAMI CITY HALL
🅰 Karte S. 135

✉ 3500 Pan American Dr.
☎ 305/250-5300
🕐 Sa/So geschl.

Die Strecke von Vizcaya Richtung Süden ist bezaubernd: Hier gibt es von Efeu und Bougainvilleen bewachsene Wohnviertel, Mangrovenkanäle, die wie gekrümmte Finger ins Landesinnere reichen, kleine Marinas, üppige Grünanlagen und schöne Parkanlagen wie den Matheson Hammock Park, in dem man an der Biscayne Bay im Schatten von Palmen picknicken kann.

Der Turm des Biltmore Hotel zeugt von der Begeisterung des Erbauers für Spanien

Man kann sich kaum verfahren, wenn man in Buchtnähe bleibt, aber zur besseren Orientierung nimmt man lieber eine Karte mit. Der South Bayshore Drive führt gen Süden ins Zentrum von Coconut Grove und wird nach einem Kreisverkehr zum Main Highway. An einer Lagune bei 4013 Douglas Road am Südrand von Coconut Grove steht ein Haus, das in den 1870er-Jahren im Stil indonesischer Residenzen erbaut wurde. Das als **Kampong** bekannte Gebäude wurde von David Fairchild, Gründer des Fairchild Tropical Botanic Garden, erworben, der es mit exotischen Pflanzen ausschmückte. Heute ist Kampong ein Forschungszentrum für tropische Flora *(geführte Touren von Sept.-Jun. montags, mittwochs und samstags um 10 und 12 Uhr; Besuche ohne Führung von Mo–Sa zwischen 10 und 15 Uhr. Tel. 305/442-7169, $$).*
Auf dem Ingraham Highway fährt man weiter; die Straße wird zur Old Cutler Road, die zum **Matheson Hammock Park** *(Karte S. 157 D4; siehe S. 159)* und zum **Fairchild Tropical Botanic Garden** *(Karte S. 157 D4; siehe S. 158)* führt. Dann trifft die Old Cutler auf die Red Road (Fla. 959), und hier beginnt die Rückfahrt. Rechts biegt man in die Red Road ab und fährt acht Kilometer weit bis ins Zentrum von Coral Gables, wo sich der Turm des **Biltmore Hotel** *(Karte S. 147; siehe S. 149)* erhebt. ■

Coral Gables

‹ Karibikflair mit Metropole: Hinter Kokospalmen zeichnet sich die Syline von Miami ab

In den 1920er-Jahren war der Landboom in Miami in vollem Schwung: Innerhalb von fünf Jahren wuchs Coral Gables (Korallengiebel), gegründet von George Merrick, einem Wegbereiter des New Urbanism, auf 40 Quadratkilometer. Merrick eröffnete an der Anastasia Avenue das palastartige Biltmore Hotel im spanisch-maurischen Stil, und am Stadteingang Douglas Road entstand eine Art Stadttor.

George Merrick nannte seine Kreation zu Recht »City Beautiful«: Sie verfügte über breite Straßen, Plätze, Freizeiteinrichtungen wie den wundervollen Venetian Pool am De Soto Boulevard und eine Fantasiewelt mit Wasserfällen und Grotten. Jene, die hier Häuser erwarben, wurden zu gewissenhaften Getreuen: Sie pflegten ihre Rasen, beschnitten die Bäume und fegten die Bordsteine. Es war eine Art Utopia, aber real, und es hat den Landboom in Florida bis heute überdauert.

Merrick wäre stolz: Die Häuser in Coral Gables sind so begehrt wie damals. Ihre wohlhabenden Käufer bilden den Kern der 50 000 Einwohner, und zu den hiesigen Firmen gehören über 140 der wichtigsten Unternehmen Südfloridas. Auf dem 105 Hektar großen Campus der University of Miami tummeln sich rund 17 000 Studenten, und das Lowe Art Museum besitzt einen reichen Bestand an Kunst und ethnologischen Objekten.

CORAL GABLES ERKUNDEN

Im Osten wird Coral Gables von der Douglas Road (SW 37th Ave.), im Westen von der Red Road (SW 57th Ave.), im Norden vom Tamiami Trail (SW 8th St.) und im Süden von der Sunset Avenue (SW 72nd St.) und der Old Cutler Road begrenzt. Die südöstliche Ecke liegt nahe der Biscayne Bay und ihren tropischen Küstengärten.

Das Straßennetz von Coral Gables ist ein wenig verwirrend, weshalb Besucher sich eine Karte besorgen sollten. In der **Chamber of Commerce** (224 Catalonia Ave., Tel. 305/446-1657, Sa/So geschl.) erhält man den Stadtplan und weitere Broschüren. Informationen über Sehenswürdigkeiten, speziell die Bauwerke, bietet das Historical Resources & Cultural Arts Department (2327 Salzedo St., Tel. 305/460-5093).

Mediterrane Architektur dominiert Coral Gables, aber es gibt auch andere »Exotika«: Schräge Ziegeldächer kennzeichnen das Chinese Village am Riviera Drive bei der Menendez Avenue, Residenzen holländischer Kolonien im Südafrika des 17. Jahrhunderts sind in der Maya Street und Le Jeune Road nachgebildet. Französisches Stadtflair von einst findet man in der Hardee Avenue/Ecke Maggiore Street, und italienisches Dorfleben ist das Thema der Altara Avenue an der Monserrate Street sowie der Santa Maria Street. Häuser im Colonial Village erinnern an Miamis Yankee-Erbe. ■

SW. 8TH STREET / TAMIAMI TRAIL

41

41

Douglas Road Entrance

GRACELAND MEMORIAL PARK

VENETIA AVENUE

GRANADA BOULEVARD

LE JEUNE ROAD

DOUGLAS ROAD

RED ROAD

MADEIRA

ALHAMBRA CIRCLE

GRANADA GOLF COURSE

Coral Gables Merrick House

AVENUE

BOULEVARD

57TH AVENUE

SOUTH GREENWAY DRIVE

Poinciana Place

Venetian Pool

Books and Books

SW. 24TH STREET / CORAL WAY

MIRACLE MILE

Casa Azul

City Hall

De Soto Plaza and Fountain

SEVILLA

AVENUE

BLVD.

37TH AVENUE

Biltmore Hotel

DE SOTO

ANASTASIA

AVENUE

SEGOVIA

PONCE DE LEON AVENUE

RIVIERA

42ND AVENUE

SW.

CORAL GABLES BILTMORE GOLF COURSE

GRANADA BOULEVARD

DRIVE

UNIVERSITY

DRIVE

VISCAYA AVENUE

959

Coral

SW. 40TH STREET / BIRD ROAD

976

DRIVE

Gables Canal

RIVIERA GOLF COURSE

SANTA MARIA ST.

ALTARA AVENUE

MONSERRATE ST.

Douglas Road Station

953

CIRCLE

Chamber of Commerce

BLUE ROAD

VILABELLA AVENUE

1

ALHAMBRA

SAN AMARO

UNIVERSITY

Lowe Art Museum

Chinese Village

LE JEUNE ROAD

RED ROAD

BOULEVARD

UNIVERSITY OF MIAMI

MIAMI

57TH AVENUE

University Station

PONCE DE LEON

SOUTH DIXIE HIGHWAY

GRANADA

STREET

RIVIERA DRIVE

MAGGIORE STREET

42ND AVENUE

SW.

Zur Orientierung

1

HARDEE ROAD

MAYNADA STREET

BOULEVARD

MAYA ST.

ALFONSO AVENUE

ALHAMBRA CIRCLE

SW. 72ND STREET / SUNSET DRIVE

0 _____ 1 Kilometer
0 _____ 1/2 Meile

Ende des 19. Jahrhunderts wollte Solomon Merrick, ehemaliger Gemeindepfarrer aus Neuengland und Vater von George Edgar Merrick, des Schöpfers von Coral Gables, ein schmuckes Domizil in Florida bauen. Da er als Farmer von Avocados und Zitrusfrüchten erfolgreich war, verfügte er über die nötigen Mittel.

Dieses Haus aus Korallengestein stand Pate bei der Namensgebung von Merricks Traumstadt

Solomons Gattin Althea entwarf das Haus: mit geneigtem Ziegeldach, markanten Giebeln auf Säulen und Mauern aus termitenfestem Dade-County-Kiefernholz und Korallengestein. Sie umgab das Haus mit einer Veranda und fügte Eingang und Fenstern klassische Schmuckformen hinzu.

Als die Bauarbeiten 1906 abgeschlossen waren, nannten sie das Haus »Coral Gables« (Korallengiebel). Heute finden in Merricks Haus Gemeindeversammlungen, Vorträge und Empfänge statt. Noch heute stehen einige von Solomons Obstbäumen im Garten. Besucher können allein umherwandern oder sich einer Führung anschließen *(So und Mi, 13, 14 und 15 Uhr).* ∎

⬜ Tipp

Das Haus, in dem George Edgar Merrick aufwuchs, vermittelt einen Eindruck vom Leben im Südflorida des frühen 20. Jahrhunderts.

THOMAS SWICK,
REISESCHRIFTSTELLER

CORAL GABLES MERRICK HOUSE
🔺 Karte S. 147
✉ 907 Coral Way, zw. Toledo St. & Granada Blvd.

☎ 305/460-5361
🕐 Geöffnet So u. Mi 13–16 Uhr und nach Vereinbarung
💲 $
www.coralgables.com

Schon früh träumte George Edgar Merrick davon, inmitten iberischer Burgen, die er aus Kinderbüchern kannte, das Leben eines Schriftstellers zu führen. Im Jahr 1926 bekam er sein spanisches Schloss: das Biltmore Hotel. Merrick importierte Tausende Dachziegel aus Spanien, damit das Haus authentisch wirkte, und mit demselben Eigensinn achtete er auf jedes noch so kleine Detail.

In der Lobby spürt man die Intensität seiner Ambition: 790 Quadratmeter Fläche, 14 Meter hohe Decken, massive Steinsäulen, tropische Singvögel in einem kunstvollen Käfig, Pagen, die Kofferwagen lautlos durch die Lobby schieben, gedämpftes Telefonklingeln.

Bald geriet Merricks Paradies jedoch ins Wanken: durch einen schweren Hurrikan, durch das Ende von Floridas Landboom und 1929 durch den Börsencrash. 1941 verwandelte die Armee Suiten, in denen Bing Crosby, Judy Garland oder der Herzog und die Herzogin von Windsor übernachtet hatten, in Verwundetenlager. Das »Biltmore« blieb bis in die 1960er-Jahre Lazarett und entging nur knapp der Abrissbirne. Es wurde schließlich ins *National Register of Historic Places* aufgenommen und nach einer teuren Restaurierung 1992 wiedereröffnet.

OPULENTER LUXUS

Man muss hier nicht nächtigen, um einige der Highlights kennenzulernen. Sonntags wird im **Restaurant Fontana** am Springbrunnen ein Brunch mit Flamenco-Begleitung geboten. Der Hotelpool ist stattliche 2000 Quadratmeter groß und der Wellnessclub im Erdgeschoss auch für Tagesgäste (Poolnutzung) geöffnet. Zu einer Runde Golf lädt der erstklassige 18-Loch-Golfplatz ein, oder man entspannt sich in einer der luxuriösen Lounges. Nachts wird der 18-stöckige Turm sanft beleuchtet und thront wie ein feudales Schloss über Coral Gables. Bei diesem Anblick fragt man sich, wer heute noch solche Orte erschafft – niemand mehr. ■

BILTMORE HOTEL
🅰 Karte S. 147
✉ 1200 Anastasia Ave.

☎ 855/311-6903
www.biltmorehotel.com

🟨 **Wissen**

MERRICKS VISION

Nach dem Tod seines Vaters kehrte George Merrick nach Hause zurück, um das Familienunternehmen zu führen. Er heiratete Eunice Peacock und gründete mit ihr einen Künstlersalon. Beide träumten davon, eine Stadt zu schaffen, die so kultiviert sein sollte, wie es europäische Städte ihrer Vorstellung nach waren.

Es gibt Swimmingpools – und es gibt Badeoasen. Der Venetian Pool ist wohl eindeutig Letzteres, obwohl er in seiner Anfangszeit nur ein hässliches Entlein war: eine Grube, in der Kalkstein für die Häuser von Coral Gables abgebaut wurde.

Der Künstler Denman Fink und der Architekt Phineas Paist, die die meisten hiesigen Gebäude errichteten, hatten die Wahl: entweder die Grube auffüllen oder einen Nutzen dafür finden. Das kreative Doppel ersann eine venezianische Traumlandschaft aus Wasserfällen, Grotten, einem Aussichtsturm, einer Insel, zu der eine anmutige Bogenbrücke führt, und einem gigantischen Pool, den drei Millionen Liter Wasser füllen. Das 1924 eröffnete und zuletzt 2016 renovierte Bad bezaubert mit seinen schönen Fliesen und der efeuumrankten italienischen Loggia.

In den 1920er-Jahren brillierte Venetian Pool als Schauplatz von Schönheitswettbewerben und schillernden Partys. Obwohl man dies von nahezu jedem Pool in Greater Miami behauptet. Hier allerdings trat die unvergleichliche Wasserballerina Esther Williams tatsächlich auf, ebenso Hollywoods archetypischer Tarzan, der Weltrekordschwimmer Johnny Weissmüller. Im Pool zu baden ist ein in der Tat einmaliges Erlebnis. ■

VENETIAN POOL
🅐 Karte S. 147
✉ 2701 De Soto Blvd.
☎ 305/460-5306

🕐 Dez.–Jan. geschl. (Kein Zutritt für Kinder unter drei Jahren)
💲 $$–$$$
www.thevenetianpool.com

Aus einem ehemaligen Steinbruch entstand das fantasievollste Schwimmbad in Greater Miami

Zu Zeiten des Bauunternehmers George Edgar Merrick war der auf seinem Weg durch Coral Gables von Bäumen und Blumenbeeten gesäumte Coral Way noch die Durchgangsstraße des Orts. Heute bildet sie die Hauptstraße des Geschäftsviertels und ist zwischen der 37th und 42nd Avenue als Miracle Mile bekannt.

Manche behaupten, das einzige Wunder *(miracle)* hinsichtlich dieser Shopping- und Restaurantmeile ist, dass sie sich halten konnte. Als hier viele Ladenketten einzogen, befürchtete man, dass die einzigartigen Coral-Gables-Originale nicht überleben würden.

ARCHITEKTUR-HIGHLIGHTS

Die Architektur von Coral Gables bildete die Basis der »City Beautiful«. Am Coral Way findet man hervorragende Beispiele dafür, etwa **De Soto Plaza and Fountain** am De Soto Boulevard. Merrick entwarf 14 solcher Brunnen-Plazas: Diese gehört zu den schönsten. **Casa Azul**, ein Privathaus am 1254 Coral Way *(zw. Madrid St. und Columbus Blvd.)*, ist nach seinem Dach aus azurblau glasierten Ziegeln benannt. Der Architekt H. George Fink wurde durch sein spanisches Design in Coral Gables so bekannt, dass ihn sogar der spanische König Alfonso XIII. einlud und zu Don Jorge ernannte. **Poinciana Place** *(937 Coral Way, zw. Toledo St. und Granada Blvd.)*, der erste Wohnsitz von George Edgar und Eunice Merricks, entstand, bevor Merrick seine Stadt baute. Hier steht man vor jener Art Haus, in dem Plantagenbesitzer wohnten, ehe Coral Gables mediterran wurde. Im **Merrick House** *(832 S. Greenway Dr. Ecke Castile Ave.)*, nicht zu verwechseln mit Merricks Elternhaus (siehe S. 148), ist heute ein Museum untergebracht. Merrick wollte ein größeres Haus, um potenzielle Immobilienkäufer zu beeindrucken. Sein Cousin Don H. George entwarf die hinter einer Mauer verborgene »Alhambra« aus Stein und Stuck. ■

CORAL WAY   ◪ Karte S. 147

 □ **Wissen**

CORAL GABLES CITY HALL

Merricks Rathaus sollte seiner Vision einer »City Beautiful« gerecht werden. Er investierte dafür 200 000 Dollar – 1928 eine gewaltige Summe. Von jeder Seite ist die halbrunde City Hall *(405 Biltmore Way, Tel. 305/446-6800, Sa/So geschl.)* mit ihrem dreistufigen Glocken-/Uhrenturm im Stil der spanischen Renaissance und ihrer Säulenreihe eindrucksvoll. Die grauen Blöcke in den Mauern bestehen aus dem Kalkgestein alter Korallenriffe. Vom ersten Spatenstich bis zur Einweihung vergingen gerade mal vier Monate: eine beachtliche Leistung.

Südfloridas erstes Kunstmuseum auf dem Campus der University of Miami ist vor allem für seine Sammlungen von Renaissance-, Barock-, amerikanischer, indianischer, präkolumbischer und asiatischer Kunst bekannt. Selbst an einem ganzen Tag im Museum wird man nicht alles sehen.

Das Museum öffnete seine Tore 1950 – als Geschenk des Ehepaars Joe und Emily Lowe, ein Unternehmer und eine Malerin und beide Philantrophen. Bestaunen kann man hier Jade aus dem alten Japan, ecuadorianische und kolumbianische Antiquitäten sowie Kleidung, die die Navajo-, Pueblo- und Rio-Grande-Indianer webten, ehe die Europäer hier ankamen. Die Flut der Eindrücke ist groß. Vielleicht erinnnert man sich daher später nicht mehr daran, was in der Sprechblase des Pop-Art-Gemäldes von Roy Lichtenstein stand oder was genau die Abstraktionen Frank Stellas beabsichtigen – es ist einfach zu viel, was man sich merken müsste. Aber die Farben von Rembrandts Gemälden, Tintorettos freundlich lächelnde Renaissancegesichter, Claude Monets Blau und Paul Gauguins erdige Farbtöne oder die schmutzigen Arbeiter auf den Bildern des amerikanischen Künstlers John Sloan bleiben im Gedächtnis. Unter Glas geschützt, sind ägyptische Objekte ausgestellt. Die mandeläugigen Götter mit Stäben und Schlangen in den Händen lächeln, als amüsierten sie sich darüber, dass sie, die einst bedeutende Königreiche regierten, nun in Florida gelandet sind.

Im gut sortierten Buchladen kann man hochwertige Ausstellungs- und Kunstkataloge des Museums erstehen. Erinnerungen an Werke Picassos, denen man hier persönlich begegnete, oder an afrikanische Masken, Textilien und aufwendige Perlenstickereien *(Beadwork)*, die so kostbar sind, dass man sie selbstverständlich nicht im Museumsladen erwerben kann. Sie werden jedoch von Zeit zu Zeit an andere Museen ausgeliehen. Und sind, auf Hochglanzpapier gedruckt, dann in gewisser Weise doch wieder zum »Mitnehmen« geeignet. ∎

☐ **Wissen**

SIP & SKETCH

Menschen die Kunst näher zu bringen, war seit der Gründung des Lowe Art Museum in den 1950er-Jahren die pädagogische Leitlinie des Hauses. Wie vergnüglich es sein kann, den Künstler in sich selbst zu entdecken, zeigt das Museum mit der Reihe »Sip & Sketch« an jedem dritten Mittwoch im Monat, von September bis November und im Februar, jeweils von 19–21 Uhr. Ein Kunstprofessor der University of Miami, auf deren Campus das Museum liegt, erklärt interessierten Teilnehmern verschiedene Kunsttechniken und lässt sie das Gelernte gleich aufs Papier oder die Leinwand bringen – dazu gibt es guten Wein und leckeren Käse (Lowe's Education Pavillion im Museum).

LOWE ART MUSEUM

🗺 Karte S. 147
✉ 1301 Stanford Dr., University of Miami Campus, abseits US 1/ S. Dixie Hwy.

☎ 305/284-3535
🕐 Mo, So und an Universitäts-Feiertagen geschl.
💲 $$
www.lowemuseum.org

Auch wertvolle asiatische Kunst ist im Lowe Art Museum zu bestaunen

South Miami

‹ Idyll mit Palmen im Fairchild Tropical Botanic Garden

Trotz neuer Wohn- und Geschäftsbauten – vor allem Mini-Malls schießen wie Pilze aus dem Boden – sind große Teile von South Dade noch das, was ganz Miami einmal war: ein ländliches Gebiet mit fruchtbarem Boden, in dem so ziemlich alles wunderbar gedeiht, von Avocados bis zu Zinnien. Das Leben ist gemächlich, besonders im flachen Farmland, das sich zu den Everglades hin erstreckt.

Die meisten Urlauber lassen auf dem Weg zu den Everglades, zum Biscayne National Park oder zu den Keys die Felder und Obstgärten links liegen, die Autofenster hochgekurbelt, die Klimaanlage aufgedreht. Das ist schade, denn dieses Intermezzo zwischen dem urbanen Miami und den Keys duftet wunderbar – nach Blüten und Süßwasserseen, und sogar der Geruch eines alten Holzfasses ist angenehm.

Natürlich haben das inzwischen auch die Stadtbewohner bemerkt, die stets auf der Suche nach Neuem sind. Bauernhäuser, die dem Verfall preisgegeben waren, werden renoviert und als Wochenenddomizile genutzt. Die Haupteinnahmequelle in South Dade ist die Landwirtschaft, vor allem der Anbau von Erdbeeren, Rüben, Zitrusfrüchten, Zwiebeln, Kräutern und Avocados. Auch Orchideen wachsen hier, dank des fruchtbaren, nährstoffreichen Bodens, des hohen Wassergehalts und der wärmenden Sonne. Biofarmen versorgen die Restaurants in Greater Miami mit frischen Zutaten.

SOUTH MIAMI ERKUNDEN

Man kann einfach die US 1, den South Dixie Highway, hinunterdüsen, aber wenn man nicht in Eile ist, sollte man die reizvollere Route am Atlantik entlang nehmen: South Bayshore Drive bis Miami Highway, durch Coconut Grove zum Ingraham Highway, dann die Old Cutler Road mit ihrer Ficus-Überdachung und den exklusiven Wohngebieten. Die Strecke zeigt mehr von Südfloridas subtropischer Landschaft; hier passiert man auch den Matheson Hammock Park, einen von Greater Miamis hübschesten Küstenparks, sowie den Fairchild Tropical Botanic Garden, ein wunderbares botanisches Schutzgebiet, in dem die Primadonnen der exotischsten Flora gefeiert, gepflegt und herausgeputzt werden.

Im Süden des oft von Hurrikans heimgesuchten South Dade liegt Homestead, Zielscheibe des Spotts und als schlicht und unkultiviert verunglimpft – gute Restaurants oder Clubs gehören nicht zu Homesteads Stärken. Wie der Name ahnen lässt, waren die ersten Siedler Bauern, die Avocados, Orangen, Zitronen und Limonen anbauten. Arbeiter von Henry Flaglers Eisenbahn machten Homestead zu ihrem Lager in Südflorida. Sie kauften die Produkte der Bauern und führten ein einfaches Dorfleben. In Florida City war es ähnlich: Die bescheidenen Avenues entstanden nach und nach,

nicht nach Plan wie in Coral Gables. Im Jahr 1992 traf Hurrikan Andrew beide Städte schwer – Häuser wurden zertrümmert, Bäume umgeknickt. Die Gemeinden erholten sich nur langsam, auch wenn die Restaurierung vorangeht. Es lohnt sich dennoch, mit einer guten Karte diese dörflichen Netze aus Straßen und Avenues zu erkunden. Hier kann man eine Ecke des »echten« Floridas entdecken, die sich von der Biscayne Bay zu den Everglades erstreckt und Schätze wie den Fruit & Spice Park und den Zoo Miami umfasst. ∎

In Südflorida gedeihen ganzjährig tropische und subtropische Pflanzen. Deshalb findet man an der Biscayne Bay südöstlich von Coral Gables auch den größten tropischen Botanischen Garten der USA (außer Hawaii). Die Anlage ist eines der weltweit führenden Zentren für Pflanzenforschung.

An den gewundenen Pfaden des Gartens wachsen viele farbenprächtige Orchideen

In dieser Palmenoase voller Orchideen, Farne und blühender Bäume findet man alte Lebensräume Südfloridas, wie ein Mangrovengebiet und einen Laubwald-Hammock. Besonders Kinder lieben die weinlaubberankte, tunnelähnliche Kalksteinpergola und die Wege unter dem Regenwalddach, das alles in grünes Licht taucht. Die zauberhafte, 1938 eröffnete Gartenanlage erhielt ihren Namen zu Ehren des Botanikers und Schriftstellers David Fairchild (1869–1954): Seine Abenteuer in den entlegensten Winkeln der Welt bescherten ihm den Ruf als Indiana Jones der Orchideen.
Rund um Seerosenteiche wachsen die Vereinten Nationen der Pflanzen: Vietnams Heroldstrompete, Südafrikas Rote Bauhinie, Australiens Feuerbaum sowie Venezuelas Passionsblume. Am besten nimmt man an einer kommentierten Bahntour teil (im Eintritt inbegriffen). ∎

▬▬▬▬ □ **Tipp** ▬▬▬▬

Von der Hitze und der Größe Fairchilds darf man sich nicht abschrecken lassen: Überall gibt es Bänke zum Ausruhen mit Blick auf den Garten.

CHRISTINA WOOD,
FREIE AUTORIN

FAIRCHILD TROPICAL BOTANIC GARDEN
🅰 Karte S. 157 D4
✉ 10901 Old Cutler Rd.
☎ 305/667-1651
💲 $$$$$
www.fairchildgarden.org

Auf der Fahrt zu einer der ältesten Parkanlagen des Dade County hat man angesichts der gepflegten Rasenflächen und der Marina das Gefühl, auf dem Anwesen eines Milliardärs gelandet zu sein. In der Tat ist dies das Vermächtnis des Chemiefabrikanten W. J. Matheson, der einst Key Biscayne sein Eigen nannte.

Mit 400 000 Besuchern im Jahr ist Mathesons Erbe eines der beliebtesten Freizeitgelände in Greater Miami, was angesichts der Anlage mit künstlicher Badelagune (Atoll Pool), schönem Korallenstein-Restaurant, Picknickpavillons, Grills und Panoramablick über die Biscayne Bay nicht verwundert. Auf Naturpfaden kann man einen Mangrovensumpf erkunden.

Am Parkplatz 5 gibt es einen hübschen, **seichten Strand**, an dem Kinder besonders sicher sind; hierher gelangt man, indem man die Straße zur Marina und zum Jachtclub hinunterfährt, an der Bootsrampe vorbei Richtung Süden. Auch Touren zur Erforschung des Lebens in seichtem Wasser führen hierher. Die nördliche Weggabelung der Zufahrtsstraße führt an der Marina vorbei zur **Badelagune** mit Strandwache, Bar und Toiletten. Am Sandstrand verläuft ein asphaltierter Weg mit Bänken und Blick auf die Biscayne Bay. Auf einer Karte sind Fuß- und Radwege verzeichnet. ∎

MATHESON HAMMOCK PARK
🅰 Karte S. 157 D4
✉ 9610 Old Cutler Rd.

☎ 305/665-5475
🅢 $ (Parkplatz)
**www.miamidade.gov/parks/
matheson-hammock.asp**

Wochentags hat man die schöne Lagune des Matheson Hammock Park beinahe für sich

Im Jahr 1913 erwarb Charles Deering 170 Hektar Land südlich von Coconut Grove (damals Cutler) an der Biscayne Bay. Während sein Bruder James es sich im opulenten Vizcaya (siehe S. 136ff) gut gehen ließ, schuf sich Charles ein eigenes Winterdomizil. Auf dem Gelände erheben sich zwei seltene Beispiele für die frühe Architektur Südfloridas: ein Wohnhaus und ein Gasthof im Cottage-Stil.

Charles Deering, wie sein Bruder ein Kunstsammler, baute sich eine neomediterrane Residenz aus Korallengestein, füllte sie mit wertvollen Gemälden, Gobelins und Antiquitäten und nannte sie **Stone House**. In den 1980er-Jahren wurde das gesamte Anwesen an den Staat Florida und das Miami-Dade County verkauft. Neben den historischen Gebäuden befindet sich im Park eine Fossilienstätte mit rund 50 000 Jahre alten Knochen und Zähnen von Mammuts, Urpferden, Tapiren, Jaguaren, Faultieren und Bisons. Vielleicht noch interessanter sind die Relikte von Paläo-Indianern, die hier vor 10 000 Jahren gelebt haben sollen.

Wer von Luxusresidenzen genug hat, geht in dem etwa 60 Hektar großen Pinienwald spazieren, ein Zeugnis des alten Florida und eines der letzten dieser uralten Ökosysteme in den Kontinental-USA. Rundherum wachsen seltene heimische Orchideen, Bromelien, Farne, Eichen, Gumbo-Limbo- und Mistelfeigenbäume sowie 35 weitere Baumarten. Zum Anwesen gehören ein Mangrovensumpf und die Mangroveninsel **Chicken Key**, die man auf einem Kanuausflug (Anmeldung erforderlich) besuchen kann. ∎

DEERING ESTATE
🗺 Karte S. 157 C3
✉ 16701 S.W. 72nd Ave.
☎ 305/235-1668

💲 $$$ Einige der Führungen kosten extra.
www.deeringestate.org

Einer der vielen Räume im Stone House

 Tipp

Entlang des Pfades durch die Mangroven sieht man Spinnen, die aussehen, als nähmen sie Anabolika. Außerdem gibt es Moskitos: Insektenschutzmittel nicht vergessen!

CHRISTINE CRUZ,
NACHRICHTENSPRECHERIN, WSVN-7

Die meisten der großartigen Loks und luxuriösen Schlafwagen aus dem Goldenen Zeitalter der Eisenbahn landeten auf dem Schrottplatz. Einige aber gibt es noch – etwa 30 von ihnen auf diesem alten Marineflugplatz. Hier steht auch der »Ferdinand Magellan«, ein Pullman-Schlafwagen von 1928, der 1942 eigens für Präsident F. D. Roosevelt umgebaut wurde.

Roosevelt fuhr sonst in normalen Pullmans, doch es war Krieg, und seine Sicherheitskräfte befürchteten Anschläge der Nazis. Man kaufte den »Magellan« und stattete ihn mit Panzerplatten und 7,5 Zentimeter dicken, kugelsicheren Scheiben aus. Der Speise- und Konferenzbereich wurde vergrößert und eine Observierungsecke eingerichtet, zudem Fluchtluken und Einrichtungen, die dem körperbehinderten Präsidenten Barrierefreiheit ermöglichten. Der zuvor 73 Tonnen schwere Waggon wog danach rund 129 Tonnen. Er ist der einzige Waggon, der je zur National Historic Landmark erklärt wurde. Roosevelt und Winston Churchill hielten in den dunkelsten Kriegstagen an seinem soliden Mahagoni-Konferenztisch Rat. Roosevelt legte mit dem »Magellan« über 80 000 Kilometer zurück. Auch Dwight D. Eisenhower nutzte den Pullman in seiner Amtszeit. Seine Nachfolger bevorzugten Flugreisen, doch in seinem Wahlkampf von 1984 lieh sich US-Präsident Ronald Reagan Trumans Rednerkanzel für Ansprachen zwischen Dayton und Toledo, Ohio. ■

GOLD COAST RAILROAD MUSEUM
🅰 Karte S. 157 B3
✉ 12450 S.W. 152nd St.

☎ 305/253-0063
⑤ $$
www.gcrm.org

━━━━━━━━━━━━━━━ 🔲 Erlebnis ━━━

EIN WEINGUT IN SÜDFLORIDA

Im beschaulichen Farmland um Homestead versteckt sich ein Weingut der besonderen Art: **Schnebly Redland's Winery** (30205 S.W. 217th Ave., Homestead, Tel. 305/242-1224, www.schneblywinery.com), gut 30 Kilometer südwestlich des Gold Coast Railroad Museum. 2003 begannen Peter und Denisse Schnebly, Betreiber einer Tropenobstfarm, mit der Weinherstellung. Heute produzieren sie Tisch-, Schaum- und Dessertweine aus Mangos, Guaven, Litschis, Passions- und Sternfrüchten. Samstags und sonntags bietet Schnebly halbstündige Führungen ($$) durch das Weingut, bei denen man umfassend über die Weinproduktion informiert wird. Im großen Verkostungsraum und auf dem Hof (täglich geöffnet) kann man wunderbar Weine probieren. Manchmal gibt es auch Abendveranstaltungen mit Livemusik von Latin bis Pop. 2011 begann man bei Schnebly auch Bier zu brauen, sogar mit Kokosnuss und Mango. Das Ergebnis kann man verkosten und kaufen.

Dieser Zoo ist ein Zoo ohne Käfige und einer der schönsten und modernsten Wildtierparks in ganz Amerika. Die Gehege wurden so weit wie möglich an den natürlichen Lebensraum der Tiere im Dschungel, in der Steppe oder in den Wäldern angepasst. Mehr als 500 seltene Spezies streifen hier auf 117 Hektar frei umher.

Im Zoo kommt man den Giraffen ganz nah

Es gibt hier keine Käfige und keine Gitter; man bewegt sich auf gut beschilderten, gesicherten Wegen inmitten der Tiere oder schwebt in klimatisierten Monorails (Schwebebahnen) über sie hinweg. Seltene weiße Bengalische Tiger liegen majestätisch in der »Ruine« eines kambodschanischen Tempels; Gorillas spähen aus dem Dickicht eines tropischen Regenwalds hervor; Zebras, Gazellen und Strauße bevölkern eine afrikanische Prärie, und in einer Steppenlandschaft sind das Spitzmaulnashorn und der Afrikanische Elefant zu Hause. Gefährliche Fleischfresser aus Indonesien, die über drei Meter langen Komodowarane, kann man aus sicherer Distanz beobachten.

Im *Asian River Life* spaziert man im Dunst eines tropischen Wasserfalls, umgeben von Ottern, Nebelpardern, Bindenwaranen und Muntjakhirschen, und in einer gänzlich anderen Welt, dem australischen Outback, leben Kängurus, Urwalddingos und Kasuare. Kinder sind begeistert von dem Wildtier-Karussell und dem Streichelzoo. ∎

ZOO MIAMI
🄼 Karte S. 157 B3
✉ 12400 S.W. 152nd St.

☎ 305/251-0400
🅢 $$$$
www.zoomiami.org

🔲 Erlebnis

TIERPFLEGER FÜR EINEN TAG

Für alle, die schon immer mal einen Elefanten füttern wollten: Samstags und sonntags kann man im Zoo Miami von 7 bis 16 Uhr mit einem Tierpfleger zusammenarbeiten und bei der Fütterung der Tiere sowie der Instandhaltung der Gehege helfen. Das Angebot ist jedoch nur für Erwachsene geeignet und kostet 150 US-Dollar. Im Preis sind ein Mittagessen und ein T-Shirt enthalten. Eine vorherige Buchung *(Tel. 305/251-0400, Anschluss 84993) ist* erforderlich.

CORAL CASTLE

Nennen Sie ihn besessen, neurotisch oder wie immer Sie wollen, aber niemand nennt Ed Leedskalnin einen 48-Kilogramm-Schwächling. Der 1,52 Meter kleine lettische Einwanderer verbrachte von 1920 an 28 Jahre mit der Errichtung seines bizarren Coral Castle. Häufig arbeitete er während der Nachtstunden: So sah niemand, wie er die massiven Blöcke Oolith, darunter ein mehr als acht Tonnen schweres Tor, bewegte, daraus sein seltsames Haus zusammensetzte und einrichtete. Es heißt, es sei ein Denkmal für ein 16-jähriges Mädchen, das Eds Herz gebrochen hat.

In der dachlosen Konstruktion befinden sich ein Bankett-Tisch in der Form Floridas, Korallenstühle, eine Sonnenuhr, skurrile Skulpturen und ein Stein-»Teleskop«, das auf den Nordstern ausgerichtet ist. Ed gewann seine Geliebte nicht zurück, errang dafür aber auf jeden Fall den Titel »König des Florida-Kitsches« (coralcastle.com).

🗺 Karte S. 135 B2 ✉ 28655 S. Dixie Hwy./US 1, Homestead ☎ 305/248-6345 💲 $$$

FLORIDA PIONEER MUSEUM

Das kleine, informative Museum über das lokale Pionier- und Indianerhandwerk (www.floridapioneermuseum.org) ist ein Beispiel für die alte Architektur in South Dade, mit Veranda, verschalten Mauern und einem spitzen Dach mit Gauben. Es wurde 1904 für einen Angestellten der Florida East

Mehr als 1100 Tonnen Korallenfelsen wurden für das Steinmonument Coral Castle arrangiert

Wissen

SOUTH MIAMI-DADE CULTURAL ARTS CENTER

Im Jahr 2011 wurde das South Miami-Dade Cultural Arts Center *(10950 S.W. 211 St., Tel. 786/573-5300, www.smdcac.org)* eröffnet, ein glitzernder Komplex, der zwei klatschende Hände versinnbildlichen soll. Die 51 Millionen Dollar teure Mehrzweckanlage in Cutler Bay wurde vom Architekturbüro Arquitectonica entworfen, das auch schon zahlreiche andere auffällige Gebäude in Miami errichtet hat. Hier finden alle möglichen Konzerte, Tanz- und Theaterveranstaltungen statt. Programm- und Ticketinformationen findet man auf der Website des Kulturzentrums.

Coast Railroad erbaut und 1964 hierher versetzt. Der alte Waggon vor dem Haus soll eines der letzten noch existierenden Holzmodelle sein. Bitte Öffnungszeiten telefonisch erfragen!

Karte S. 157 A1 ☒ 826 Krome Ave ☏ 305/246-9531 $ $

FRUIT & SPICE PARK

Seit dem frühen 19. Jahrhundert inspirierte Südfloridas Fruchtbarkeit Agrarwissenschaftler nicht selten zu kühnen Experimenten, zuweilen mit durchaus genießbaren Resultaten. Gut 55 Kilometer südlich von Miami befindet sich bei Homestead ein Zucht- und Versuchszentrum, das auf seinem Gebiet führend ist: der 1944 gegründete Fruit & Spice Park. Auf 15 Hektar Anbaufläche wachsen hier 500 Arten exotischer und subtropischer Früchte, Nüsse und Gewürzsträucher sowie zahlreiche Kräuter. Ein Bereich des Gartens ist Giftpflanzen vorbehalten.

Auf dem Programm des Parks stehen Kurse und Ausflüge in Obst- und Gemüseanbaugebiete sowie Vorträge über Gartenbau und Botanik. Der Shop im Stil eines Feinkostladens bietet Eingemachtes, Chutneys, Gelees, Marinaden, Gewürze, Saatgut und sonst eher schwierig zu findende Zutaten, außerdem regional orientierte Kochbücher, kulinarische Führer und Anleitungen zur Pflanzenzucht. Auch Geschichtsträchtiges findet man hier in Form rustikaler, alter Gebäude aus Korallenstein, darunter ein Schulhaus von 1912. Wer sich mit Früchten und Gewürzen nicht so gut auskennt, kann an einer Führung *(11, 13.30 u. 15 Uhr)* teilnehmen *(www.fruitandspicepark.org)*.

Karte S. 157 A2 ☒ 24801 S.W. 187th Ave./Redland Rd. Höhe S.W. 256th St. ☏ 305/247-5727 $ $$

MONKEY JUNGLE

Im nahe gelegenen Zoo Miami (siehe S. 162) sieht man zwar fast ebenso viele Affen – doch dort kommt man nicht so nah an sie heran wie hier. In diesem fünf Hektar großen, botanisch authentisch angelegten Dschungel finden sich die Besucher – nicht die Affen – in Käfigen wieder. Diese laufen frei herum und turnen kreischend von Ast zu Ast. Zu den Primatenarten, die hier leben, gehören Paviane, Schimpansen, Orang-Utans und Makaken sowie kleinere, unbekanntere Arten. Besonders Kindern gefällt es im Monkey Jungle (www.monkeyjungle.com).

△ Karte S. 157 B2 ⊠ 14805 S.W. 216th St./Hainlin Mill Dr. bei S.W. 147th St., westl. des US 1 ☎ 305/235-1611 ⑤ $$$$$

WINGS OVER MIAMI

Unter Luftfahrtfans genießt Miami als Geburtsort der Pan American World Airways mythischen Status. Das war ein Grund für den Champion-Piloten Kermit Weeks, auf dem alten Kendall-Tamiami Airport in Südwest-Miami ein Luftfahrtmuseum einzurichten. Hier sieht man eine imposante Flotte ausgedienter Flugzeuge, die zumeist sogar noch flugtüchtig sind, darunter auch Kampfflugzeuge, die im Zweiten Weltkrieg das Blatt wendeten (www.wingsovermiami.com).

△ Karte S. 157 B3 ⊠ 14710 S.W. 128th St.; Florida Turnpike bis S.W. 120th St., dann zur S.W. 127th Ave. ☎ 305/233-5197 ⊕ Mo und Di geschl. ⑤ $$

Wings Over Miami präsentiert alte Flugzeuge wie diesen North American AT-6G Texana

Ausflüge

‹ Ein Pelikan in der amphibischen Landschaft des Everglades National Park

Jenseits von Greater Miami erstrecken sich riesige Gebiete von unvergleichlicher Schönheit, vor allem im Biscayne National Park mit seinen farbenprächtigen Korallen und Fischen und in den weltweit einzigartigen Everglades. Außerdem locken hier die Miccosukee Indian Reservation, die Big Cypress National Preserve und das sonnenverwöhnte Fort Lauderdale.

Frisch geschlüpft: Alligatoren in den Everglades

Dass der Everglades-Nationalpark rund 6000 Quadratkilometer groß ist und dass seine schimmernden Feuchtgebiete in Wirklichkeit ein stellenweise nur wenige Zentimeter tiefer, aber meilenbreiter Fluss sind, bereitet den Besucher nicht wirklich auf diese einzigartige Wildnis vor. Nur in diesem Gebiet sind sowohl Krokodile als auch Alligatoren zu finden, außerdem zahllose Vögel und Fische, Schmetterlinge, Seekühe und der Florida-Panther.

Wer einen Tag Zeit hat, sollte in die Randgebiete des Nationalparks fahren, auf den Wegen und Plankenstegen wandern, den Einwohnern dieser »Ursuppe« die Hand schütteln und unglaubliche Eindrücke davon sammeln, wie die Welt vor der Entstehung des Menschen ausgesehen hat. Trotz der teils irreparablen Schäden, die Landwirtschaft und Erschließung den Everglades mit ihren Flutgräben und Deichen zufügen, sind die geschützten Gebiete unberührt – ein Überrest der großen amerikanischen Wildnis.

Ebenso bedeutend ist die Wildnis, die sich unter den Wellen der geschützten Biscayne Bay verbirgt, vor allem der 730 Quadratkilometer große Nationalpark, der nur zu fünf Prozent aus Land besteht. Zu diesem Park gehört ein großer Teil des einzigen lebenden Riffs des amerikanischen Festlands. Er schützt nicht nur die Unterwasserwelt, sondern auch alle Ökosysteme von der oberen Biscayne Bay bis zu den Keys, die von der Gesundheit dieses Riffs abhängig sind.

Auch die Miccosukee sind auf diese Wildnis angewiesen, denn in den Everglades stehen ihre traditionellen Strohdachhütten, die *chickees*. Diese Creek-Indianer, die im 18. Jahrhundert noch im Süden von Alabama und Georgia lebten, mussten wegen der Konflikte mit den Seminolen, ihren Creek-Verwandten, nach Süden ziehen. Diese Odyssee, die im späten 18. Jahrhundert begann, endete in den Everglades. Dort sah sich aber der 5000 Menschen umfassende Stamm noch aggressiveren Feinden gegenüber: spanischen und angloamerikanischen Siedlern. Nach dem Seminolenaufstand, bei dem sich verfeindete Stammesteile gemeinsam gegen Zwangsumsiedlungen wehrten, ließen Krankheiten und Deportationen den Miccosukee-Stamm auf 100 Personen schrumpfen.

Sie flohen tief in die Everglades, um dort ihre traditionelle Lebensweise zu pflegen. Bis Anfang des 20. Jahrhunderts lebten sie ungestört, doch dann vertrieb sie die Gier der Siedler nach Land von ihrem reich gedeckten Tisch. Neue Straßen brachten Fremde zu ihnen, die sie anstarrten und sich darüber wunderten, wie sie lebten. Daran sollte man denken, wenn man auf dem Tamiami Trail in die Everglades und in das 1200 Quadratkilometer große Miccosukee-Reservat fährt. Heute umfasst der Stamm rund 650 Personen, die sich wie alle anderen Amerikaner auch ein gutes Leben und eine verheißungsvolle Zukunft wünschen.

Wer von den Wasserlandschaften Südfloridas schon genug hat, kann sich am Strand von Fort Lauderdale rund 40 Kilometer nördlich von Miami ein Sonnenbad gönnen. ■

Ungefähr 95 Prozent des abgelegenen Biscayne National Park liegen unter Wasser. Um die etwa 40 Inselchen, die den geringen Anteil an Landfläche ausmachen, zu erkunden, benötigt man ein Boot. Ein Ausflug mit dem Glasbodenboot oder eine Schnorcheltour gewähren Besuchern Einblick in die bunte Welt der Korallenriffe.

Die Anfahrt von Miami ist problemlos. Die direkte, landschaftlich unspektakuläre Route führt von Downtown aus über den S. Dixie Highway (US 1) und dauert eine Stunde. Man fährt 40 Kilometer Richtung Süden, vorbei an Cutler Ridge nach Goulds, 25 Kilometer nördlich von Homestead (auf die Park-Reklametafeln achten). Hier biegt man links auf die S.W. 137th Avenue (Tallahassee St.) ab und fährt an der S.W. 328th Street (N. Canal Dr.) wieder links. Nun folgt man der Straße zehn Kilometer bis zum Ende. Der Eingang zum Convoy Point, dem Zentrum für die meisten Park-Aktivitäten mit dem **Dante Fascell Visitor Center**, liegt links. Wer über den Florida Turnpike kommt, fährt auf der Homestead-Spur Richtung Süden zur Ausfahrt Campell Drive. Hier biegt man rechts ab und fährt in Richtung Osten bis zur nächsten Kreuzung (Kingman Rd.). Danach biegt man rechts ab bis zur S.W. 328th Street. Dann geht es, wie oben beschrieben, weiter. Der beliebteste Ausflug im Nationalpark ist eine dreistündige Fahrt im Glasbodenboot vom Besucherzentrum aus zum Riff *(www.biscayneunderwater.com, $$$$$)*. Durch die gesamte Länge des Bootes ziehen sich Aussichtsluken aus dickem Glas, die nach unten aufklappen. Das Wasser ist grün, was die Farben der Fische, Korallen und anderen Lebewesen etwas dämpft, aber durch seine Klarheit ist alles gut zu sehen. Wer noch nie in tropischen Gewässern geschnorchelt oder getaucht hat, wird hier eine neue Welt kennenlernen.

STILTSVILLE

Am nördlichen Ende des Biscayne National Parks findet sich eine Gruppe von sieben Häusern, die über dem Wasser zu schweben scheinen. Einst standen hier 27 dieser farbenfrohen Stelzenbauten, die in den letzten Tagen der Prohibition Zufluchtsort für Trinker und Spieler waren. Heute können die Überreste von Stiltsville vom Wasser aus besucht werden, der Zugang zu

---

☐ Wissen

FAMILY FUN FEST
Kinder jeden Alters haben beim Family Fun Fest im Biscayne National Park ihren Spaß. Es findet an jedem zweiten Sonntagnachmittag in den Monaten Dezember bis April beim Dante Fascell Visitor Center statt. Bei jedem Fest steht ein anderer Aspekt des Parks im Mittelpunkt.

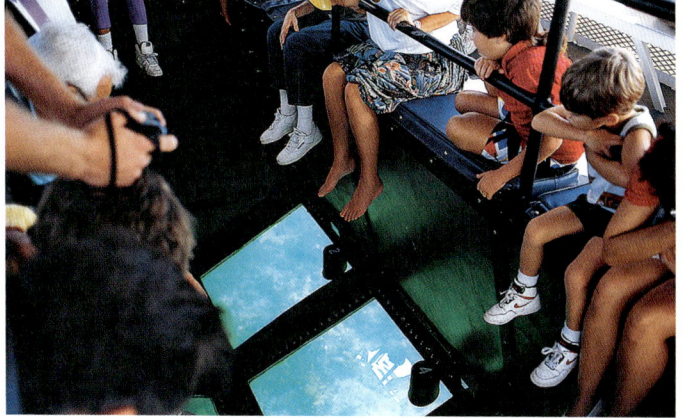

Von Glasbodenbooten aus bestaunen Besucher die ganze Pracht des Biscayne-Nationalparks

den Häusern selbst ist jedoch nur per Genehmigung des Stiltsville Trust möglich, der die historischen Gebäude verwaltet. Während der zweistündigen Biscayne-Bay-Rundfahrt, die täglich mit einem Sechs-Personen-Zodiac *(150 Dollar pro Person, Tel. 305/372-3388, ww.oceanforceadventures.com)* veranstaltet wird, schippert man an diesen ungewöhnlichen Häusern vorbei, die sogar Hurrikan Irma relativ unbeschadet überstanden.

KANUS, KAJAKS UND ANDERE AKTIVITÄTEN

Es gibt keinen Bootsverleih im Park, aber die Ranger bieten geführte Kanu-Touren und Kajak-Trips von Ende November bis April an. Teilnehmer müssen zuvor reservieren *(Tel. 786/335-3612)* – und schwimmen können. Neben Sonnen- und Insektenschutzmitteln sollten auch ausreichende Wasservorräte mitgenommen werden. Wenn der Zeitplan keinen halben Tag auf dem Wasser zulässt, ist es fast ebenso spannend, ein Stündchen an der mangrovengesäumten Küste von **Convoy Point** spazieren zu gehen oder zu picknicken. In dieser Gegend leben scheue Weißkopf-Seeadler und Wanderfalken, und manchmal sind Seekühe zu sehen, die nach Futter suchen. Das Convoy Point Visitor Center informiert über das Ausflugsprogramm, etwa die Bootsfahrt nach **Elliott Key**. Auch Fahrten mit dem Glasbodenboot, Kanufahrten sowie Schnorchel- und Tauchausflüge können dort gebucht werden *(Tel. 786/335-3612)*. ∎

> ☐ **Tipp**
>
> **Bei der Wanderung auf dem zehn Kilometer langen Spite Highway auf Elliott Key erkundet man einen tropischen Hartholz-Wald.**
>
> JANE SUNDERLAND,
> NATIONAL GEOGRAPHIC-AUTORIN

BISCAYNE NATIONAL PARK
🅰 Karte S. 169 D2
✉ 9700 S.W. 328th St., Homestead

☎ 305/230-1144
www.nps.gov/bisc

Der *River of Grass* gilt nicht nur als größte subtropische Wildnis auf dem amerikanischen Festland, sondern ist auch der drittgrößte Nationalpark der Vereinigten Staaten außerhalb Alaskas. Der Park ist als Weltnaturerbe ausgewiesen, ein internationales Biosphärenreservat und ein Feuchtgebiet von internationalem Rang. Wer nicht selbst hier war, kann sich kaum vorstellen, wie einzigartig der Park ist.

Ob man ins Shark Valley westlich von Miami oder zur Südhälfte des Parks und zur Florida Bay fahren will: Für einen Besuch der Everglades sollte man einen langen Tag einplanen. In jedem Fall sind Sonnenschutz (Hut, Brille) und vor allem ein Insektenschutzmittel ein absolutes Muss. Von Dezember bis April ist das Wetter im Park mild und angenehm, aber in den Sommermonaten ist es sehr heiß, die Luftfeuchtigkeit liegt bei 90 Prozent, und nachmittags kommt es häufig zu Gewittern. Am besten trägt man ein lockeres Hemd mit langen Ärmeln und lange Hosen und bringt Wasser und etwas zu essen mit. Im Sommer kann man sich über die Moskitoplage telefonisch informieren *(Tel. 305/242-7700).*

SHARK VALLEY

Der Eingang zum Shark Valley und das Besucherzentrum *(Tel. 305/221-8776)* liegen 40 Kilometer westlich von Miami. Sie sind über die S.W. 8th Street (US 41/Tamiami Trail) am Nordrand des Parks zu erreichen. Hinter

Das Ufer des Parks an der Golfküste ist ein Labyrinth aus Mangroveninseln und Wasserwegen

Erlebnis

DER WILDERNESS WATERWAY

Der 160 Kilometer lange, mangrovengesäumte Wilderness Waterway zwischen Everglades City an der Golfküste und dem Ort Flamingo an der Südspitze des Everglades National Park windet sich durch eines der größten unbewohnten Gebiete im Osten der USA. In etwa acht Tagen kann man diese Wasserstraße mit dem Kanu oder Kajak befahren und unterwegs in *chickees,* erhöhten und überdachten hölzernen Plattformen, übernachten. Am besten unternimmt man die Tour zwischen Mitte Dezember und Mitte April. Transfers können bei den Veranstaltern gebucht werden. In den Kosten sind der Parkeintritt *($$)*, Übernachtungsgebühren *($)*, Bootsverleih und Shuttleservice enthalten (Angebote vergleichen!). Führer, Karten und ein Anbieterverzeichnis sind beim Nationalpark erhältlich. Die **Everglades Association** *(Tel. 305/247-1216, www.evergladesassociation.org)* bietet Karten der Route an.

den Toren liegt das Herz des großen Flusses, der kaum merklich 160 Kilometer vom Lake Okeechobee bis zum Golf von Mexiko fließt.

Eine offene Bahn befährt von hier eine 24 Kilometer lange, zweistündige Strecke *(Tel. 305/221-8455, www.sharkvalleytramtours.com, $$$$$)*. Unterwegs bekommt man zahlreiche Tiere, darunter Alligatoren zu Gesicht. Auf halbem Weg erreicht man einen 20 Meter hohen Aussichtsturm. Man kann auch

Tipp

Shark Valley ist der Teil des Parks, der Miami am nächsten liegt. Er bietet einen Eindruck vom Ökosystem der Everglades – und es gibt hier jede Menge Alligatoren.

MATT PROPERT,
NATIONAL GEOGRAPHIC-FOTOGRAF

Fahrräder mieten und die Strecke in zwei bis drei Stunden abfahren. Bei den Rangern sollte man sich vorab nach Verhaltensregeln für Begegnungen mit Alligatoren erkundigen. Zu sehen sind auch Watvögel und Schildkröten sowie *hammocks,* baumbestandene Inseln, und solche, die nur mit Gestrüpp bewachsen sind, *bayheads* genannt. Als Alternative bietet sich in der Nachbarschaft des Besucherzentrums eine Wanderung auf dem **Bobcat Boardwalk** (0,4 km) und dem **Otter Cave Hammock Trail** (1,6 km) an, die einen Blick auf die Inselchen ermöglichen.

EVERGLADES NATIONAL PARK
🅰 Karte S. 169 B2–C2 u. B1–C1
✉ 40001 Fla. 9336, Homestead
☎ 305/242-7700
💲 $$ pro Fahrzeug am Eingang

Homestead (24 Std. geöffn.) und Shark Valley (tägl. von 8.30–18 Uhr geöffn.); gratis an anderen Eingängen
www.nps.gov/ever

LOWER EVERGLADES

Von Miami aus fährt man auf dem Florida Turnpike (Fla. 821) Richtung Süden bis zur Ausfahrt Florida City. An der ersten Ampel biegt man rechts in den Palm Drive ab und folgt der Beschilderung zum Ernest F. Coe Visitor Center *(Tel. 305/242-7700, www.nps.gov)*. Der Aushang am Royal Palm Visitor Center (ca. 6 km westlich) vermittelt Informationen zu Führungen sowie zu Bootsfahrten ab dem Flamingo Visitor Center an der Florida Bay (61 km südwestlich des Eingangs).

Am **Royal Palm Visitor Center** beginnen zwei kurze Wege: der **Anhinga Nature Trail** (1,2 km) und der **Gumbo Limbo Trail** (0,6 km). Der Anhinga Trail führt zu einem Süßwasser-Schlammloch, an dem viele Tiere zu sehen sind. Der Gumbo Limbo Trail führt an einem Binsensumpf, an Laubwald-Hammocks und an einem Dickicht aus Gumbo-Limbo-Bäumen mit der typischen roten Rinde entlang. Am besten nimmt man an einer Führung teil. Rund elf Kilometer die Straße hinunter liegt der **Pinelands Trail** (0,8 km), der durch Überreste der Kiefernwälder führt, die einst den größten Teil

Weißkopf-Seeadler

Karibische Kiefer

Panther

Gumbo-Limbo-Baum

Rabengeier

Ibis

Schneide-binse

Weißwedel-Hirsch

Waldstorch

Scheckenweihe

Zebrafalter

Apfelschnecke

Panther-lilie

Purpur-huhn

Alligator

Zackengestei

Gelbe Teichrose

Blauer Sonnenbarsch

Forellenbarsch

Flusskrebs

Hornhecht

Südostfloridas bedeckten. Nach weiteren 20 Kilometern steht am **Mahogany Hammock** der größte Mahagonibaum der Vereinigten Staaten. Picknickplätze gibt es am **Paurotis Pond**, **Nine Mile Pond** und am **West Lake**.

In **Flamingo** sollte man sich am Ticketschalter im Hafen in der Nähe des Besucherzentrums für die Bootsfahrt *(www.evergladesnationalparkboat toursflamingo.com, $$$$$)* anmelden. Sie führt mitten in die Wildnis und an wundervolle Orte, die anders nicht zu erreichen sind. ∎

**Flora und Fauna
der Everglades**

Königspalme

Mistelfeige

Rosalöffler

Brauner Pelikan

Tillandsie

Streifenkauz

Mangrove

Silberreiher

Krokodil

...pfelfarn

Mangrovenauster

Grauer Schnapper

Schildkrötengras

Seekuh

Garnele

Karettschildkröte

Der bekannteste Abschnitt des 1928 eröffneten Tamiami Trail (US 41) ist das 170 Kilometer lange Stück zwischen Miami und Naples. Beim Bau der Straße durch die Everglades hatte man ökologische und soziale Folgen nicht bedacht. So behinderte die Straße den nach Süden fließenden großen Fluss und zwang den Miccosukee eine andere Lebensweise auf.

Doch der Tamiami bietet einen perfekten Einblick in die Vielfalt des wilden Florida. Die ersten Kilometer führen am Nordrand des Everglades National Park (siehe S. 172ff) vorbei und bieten die Möglichkeit zum Stopp am **Shark Valley Visitor Center ❶**. Hier lockt eine Fahrt mit der Besucherbahn: Sie führt zu Binsensümpfen und Laubbaum-Hammocks, auf denen Alligatoren in der Sonne liegen.

Einige Kilometer westlich erstreckt sich das **Miccosukee Indian Village ❷** mit seinen 650 Einwohnern, die ihr althergebrachtes Leben mit der Moderne verbinden konnten. In Geschäften wird traditionelles Kunsthandwerk verkauft. Touristen kehren am Meilenstein 25 gern im **Miccosukee Restaurant** *(Tel. 305/480-1924, www.miccosukee.com)* ein, um Katzenwels oder Froschschenkel zu probieren.

Im Westen liegt das **Big Cypress National Preserve ❸** *(Ochopee, Tel. 239/695-2000, www.nps.gov/bicy)*, ungefähr 3000 Quadratkilometer Marschland, Trocken- und Feuchtprärien, Laubwälder, Mangroven, Kiefern und Zypressen. Der Holzwirtschaft zum Trotz ist ein Drittel des Gebiets mit Zypressen bedeckt. Diese ganz andere

Wildnis wird im **Oasis Visitor Center** in einem 15-minütigen Film erklärt. Der **Tree Snail Hammock Nature Trail** stellt die hier lebenden Tiere vor; Ranger-Führungen finden in den Wintermonaten statt.

Den Rundkurs (42 km) und die beiden anderen Strecken befährt man am besten mit Allradfahrzeugen. In der Gegend um Bear Island sind auch Fahrradtouren möglich. Dort laden Picknicktische zum Rasten ein.

VOLLMONDRADELN IN DEN EVERGLADES

Ein besonders schönes Erlebnis ist eine Mondschein-Radtour durch die Everglades. Der Everglades National Park ist rund um die Uhr geöffnet, und bei Vollmond finden sich am Shark Valley viele Radler für eine Fahrt durch die in Mondlicht getauchte Landschaft ein. Vom Shark Valley Visitor Center geht es über die 24 Kilometer lange Route der Tram Road. Wer sich Zeit lässt, kann am Wegesrand verschiedene Tiere erspähen. Nach elf Kilometern bietet sich vom Observation Tower ein Panoramablick auf den Park. Am »Gator Hole« in der Nähe sind meist viele Alligatoren zu sehen, rundum ist die Shark River Slough mit Hartholz-Hammocks gespickt. Von überall erklingt das Konzert der Frösche, Vögel, Insekten und anderer Tiere. Für den Fall, dass Wolken den Mond verdecken, sollte das Fahrrad mit Licht ausgestattet sein. Auch sollte man jede Menge Trinkwasser mitbringen, da es im Park keines gibt, einen Helm tragen und auf keinen Fall Insektenschutz vergessen. Fahrräder werden am Shark Valley nur für die Benutzung am Tage vermietet, also muss man sich eines in Miami (*$$*) ausleihen, zum Beispiel bei **Mack Cycle and Fitness** (*5995 Sunset Dr., Tel. 305/661-8363, www.mackcycleandfitness.com*) oder **Elite Cycling and Fitness** (*13108 S. Dixie Hwy., Tel. 786/242-3733, www.elitecycling.net*).

Das **Fakahatchee Strand State Preserve** ❹ (*Copeland, Tel. 239/695-4593, www.floridastateparks.org/park/fakahatchee-strand*) liegt hinter Ochopee an der Fla. 29 Richtung Norden. Der Plankenpfad dort führt an Zypressen, Königspalmen und Orchideen vorbei. Der Königspalmenwald gilt als größter Nordamerikas, das **Postamt von Ochopee** als das kleinste der USA.

CYPRESS
IONAL
ESERVE
❸

Florida National Scenic Trail

Oasis
Visitor
Center

roe
ion

LOOP ROAD

Tree Snail
Hammock
Nature Trail

Paolita

Miccosukee
Restaurant

❷
Miccosukee
Indian Village

Shark Valley
Visitor Center
❶

TAMIAMI

Tamiami Canal

Tram
Tour

TRAIL

MIAMI

START

EVERGLADES
NATIONAL PARK

△ Siehe auch Karte S. 169
► Miami
🕐 1 Tag oder länger
↔ 170 Kilometer
► Naples

0   20 Kilometer
0   10 Meilen

Fort Lauderdale galt einst als Spielwiese für hemmungslose »Spring Breaker«, Studenten, die hier ihre Collegeferien feierten. Heute ist die Metropole eine familienfreundliche Feriendestination: mit Freizeitspaß am Wasser, niveauvollem Shopping, einem geschäftigen Kreuzfahrthafen und einer wachsenden Zahl an Luxusunterkünften. Die Stadt bietet eine Lebensqualität, die erfreulich frei ist von der Hochnäsigkeit San Franciscos oder der Großspurigkeit New Yorks und eine Leichtigkeit und Schönheit besitzt, die für amerikanische Städte ungewöhnlich ist.

Fort Lauderdale hat ein Netz von Kanälen und Flüssen, das während des Landbooms in den 1920er-Jahren entstand. Wassertaxis fahren umher und können mit einer Tageskarte unbegrenzt genutzt werden *(www.watertaxi.com)*. Von Miami aus fährt man auf der I-95 Richtung Norden bis zur Ausfahrt Broward Boulevard, biegt dann Richtung Atlantik ab und folgt dem

Sonne und Meer locken Tausende Besucher nach Fort Lauderdale

Broward bis zur N.W. First Avenue. Für eine Fahrt durch die Innenstadt bleibt man auf der N.W. First und fährt nach Süden, bis die Avenue links in den Las Olas Boulevard abzweigt. An der Ecke steht das renommierte **NSU Art Museum Fort Lauderdale**. Unter Kunstliebhabern mit einer Vorliebe für die niederländische und belgische Avantgarde gilt die Sammlung des Kunstmuseums als wahre Schatztruhe. Untergebracht ist sie in einem Gebäude des Architekten Edward Larrabee Barnes. Die Sammlung mit amerikanischer und europäischer Kunst des 20. Jahrhunderts umfasst unter anderen Werke von Alexander Calder, Salvador Dalí, Henry Moore, Pablo Picasso und Andy Warhol.

Durch das Zentrum fließt der New River, an dessen Ufern sich das Kunst- und Unterhaltungsviertel mit dem **Broward Center for the Performing Arts** erstreckt. Neben Hotels bietet das Viertel viele Clubs, in denen Jazz, Blues, Rock und Reggae gespielt wird, sowie Cafés für ein nettes Dinner an einem warmen Abend. Nach dem Essen bietet sich ein Verdauungsspaziergang auf dem **Riverwalk** an, einer 2,4 Kilometer langen Promenade am Nord- und Südufer des Flusses.

WEITERE SEHENSWÜRDIGKEITEN

An der Ecke Las Olas und SW 6th Avenue steht das 1901 erbaute **Stranahan House** (*Tel. 954/524-4736, www.stranahanhouse.org*), das älteste Gebäude der Stadt, dessen Einrichtung im Original erhalten ist. Auf Las Olas, zwischen der 6th und 11th Avenue, sind in hübschen Arkaden im spanischen Kolonialstil Designer-Boutiquen, Juweliere und Kunstgalerien zu entdecken. The Isles, am Ende von Las Olas, ist die feinste Adresse von Fort Lauderdale; hier sind die schmalen Inseln mit luxuriösen Villen bebaut.

Das **New River Inn Museum of History** (*231 S.W. 2nd Ave., Tel. 954/463-4431, www.fortlauderdale historicalsociety.org*) ist Browards ältestes erhaltenes Hotelgebäude.

☐ Tipp

Rund 40 Grünmeerkatzen leben zwischen dem Flughafen von Fort Lauderdale und dem Intracoastal Waterway, zu sehen von der Taylor Road.

CHRISTOPHER BOYKIN,
PROJEKTKOORDINATOR, FLORIDA DEPT. OF
ENVIRONMENTAL PROTECTION

Die wundervolle **Broward County Main Library** (*100 S. Andrews Ave., Tel. 954/357-7444, www.broward. org/library*) wurde von Architekt Marcel Breuer entworfen.

Um zum **Strand von Fort Lauderdale** zu kommen, folgt man dem Las Olas Boulevard bis zum Ende und biegt am Wasser nach links oder rechts auf den Atlantic Boulevard ab. Klassisches Strandleben findet man insbesondere in dem Abschnitt zwischen Las Olas und Sunrise Boulevard. Am Strand erhebt sich auch die Winterresidenz des Künstlerpaars Frederic und Evelyn Bartlett: das **Bonnet House Museum & Gardens** (*900 N. Birch Rd., Tel. 954/563-5393, www.bonnethouse.org, Mo geschl., $$$$*), ein stilvolles Anwesen aus der Zeit um 1895.

☐ Erlebnis

EIN TAG MIT BILLIE SWAMP SAFARI

Die Seminolen, die ältesten Bewohner des Binnenlands von Florida, haben ihr umfangreiches Wissen über die Everglades bewahren können und teilen es zum Wohle des Naturschutzes heute mit Besuchern.

Billie Swamp Safari (*30 000 Gator Tail Trail, Clewiston, Tel. 863/983-6101, www. billieswamp.com*), benannt nach einem alten Stammesangehörigen, bietet ein Safari Swamp Day Package (*$$$$$*) mit Propellerbootsfahrt und eine Sumpfbuggy-Ökotour durch die Big Cypress Seminole Indian Reservation, die durch die Everglades und die Sümpfe von anderen Siedlungen völlig abgeschnitten liegt. Am beliebtesten sind die Propellerboote, die riesige Gebiete mit Schneidebinsen und Sumpf-Zypressen befahren. Dabei zeigen sich viele Alligatoren und manchmal Schildkröten und Schlangen. Die 20-minütige Fahrt ist ein Abenteuer für die ganze Familie, und hier und da erzählt der Bootsführer etwas über die Tiere und die Geschichte des Gebiets.

Auf der 45-minütigen Sumpfbuggy-Ökotour fährt man in einem hohen, offenen Fahrzeug über uralte, holprige Pfade durch den Wald und in sumpfigen Gebieten durchs Wasser. Die Teilnehmer werden immer wieder auf Pflanzen und Tiere hingewiesen. Auf halber Strecke hält man bei einem alten Indianerlager. Bei Billie Swamp Safari selbst werden Tiershows geboten, zum Beispiel mit Alligatoren. Im Restaurant kann man sich mit Alligatorschwanzhäppchen und Froschschenkeln stärken – es gibt aber auch Cheeseburger und Hotdogs. Und wer auf der Rückfahrt zum Highway noch ein wenig Zeit hat, kann das **Ah-Tah-Thi-Ki Museum** (*www.ahtahthiki.com*) des Stammes besuchen. Dahinter verläuft ein 1,6 Kilometer langer Plankenweg.

Früher war's wild, heute genießen die Sonnenanbeter »Spring Break« ruhiger und entspannter

Das **International Swimming Hall of Fame Museum** *(1 Hall of Fame Dr., Tel. 954/462-6536, www.ishof.org, $$)*, zu dem zwei 50-Meter-Becken gehören, feiert Erfolge der Schwimmstars Johnny Weissmüller und Esther Williams (»Hollywoods Meerjungfrau«). Im hauseigenen Kino werden deren Filme gezeigt, und das Archiv ist voll mit Trophäen.

Die **Hugh Taylor Birch State Park Recreation Area** gilt als schönstes Naherholungsgebiet abseits des Strandes: insgesamt 73 Hektar Tropenlandschaft, durch die sich ein Naturpfad schlängelt. Hier kann man Volleyball spielen, Yogakurse auf dem Paddleboard buchen oder Kajaks, Jetskis und Segways mieten *(Park and Ocean, Tel. 954/563-2900, parkandocean.com)*. Wer nicht ins **Birch House Museum** gehen möchte, das sich mit der Pionierzeit befasst, spaziert am besten durch den Park, breitet eine Picknickdecke aus und liest *River of Grass* von Marjory Stoneman Douglas. ∎

FORT LAUDERDALE
🅐 Karte S. 169 D3

NSU ART MUSEUM FORT LAUDERDALE
✉ 1 E. Las Olas Blvd.
☎ 954/525-5500
🕐 Mo u. So vormittags geschl.
💲 $$
www.nsuartmuseum.org

BROWARD CENTER FOR THE PERFORMING ARTS
✉ 201 S.W. 5th Ave.
☎ 954/462-0222
www.browardcenter.org

HUGH TAYLOR BIRCH STATE PARK RECREATION AREA
✉ 3109 E. Sunrise Blvd.
☎ 954/564-4521
💲 $
www.floridastateparks.org/ hughtaylorbirch

Upper Keys

❮ Die zauberhaften Riffe vor den Keys sind ein exzellenter Tauchspot

Der reizvolle, 203 Kilometer lange Overseas Highway verbindet über 42 Brücken mehr als 40 bewohnte Inseln, mit dem Golf von Mexiko auf der einen und dem Atlantik auf der anderen Seite. Der Highway führt durch Korallenriffe, Mangrovenwälder, Seegraswiesen und blühende Dschungel-Hammocks. In Florida City beginnt die Fahrt: Grüne Meilenschilder liefern den Countdown von MM 126 bis MM 0 in Key West.

Auch bei Sonnenuntergang wird in den fischreichen Gewässern der Keys gefischt

GESCHICHTE DER KEYS

Einst waren die Keys die Heimat der indigenen Calusa. An einem Sonntag, dem 15. Mai 1513, betraten die Europäer ihre Welt, angeführt von Juan Ponce de León, jenem spanischen Leutnant von Christoph Kolumbus, der nach dem sagenumwobenen Jungbrunnen suchte. Antonio de Herrera, der Chronist der Expedition, notierte: »Dieser Reihe von Inseln und Felsen gaben sie den Namen Los Martires (die Märtyrer).« Offenbar erinnerte die Form der Inseln die Spanier an am Boden liegende, leidende Männer. »Der Name erwies sich als passend«, schrieb Antonio de Her-

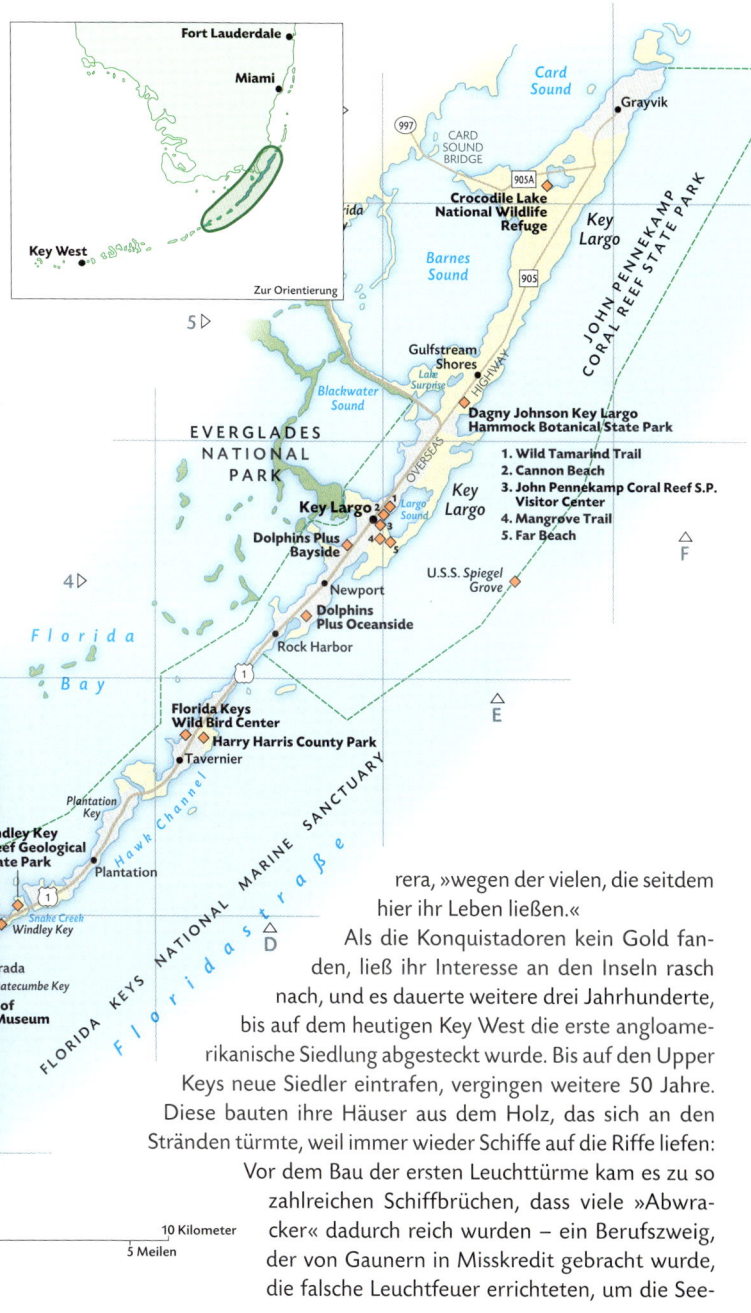

Fort Lauderdale

Miami

Key West

Zur Orientierung

5 ▷

Card
Sound

Grayvik

997

CARD
SOUND
BRIDGE

905A

Crocodile Lake
National Wildlife
Refuge

Key
Largo

Barnes
Sound

905

JOHN PENNEKAMP
CORAL REEF STATE PARK

Gulfstream
Shores

Lake
Surprise

HIGHWAY

Blackwater
Sound

Dagny Johnson Key Largo
Hammock Botanical State Park

EVERGLADES
NATIONAL
PARK

OVERSEAS

Key
Largo

1. Wild Tamarind Trail
2. Cannon Beach
3. John Pennekamp Coral Reef S.P.
   Visitor Center
4. Mangrove Trail
5. Far Beach

Key Largo

Largo
Sound

Dolphins Plus
Bayside

U.S.S. *Spiegel
Grove*

△
F

4 ▷

Newport

Dolphins
Plus Oceanside

Rock Harbor

Florida

Bay

1

△
E

Florida Keys
Wild Bird Center

Harry Harris County Park

Tavernier

Plantation
Key

Hawk Channel

FLORIDA KEYS NATIONAL MARINE SANCTUARY

Florida straße

indley Key
Reef Geological
tate Park

Plantation

1

Snake Creek

Windley Key

orada

Matecumbe Key

y of
Museum

rera, »wegen der vielen, die seitdem
hier ihr Leben ließen.«

Als die Konquistadoren kein Gold fanden, ließ ihr Interesse an den Inseln rasch
nach, und es dauerte weitere drei Jahrhunderte,
bis auf dem heutigen Key West die erste angloamerikanische Siedlung abgesteckt wurde. Bis auf den Upper
Keys neue Siedler eintrafen, vergingen weitere 50 Jahre.
Diese bauten ihre Häuser aus dem Holz, das sich an den
Stränden türmte, weil immer wieder Schiffe auf die Riffe liefen:
Vor dem Bau der ersten Leuchttürme kam es zu so
zahlreichen Schiffbrüchen, dass viele »Abwracker« dadurch reich wurden – ein Berufszweig,
der von Gaunern in Misskredit gebracht wurde,
die falsche Leuchtfeuer errichteten, um die See-

10 Kilometer

5 Meilen

△
D

△
C

leute vom Kurs abzubringen. Die meisten Neuankömmlinge auf den Keys waren Bauern, die dem mageren Boden Zitronen, Melonen, Tomaten und Ananas abrangen und sie Richtung Norden verschifften.

Als Henry Flaglers Eisenbahn 1912 Key West erreichte, war die Freude der Farmer über die neue Direktverbindung zum Festland groß. Jedoch wurden sie durch billigere Produkte aus Mittel- und Südamerika schnell vom Markt verdrängt. Eine Reihe von schweren Hurrikans bescherte der Landwirtschaft in der Region dann endgültig das Aus.

Das 20. Jahrhundert war für die Inselbewohner, die ihren Lebensunterhalt nun mit der Fischerei verdienten, sehr hart. Doch mit staatlicher Hilfe etablierte sich auf den Inseln schließlich nach und nach der Tourismus.

EINE EINZIGARTIGE LANDSCHAFT

Die Upper Keys beginnen mit der Überquerung des Kanals zwischen dem Barnes und Blackwater Sound auf der 68 Meter langen Jewfish Draw Bridge bei MM 106, wo die US 1 zum Overseas Highway wird. In den Upper Keys sollte man auf jeden Fall den Highway verlassen und auf Entdeckungsreise gehen. Fischerboote warten auf Kunden, die Marlin und Del-

---

☐ Erlebnis

SUCHE NACH WILD LEBENDEN SEEKÜHEN

Einer der faszinierendsten Bewohner Floridas ist die Seekuh (Manati). Und wer in der Wildnis ein Exemplar erspäht, kann sich glücklich schätzen. Der Karibik-Manati, ein Pflanzenfresser, der eine halbe Tonne wiegt, grast sowohl in Süß- als auch Salzwasser. Trotz ihrer Leibesfülle bewegen sich die mit Tasthaaren ausgestatteten Säuger mithilfe ihrer Vorderflossen und dem paddelähnlichen Schwanz grazil durchs Wasser. Ausgewachsene Tiere können bis zu drei Meter lang und bis zu 60 Jahre alt werden. Da die vom Aussterben bedrohten Seekühe immer auf Wanderschaft sind, bekommt man sie nur selten zu Gesicht. An bestimmten Stellen versammeln sich die Tiere regelmäßig, in den Wintermonaten besonders in warmen Gewässern wie am Kernkraftwerk Turkey Point in Homestead. In Miami tauchen Seekühe zuweilen in Jachthäfen auf und verschwinden urplötzlich wieder. In Coral Gables sieht man sie manchmal in den Kanälen auf dem Campus der University of Miami.

Man kann in seichten Küstengewässern sowie in Flüssen und Kanälen nach Manatis Ausschau halten. Alle fünf Minuten müssen sie zum Atmen auftauchen. Wenn das Wasser trüb ist, sollte man auf auftretende kleine Wellen und Nasenspitzen achten, die aus der Ferne wie Kokosnüsse aussehen. Größere Chancen, eines dieser Meeressäugetiere frei lebend zu sehen, bieten sich bei einer Manati-Tour. In Key Largo veranstaltet **Captain Sterling's Everglades Eco-Tours** (Tel. 305/394-7422, www.captainsterling.com, $$$$$, Buchung erforderlich) von Anfang Dezember bis Anfang März dreimal täglich Touren. Sie starten am Restaurant Sundowners, MM 104.

Ein kleines Cottage in Tavernier, einem bunten Ort an der Südspitze von Key Largo

finbarsch fangen wollen. Tauchveranstalter brennen darauf, Gästen die Riffe zu zeigen, in denen über 600 Fischarten leben. Angler fangen Grätenfisch, Permit, Tarpun und Stachelmakrele. Verborgen hinter Bäumen und Straßenkitsch liegen die Resorts, einige erstaunlich luxuriös. Die Menschen kommen hierher, um zu verweilen, Strände zu erkunden oder durch das Dickicht aus Meertraube, Jamaika-Hartriegel, Goldblatt und Palmen zu wandern, wo Silberreiher, Mangrovenkuckucke, Rosalöffler und Weißkopftauben leben. Die Möglichkeiten auf den Keys sind unbegrenzt, angefangen mit der längsten Insel: Key Largo oder – auf Spanisch – Cayo Largo. ■

Wissen

WIE DIE KEYS ENTSTANDEN

Vor Urzeiten wuchsen in diesen flachen Gewässern Korallenriffe auf den Kalksteinvorsprüngen. Vor 120 000 bis 100 000 Jahren vergrößerten sich die Eiskappen an den Polen. Der Wasserspiegel sank um bis zu neun Meter, die Korallen lagen frei und starben ab. So entstand eine Inselkette aus Korallenfossilien und Kalkstein. Im Laufe der Jahrtausende lagerten Wellen, Gezeiten und Stürme Seetang, Treibholz und andere organische Stoffe an, die zu Erde kompostierten. Samen wurden angetrieben oder in den Mägen von Zugvögeln mitgebracht. Aus ihnen entstanden die typischen Hammocks, Ebenbilder der Flora der Westindischen Inseln, von denen die meisten Pflanzen stammen.

Allzu leicht übersieht man, was diese 48 Kilometer lange Insel zu bieten hat: Die Tauchshops, Motels, Reklametafeln und Schnellimbisse an der Straße lösen bei vielen den Impuls aus, weiterzufahren. Aber die Insel ist interessanter als der erste Blick vermuten lässt, und die Bewohner machen mit Freundlichkeit wett, was ihren oft bescheidenen Etablissements bisweilen an Raffinesse fehlt.

Wenn man über die US 1 aus den Everglades anreist, entgehen einem vielleicht die Hammocks mit Laubbäumen und die Mangroven im Norden der Insel. Von Miami aus ist es einfacher, nach Osten zu fahren und ab Florida City die Card Sound Road (Fla. 905) zu nehmen. Die Card-Sound-Brücke ist mautpflichtig ($), während die US 1 kostenlos ist, aber die Gebühr lohnt sich für alle, die die Keys als die Wildnis erleben wollen, die sie vor ihrer Besiedelung einmal waren. Card Sound Road und US 1 treffen am Lake Surprise zusammen, wo die Keys wirklich beginnen.

An der Atlantikküste der Insel kann man einen Blick auf das einzige lebende Korallenriff vor dem amerikanischen Festland werfen. Vor Urzeiten sind die Keys aus Riffen wie diesem entstanden. Das Riff ist inzwischen allerdings vernarbt von Kollisionen mit Schiffen, von Ankern und vom Dynamit kommerzieller Korallensammler. Zudem leidet es unter der Verschmutzung des Meeres. Seine Zukunft ist ungewiss, aber noch schützt es die Inseln, die es geschaffen hat, vor den Wellen.

JOHN PENNEKAMP CORAL REEF STATE PARK

Viele bezeichnen dieses überwiegend unter Wasser liegende Schutzgebiet als beste Naturattraktion der Keys. Der 218 Quadratkilometer große Park ist 40 Kilometer lang, reicht fast fünf Kilometer weit in den Atlantik und schützt, zusammen mit dem Florida Keys National Marine Sanctuary, insgesamt 2060 Quadratkilometer Küstengewässer und 950 Hektar tropischen Wald und Mangroven. Mittelpunkt ist ein Korallenriffgarten.

KEY LARGO
🄰 Karte S. 185 D4
Besucherinformation
✉ Key Largo Chamber of Commerce, 106000 Overseas Hwy.
☎ 305/451-1414 oder 800/822-1088
www.keylargochamber.org

JOHN PENNEKAMP CORAL REEF STATE PARK
🄰 Karte S. 185 E4–E5
✉ Parkeingang bei MM 102,5
☎ 800/326-3521 (Information); 305/451-6300 (Reservierungen Schnorcheln & Glasbootfahrten)
🅂 $$ pro Auto, $ pro Person; zusätzliche Gebühren für Camping, Bootsrampen und Ankerplätze
www.pennekamppark.com

Unterwasser-Attraktionen: Wenn es das Wetter zulässt, bietet der Park täglich Glasbodenbootfahrten *(Tel. 305/451-6300, $$$$$)* sowie Schnorchel- *(Tel. 305/451-6300, $$$$$)* und Tauchausflüge *(Tel. 305/451-6322, $$$$$).* Die Bootsfahrten beginnen am Hafen in der Nähe des Besucherzentrums und dauern rund zweieinhalb Stunden, die Schnorchel- und Tauchtouren etwa 90 Minuten.

Die Unterwasserwelt hat viel zu bieten. Sie ist ein magischer Garten, geschmückt mit anmutig wedelnden Schwämmen, Venusfächern, Moostierchen, Muscheln, 27 Arten der anemonenähnlichen Gorgonien, Seeigeln und 55 Korallenarten. Bewacht wird diese Welt von Krebsen, Schnecken, Hummern, Krabben, Würmern, Seesternen, Seegurken, Sanddollars und mehr als 500 Arten bunter Fische.

Mit seinen bunten Korallen und Fischen ist der State Park ein wunderbares Tauchrevier

───── ☐ **Tipp** ─────

Wer im John Pennekamp Coral Reef State Park nicht ins Wasser gehen möchte, sollte sich auf jeden Fall das Salzwasser-Aquarium des Parks anschauen.

MATT PROPERT,
NATIONAL GEOGRAPHIC-FOTOGRAF

Schnorcheln kann man am **Cannon Beach** (hinter dem Besucherzentrum) und in der Region um **Far Beach**, eine felsige, geschützte Bucht am Ende der Zufahrtsstraße von MM 102,5 (Ausrüstung kann gemietet werden). Kanone, Anker und Ballaststeine einer gesunkenen spanischen Galeone 40 Meter vor der Küste sind nur Repliken, auch wenn spanische Galeonen tatsächlich vor dieser Küste oft Schiffbruch erlitten.

Andere Aktivitäten: Das **Salzwasser-Aquarium** des Besucherzentrums ist ein lebendiges Kaleidoskop von Fischen, die zwischen Anemonen, Korallen und Schwämmen umherschwimmen. Mehrere Becken ermöglichen es sogar, die merkwürdig aussehenden Lebewesen anzufassen. Zeit sollte man mitbringen, um wenigstens einen der ständig laufenden Filme anzusehen, denn je mehr man über die Riffe weiß, desto geheimnisvoller werden sie. Verlassen sollte man diese Gegend nicht ohne einen Abstecher über die beiden kurzen Wanderwege durch die örtliche Flora. Der **Wild Tamarind Trail**, der nahe dem Besucherparkplatz beginnt und endet, führt durch einen schönen Laubbaum-Hammock. Der Begriff »Hammock« bezeichnet ein dicht bewaldetes Gebiet mit fruchtbarer Erde, das gewöhnlich etwas erhöht liegt. Abgesehen von den Wanderwegen ist dies das prähistorische Florida: ein Urwald aus knorrigen Gumbo-Limbo-Bäumen, Mahagoni, Mistelfeigen und Dreizackpalmen. Bei Far Beach schlängelt sich der **Mangrove Trail** über einen erhöhten Plankenpfad durch die Salzwasserwälder aus Roten, Schwarzen und Weißen Mangroven. Diese Bäume bilden auf ihren spinnenbeinigen Wurzeln eine nahezu undurchdringliche Barriere zwischen der See und dem Land und sind ein perfekter Lebensraum für Jungfische.
Das Schutzgebiet lässt sich gut mit dem Kanu erforschen. Ein vier Kilometer langer, ruhiger Wasserweg führt durch die Mangrovenwälder. Es werden Kanadier und Seekajaks vermietet. Die Strecke endet beim Far Beach. Den Besuchern stehen 47 Campingplätze zur Verfügung.

CROCODILE LAKE NATIONAL WILDLIFE REFUGE
🗺 Karte S. 185 E6
✉ Eingang zum Schmetterlingsgarten an der Card Sound Rd., 3 km nördl. der Kreuzung von Card Sound Rd. u. Overseas Hwy., bei MM 106, 10750 County Rd. 905
☎ 305/451-4223
www.fws.gov/nationalkeydeer/crocodilelake

Ein Reiher in einem Mangrovenwald im John Pennekamp State Park

CROCODILE LAKE NATIONAL WILDLIFE REFUGE

Wenn es einem der mehreren Tausend Spanier, die an dieser gefährlichen Küste Schiffbruch erlitten, gelungen war, zu überleben, hielt sich die Freude darüber beim Schwimmen zum mangrovengesäumten Ufer von Key Largo

 **Wissen**

PARADIES IN GEFAHR?

Was die Umwelt betrifft, sind die Florida Bay und die Everglades eine untrennbare Einheit: Stirbt ein Teil, ist auch der andere nicht zu retten. Landwirtschaft und Bauboom haben die Fläche und Lebenskraft der Everglades drastisch reduziert, Überdüngung hat sie vergiftet, und der Wasserverbrauch der Siedlungen und Farmen hat Feuchtgebiete austrocknen lassen. Die Folge davon ist, dass das einst kristallklare Wasser der Bucht von Algen getrübt ist. Die Seegras-»Prärien« verwandeln sich in Schlamm, und das Absterben der Schwämme beraubt die jungen Krebse, Fische und Hummer ihrer Nahrung.

vermutlich in Grenzen. Im hellgrünen Schatten lauerten nämlich nicht nur die Calusa, ein Stamm groß gewachsener Indianer, die Schiffbrüchige versklavten, sondern auch zahlreiche gefräßige Krokodile. Die Reptilien sind heute noch da – rund 100 überwintern im Crocodile Lake National Wildlife Refuge an der traumhaft ruhigen Küste im Hinterland der Insel. Das Schutzgebiet ist zwar nicht zugänglich, lohnt aber von der Card Sound Road (Fla. 905) durchaus einen Blick.

In den 1950er-Jahren sollte hier auf dem oberen Key Largo ein neuer Ort entstehen. Die Naturschutzbehörde und der Staat Florida kauften dem bankrotten Bauherrn das Land ab, aber bis heute ist das Sumpfgebiet noch immer unbebaut. Seit Kurzem gibt es an der Fla. 905 einen Schmetterlingsgarten, gegenüber dem Eingang zum Schutzgebiet etwa drei Kilometer nördlich der Kreuzung des Fla. 905 mit dem US 1.

Der Krokodilbestand des 2700 Hektar großen Schutzgebiets gilt als der größte Nordamerikas. Mit einem Fernglas kann man die scheuen Echsen an den Ufern in der Sonne liegen sehen. Das bedrohte Spitzkrokodil kann bis zu 4,5 Meter lang, an die 200 Kilogramm schwer und 60 bis 70 Jahre alt werden. Den Impuls, zum Wasser hinunterzugehen, sollte man unterdrücken: Erstens ist es verboten, zweitens gibt es hier Klapperschlangen, und drittens stört man nistende Seeschwalben.

DAGNY JOHNSON KEY LARGO HAMMOCK BOTANICAL STATE PARK

Einst waren die Upper Keys fast vollständig mit Laubbäumen von den Westindischen Inseln bewachsen und von Mangroven umsäumt. Wo sich dieses perfekte Chaos einst im Passatwind wiegte, kann man heute parken, etwas essen, ein Fischerboot chartern oder ein Motelzimmer buchen.

Im Dagny Johnson Key Largo Hammock Botanical State Park sind mehr als 800 Hektar des ursprünglichen Bewuchses erhalten. Dieses Gebiet, nördlich der US 1 an der Fla. 905 in North Key Largo, verfügt über den größten Bestand an Laubbaum-Hammocks und Mangrovensümpfen in den Keys. Dies ist die urwaldartige Küste, wie sie Juan Ponce de Léon sah, als er im 16. Jahrhundert die erste Karte der Keys anfertigte (siehe S. 184).

Das Gelände lässt sich problemlos allein erforschen. Nummerierte Steine weisen an einem rollstuhltauglichen befestigten Weg auf Interessantes hin. Hier sind 84 geschützte Pflanzen- und Tierarten zu finden; man kann sogar einheimische Früchte probieren. Weitere zehn Kilometer Wildniswege (die nötige kostenlose Genehmigung gibt es im John Pennekamp Coral Reef State Park, siehe S. 188f) ermöglichen noch mehr Erkundungen.

Wie im Crocodile Lake National Wildlife Refuge (siehe S. 191f) sind die Behörden stets bestrebt, angrenzendes Land aufzukaufen, um Eingriffe in

Beim Parasailing genießt man einen einzigartigen Blick auf Key Largo und seine lange Küste

die Natur zu verhindern. Wundern sollte man sich nicht, wenn man urplötzlich vor einer Bauruine steht.

DOLPHINS PLUS

Auf Key Largo kann man alles über Delfine erfahren, die zu den intelligentesten und den verspieltesten Säugetieren gehören. In Dolphins Plus Bayside und der nahen Filiale Dolphins Plus Oceanside hat man die Möglichkeit, mit Delfinen zu schwimmen und sie auf Ausflügen zu beobachten.

Dolphins Plus Bayside: Das Zentrum liegt auf einer rund zwei Hektar großen natürlichen Lagune und bietet eine große Auswahl an interessanten Programmen. Jeder Besuch beginnt mit einer Lektion über die Geschichte

DAGNY JOHNSON KEY LARGO HAMMOCK BOTANICAL STATE PARK
🗺 Karte S. 185 E5
☎ 305/451-1202
💲 $
www.floridastateparks.org/ keylargohammock

DOLPHINS PLUS BAYSIDE
✉ MM 101,9
☎ 305/451-4060
💲 $$$$$ fürs Schwimmen, $$ fürs Zuschauen
www.dolphinsplus.com

DOLPHINS PLUS OCEANSIDE
✉ 31 Corrine Pl. (gleich südl. des MM 100)
☎ 305/451-1993
💲 $$$$$ fürs Schwimmen
www.dolphinsplus.com

der Delfine (und Seelöwen, die auch hier zu Hause sind). Experten geben Auskunft über Anatomie und Sozialverhalten von Delfinen in freier Wildbahn – sie leben in sogenannten Schulen – und wie sie mit Menschen kommunizieren. Die Bedrohungen für Delfine durch Umweltverschmutzung wird Besuchern hier ebenfalls vor Augen geführt. Und natürlich gibt es eine sorgfältige Einweisung, wie man sich beim Schwimmen mit Delfinen verhalten soll. Die meisten Besucher kommen, um hier den munteren und neugierigen atlantischen Tümmlern zu begegnen, sie zu streicheln oder sich von ihnen, an die Rückenflosse geklammert, durchs Wasser ziehen zu lassen. Es werden auch Kajaktouren und Tauchgänge angeboten.

Dolphins Plus Oceanside: Das zweite Zentrum von Dolphins Plus liegt an einem Kanal unweit des Ozeans. Man steigt mit Maske, Schwimmflossen und Schnorchel ins Wasser, hat aber keinen direkten Kontakt zu Delfinen.

TAVERNIER

Der Ort an der Südspitze von Key Largo ist angeblich nach einer Insel in der Nähe benannt, der die Spanier den Namen *cayo tabona*, »Pferdefliegeninsel«, gaben. Tavernier ist ein gemütliches, buntes Städtchen mit vielen Übernachtungsmöglichkeiten und Restaurants und damit ein idealer Ausgangspunkt für Ausflüge. Im 18. Jahrhundert war die Insel die Basis von Schatzsuchern, die in den Riffen nach Beute von gestrandeten Schiffen stö-

---

◻ **Wissen**

VÖGEL DER KEYS

Der auf Haiti geborene amerikanische Ornithologe und Künstler John James Audubon (1785–1851) staunte über die Vielfalt der Vögel in den Keys. Im Frühjahr und Herbst kommen Millionen Zugvögel wie Seeschwalben zum Nisten hierher und gesellen sich zu den ständigen Bewohnern, zu denen unter anderem Reiher gehören. Zudem sind hier Weißkopf-Seeadler, Fischadler, Streifenkäuze, Braunpelikane und Helmspechte zu Hause. Kein Vogel aber tanzt so kunstvoll im Wind wie der Schwalbenweih.

Zum Schutz der Artenvielfalt sollten Angelhaken oder -schnüre niemals in der Wildnis zurückgelassen werden. Verfängt sich ein Haken in einem Baum, sollte man auf jeden Fall versuchen, ihn zurückzuholen. Beköderte Haken oder Schnüre sollten niemals im Wasser entsorgt werden. Falls ein Haken einen Vogel trifft, sollte man diesen nicht wegfliegen lassen, ohne vorher die Schnur abzuschneiden. Hat ein Vogel einen Haken geschluckt oder sich in einer Schnur verheddert, bringt man ihn am besten unverzüglich ins Florida Keys Wild Bird Rehabilitation Center (oder anrufen, damit der Vogel abgeholt wird; *Tel. 305/852-4486*). Auch Fischabfälle sollten nicht ins Wasser geworfen werden!

□ Erlebnis

SCHWIMMEN MIT DELFINEN

Das Schwimmen mit Delfinen ist ein unvergessliches Erlebnis. Sie nähern sich Menschen friedlich, lassen sich die gummiartige Haut streicheln und quieken, um ihre Bereitschaft zum Spielen zu zeigen. Manchmal fragt man sich sogar, ob sie mit ihren langen Schnäbeln lächeln. Und häufig schießen die Tiere urplötzlich aus dem Wasser in die Höhe, um ein paar Sekunden lang auf dem Schwanz zu »spazieren«.

In den Keys gibt es mehrere Zentren für das Schwimmen mit Großen Tümmlern. Das Angebot variiert, aber zumeist wird »strukturiertes« Schwimmen angeboten: ein 30- bis 45-minütiger Vortrag über Delfine und das Schwimmen mit ihnen, gefolgt vom 20- bis 30-minütigen Aufenthalt im Wasser unter der Aufsicht von Trainern. Manchmal wird auch »natürliches« Schwimmen angeboten (kein Kontakt mit den Delfinen, es sei denn, sie suchen ihn) oder Seichtwasser-Begegnungen. Kinder unter sieben Jahren dürfen für gewöhnlich nicht mit Delfinen schwimmen, einige Veranstalter bieten auch Begegnungen von Piers aus an. »Strukturiertes« Schwimmen kostet rund 190, »natürliches« rund 140 Dollar.

Dolphin Connection (61 Hawks Cay Blvd., Duck Key, Tel. 305/289-0136, www.dolphinconnection.com) Im Hawk's Cay Resort. Angeleitete Delfinbegegnungen, darunter Schwimmen in einer Salzwasserlagune.

Dolphins Plus Bayside (P.O. Box 870, Key Largo, FL 33037, Tel. 305/451-4060, www.dolphinsplus.com). Siehe auch S. 193.

Dolphins Plus Oceanside (31 Corrine Pl., Key Largo, Tel. 305/451-1993, www.dolphinsplus.com). Siehe auch S. 194.

Dolphin Research Center (58901 Overseas Hwy., Marathon, Tel. 305/289-0002, www.dolphins.org). Siehe auch S. 212.

Theater of the Sea (84721 Overseas Hwy., Islamorada, Tel. 305/664-2431, www.theaterofthesea.de). Siehe auch S. 198.

berten. In den 1860er-Jahren kamen Siedler von den Bahamas und machten Tavernier zum Bauern- und Fischerdorf. Die Ankunft von Flaglers Eisenbahn förderte die Nachfrage nach Ananas, Kokosnüssen und anderen Früchten, die hier wuchsen. In der Nähe der Bahnschienen steht ein restauriertes Packhaus, von dem aus man einst die Früchte verschickte. Stolz ist Tavernier auf sein »historisches Viertel«, in dem noch Holzhäuser aus

HARRY HARRIS COUNTY PARK
⛰ Karte S. 185 D3
✉ 50 E. Beach
☎ 305/852-7161

FLORIDA KEYS WILD BIRD REHABILITATION CENTER
⛰ Karte S. 185 D3
✉ 93600 Overseas Hwy., Tavernier
☎ 305/852-4486
⑤ Spende
www.keepthemflying.org

dem frühen 20. Jahrhundert stehen – neben massiven Bauten, die auch Hurrikans widerstehen. Diese Stahlbetonbunker mit massiven Wänden baute das Rote Kreuz nach dem verheerenden Hurrikan des Jahres 1935, bei dem Hunderte von Menschen ertranken (siehe S. 201). Diese Bauten machen eines klar: Kein Bewohner der Keys möchte stets vor Augen haben, was ein Hurrikan, der bis zu sechs Meter hohe Flutwellen mit sich bringen könnte, einer Inselgruppe antut, deren höchster Punkt gerade einmal knapp über fünf Meter über dem Meeresspiegel liegt. Im September 2017 hat Hurrikan Irma bewiesen, welch zerstörerische Kraft ein Tropensturm mit sich bringt.

Harry Harris County Park: Taverniers Stadtpark, der Harry Harris County Park auf der Atlantikseite bei MM 92,5, erinnert an den Politiker und Unternehmer Harry Harris. Um zum Park zu gelangen, folgt man dem Burton Drive Richtung Strand. Der ausgeschilderte Weg führt zu einer Lagune mit künstlichem Strand und Bootsrampe. Nach den Schäden, die der Hurrikan Irma dort angerichtet hat, ist der Park auf unbestimmte Zeit geschlossen.

Florida Keys Wild Bird Rehabilitation Center: Etwa 800 Meter nördlich der Abzweigung zum Harry Harris County Park befindet sich das Florida Keys Wild Bird Rehabilitation Center, das von der Zoologin Laura Quinn gegründet wurde. Um verwundete und verwaiste Vögel zu retten und sie später auszuwildern, arbeitet das Zentrum mit Tierkliniken zusammen. Zu Verletzungen kommt es durch Unfälle mit Autos, Stromleitungen und Fensterscheiben. Vor allem Pelikane verfangen sich oft in Angelschnüren oder verschlucken Angelhaken.
Andere geraten in Netze und brechen sich die Flügel. Vögel, die nicht völlig geheilt werden können, werden in dem Mangrovensumpf an der Bucht gehalten; hier kann man Reiher, Kormorane, Pelikane, Breitschwingenbussarde, Seeschwalben und Fischadler sehen. Durch den Laubwald-Hammock am Zentrum führt ein kurzer Wanderweg. ∎

☐ Erlebnis

BEGEGNUNG MIT PELIKANEN

Im Laura Quinn Sanctuary des **Florida Keys Wild Bird Rehabilitation Center** (mehr auf dieser Seite) kann man mit Vögeln auf Tuchfühlung gehen. Die meisten verletzten Tiere erholen sich in Gehegen, doch es gibt auch frei lebende Pelikane, Ibisse und Reiher. Wilde Vögel zu füttern gehört nicht zum offiziellen Fütterungsplan, aber die Angestellten des Schutzgebiets drücken ein Auge zu: Wer zur Fütterungszeit hier ist, kann fragen, ob er die wilden Vögel mit bereitgestellten Heringen und Stinten füttern darf.

PLANTATION KEY

Fährt man weiter Richtung Süden, dann erreicht man das winzige Plantation Key. Auf den Bananen- und Ananasplantagen schufteten zwischen den 1880er-Jahren und dem Ersten Weltkrieg Arbeiter von den Bahamas.

Der Jachthafen von Plantation Key mit angeschlossenem Sportzentrum

Von den Plantagen ist heute nichts mehr zu sehen – die Insel ist erschlossen –, und auch die Calusa sind nicht mehr da, die hier und auf dem benachbarten Windley Key vor 4000 Jahren lebten. Ihre Lebensweise studieren Archäologen anhand der Abfallhaufen, die sie hinterlassen haben. Direkt vor der Küste liegt ein Riffkomplex voller bunter Lebewesen. Die schönsten Formationen sind **Inner** und **Outer Conch**, **Davis Reef** und **Crocker Wall**: Plateaus, Steilhänge und aufgetürmte Korallen, zwischen denen Korridore aus weißem Sand verlaufen. ■

PLANTATION KEY  Karte S. 185 C3

▢ Wissen

ECHTE LIMETTEN

Bei der Echten Limette *(key lime)* handelt es sich um eine spezielle Limettenart. Sie ist klein und rund – ein bisschen kleiner als ein Golfball – und das ganze Jahr über erhältlich. Ihre dünne, gefleckte, gelbgrüne Schale enthält ein saftiges Fruchtfleisch, das viel Vitamin C besitzt und süß-säuerlich schmeckt. Gern wird sie zu der köstlichen Key Lime Pie verarbeitet.

Weiter Richtung Süden liegt Windley Key – ursprünglich zwei benachbarte Inseln, die für den Bau der Eisenbahn Anfang des 20. Jahrhunderts miteinander verbunden wurden. Durch den Bodenaushub entstanden Gruben, wo der 125 000 Jahre alte Korallenkalkstein sichtbar wird.

Eine Trainerin mit ihrem Schützling im Theater of the Sea

Kurz hinter der Brücke sind diese Löcher auf der Buchtseite zu sehen. Sie gehören zum **Windley Key Fossil Reef Geological State Park** (*Di–Mi geschl.*) bei MM 85,5. Hier wurde einst fossilienreicher Kalkstein für Fassaden abgebaut. Fünf Wanderwege führen zu Steinbrüchen, in denen sich der Schichtaufbau des Riffs gut zeigt. Wer die Steinbrüche erforschen will, kauft im Besucherzentrum ein Ticket (*Tel. 305/664-2540, $*). Hier gibt es auch eine Broschüre zu den Wegen, die speziell für Fossilienfans lohnend sind. In der Nähe liegt ein ähnlicher Steinbruch, der 1907 von Eisenbahnarbeitern gegraben und 1946 mit Seewasser gefüllt wurde, um so einen der ersten Meeresparks der Welt zu schaffen. Bei den täglichen Vorstellungen im **Theater of the Sea** sind dressierte Seelöwen und Delfine zu bewundern – für Kinder wunderbar! Hier kann man auch eine halbe Stunde mit Delfinen, Seelöwen oder Rochen schwimmen (nur mit Vorausbuchung). Weitere Attraktionen sind die Fütterung der Haie und ein großes Aquarium mit einem lebendigen Riff. ■

□ **Tipp**

Auf den Keys sind viele Gebäude mit zermahlenem Key-Largo-Kalkstein verziert. Ein gutes Beispiel dafür ist das Besucherzentrum des Parks.

GERRY POWERS,
STELLVERTRETENDER PARKMANAGER,
WINDLEY KEY FOSSIL REEF GEOLOGICAL STATE PARK

WINDLEY KEY
🅰 Karte S. 185 C2
Besucherzentrum
✉ Key Largo Chamber of Commerce, 106000 Overseas Hwy.
☎ 305/451-1414
www.keylargochamber.org

THEATER OF THE SEA
🅰 Karte S. 185 C2
✉ 84721 Overseas Hwy.
☎ 305/664-2431
💲 $$$$$ für Shows, $$$$$ fürs Schwimmen
www.theaterofthesea.com

Einst war der acht Kilometer lange Upper Matecumbe Key, der sich von MM 84 bis MM 79 erstreckt, der bedeutendste Ananasproduzent Amerikas. Auch Limetten wurden hier in früherer Zeit angebaut. Doch die Konkurrenz aus Kuba und der verheerende Hurrikan des Jahres 1935 machten der Landwirtschaft den Garaus. Upper Matecumbe lebt dafür heute recht gut vom Tourismus.

ISLAMORADA

Angeblich gibt es im Städtchen **Islamorada** (sprich: Ailamorada) mehr Fischerboote pro Quadratkilometer als irgendwo sonst auf der Welt, und man rühmt sich, die Hauptstadt der Sportangler zu sein. Viele Jahre haben US-Präsidenten und berühmte Sportler hier unter großem Medienrummel ihr Glück versucht. Das sieht man Islamorada an: Es ist von Jachthäfen und Fischerbooten umgeben, und die Hauptstraße mit den Angelausrüstern, Ködergeschäften, Cafés und den skurrilen Läden trägt ihren Teil dazu bei. Es heißt, dass den spanischen Eroberern die purpurne Farbe der Küste auffiel – ein Phänomen, das durch die lavendelfarbenen Häuser der Floßschnecken verursacht wurde – und dass sie deshalb den Namen *islas moradas* (»pur-

Sportfischer angeln in den seichten Wassern vor Islamorada Grätenfische und Stachelmakrelen

Ob wohl ein Fisch abfällt? An Robbie's Marina in Islamorada tummeln sich die Pelikane.

purne Inseln«) auf ihre Karten schrieben. Einheimische Historiker haben da ihre Zweifel. Wie auch immer – ein hübscher Name ist es auf jeden Fall.

Bei MM 83 widmet sich das **Florida Keys History of Diving Museum** (*82990 Overseas Hwy., Tel. 305/664-9737, www.divingmuseum.com, $$$*) unter anderem mit der weltweit größten Sammlung von Taucherhelmen und vielen alten Taucheranzügen der Geschichte des Unterwassersports nicht nur auf den Keys, sondern der ganzen Welt.

Halten Sie nahe MM 82 Ausschau nach dem **roten Eisenbahnwaggon**, in dem die Islamorada Chamber of Commerce früher untergebracht war. An dieser Stelle befanden sich bis zum verheerenden Labor-Day-Hurrikan von 1935 (siehe S. 201) das Depot der Florida East Coast Railway und das Lager der Bahnarbeiter. Auf dem **Pioneer Cemetery**, heute auf dem Gelände der nahen Cheeca Lodge, fanden viele der frühen Siedler ihre letzte Ruhestätte. Auch wenn man auf dem Weg nach Key West nur auf der Durchreise ist, sollte man, sofern man etwas Zeit mitbringt, im **Islamorada Library Beach**

UPPER MATECUMBE KEY
🔺 Karte S. 184 C2
Besucherinformation
✉ Islamorada Chamber of Commerce,

83224 Overseas Hwy., Islamorada
☎ 305/664-4503 oder 800/322-5397
www.islamoradachamber.com

Park bei MM 81,5 auf der Buchtseite, hinter der Bücherei, eine Rast einlegen. Hier ist das Wasser sauber, doch die leichte Strömung für Kinder nicht ganz ungefährlich. Öffentliche Toiletten, Picknicktische und Rasenflächen laden an dieser Strandoase zum Entspannen ein.

Florida Keys Memorial: Gegenüber der Bücherei steht bei MM 81,6 ein Denkmal aus hellem Korallenkalkstein. Es erinnert an den Labor-Day-Hurrikan der Kategorie 5 von 1935: den schlimmsten, der die Keys je getroffen hat. Am Montag, dem 2. September, knickten auf Key West die Sturmwarnfahnen um, die Bewohner vernagelten ihre Fenster, und um Mitternacht prasselte der Regen auf die Blechdächer. Überlandleitungen rissen, Bäume stürzten um, und Palmwedel sausten durch den Ort, aber die volle Wucht des Sturms verschonte die Insel, denn er drehte Richtung Norden ab und traf die Upper und Lower Islamorada Keys, wo über 400 Menschen ertranken – überwiegend Bahnarbeiter in einem Zug, der sie in Sicherheit bringen sollte. Windböen mit mehr als 300 Stundenkilometern und eine sechs Meter hohe Flutwelle brachten den Zug zum Entgleisen. Das Denkmal markiert das Grab der 423 Todesopfer. Der auf Key West lebende Ernest Hemingway charterte ein Boot, um den Überlebenden Proviant zu bringen. Später schrieb er, es gäbe in dieser Gegend keinen Herbst, »nur einen überaus gefährlichen Sommer«. ■

☐ Erlebnis

STAND UP PADDLING

Wer die Keys erkunden möchte, kann dabei auf ein uraltes Fortbewegungsmittel zurückgreifen, das heute wieder voll im Trend liegt: das Stand-up-Paddleboard. In den letzten Jahren erfreute sich dieses Sportgerät in den ruhigen Gewässern vor der Ostküste Südfloridas wachsender Beliebtheit: vom Oleta River State Park in North Miami bis nach Key Biscayne sowie überall in den Keys. Beim Stand-up-Paddeln steht man aufrecht auf dem Brett und steuert mit einem langen Paddel – die perfekte Position, um die Unterwasserwelt zu beobachten. Die Gefahr, ins Wasser zu fallen, ist gering, da die Bretter auf Stabilität ausgelegt sind. Guides führen Interessierte im Rahmen von Touren hinein in die Mangrovenwälder und über Seegraswiesen, wo sich manchmal Meeresschildkröten und Quallen zeigen. Wer Glück hat, bekommt Seekühe, junge Haie und in der Ferne Delfine zu Gesicht. Zum Teil führen die Touren vorbei an exklusiven Villen und luxuriösen Jachten.
Ein Anbieter in den Upper Keys ist **Florida Bay Outfitters** *(104050 Overseas Hwy., Key Largo, Tel. 305/451-3018, www.paddlefloridakeys.com)*. **Auf dem Programm stehen unter anderem dreistündige geführte Erkundungsfahrten durch die Bucht** *(60 $)*. Man kann aber auch ein Brett mieten *($$/Std.)* und auf eigene Faust losziehen.

Es ist immer noch möglich, einen Eindruck davon zu gewinnen, wie die Upper Keys aussahen, bevor Landwirtschaft und Industrie sie zähmten. Im Jahr 1970 kauften Naturschützer und der Staat Florida den 113 Hektar großen Lignumvitae Key und den Shell Key auf der Buchtseite der Matecumbes südlich von Islamorada sowie den geschichtsträchtigen Indian Key auf der Atlantikseite.

EIN GARTEN EDEN

Die gesamte Insel steht als Lignumvitae Key Botanical State Park unter Naturschutz. Sie liegt 1,6 Kilometer außerhalb des Korallenrückgrats der Keys in einem Gürtel aus Flachwassermangroven und ist nur durch Zufall so unberührt geblieben. Zu Beginn des 20. Jahrhunderts erwarb sie W. J. Matheson (siehe S. 159) aus Miami, der sich hier ein Haus aus Korallengestein baute, den Rest der Insel aber nicht veränderte. Eine Windmühle produzierte Strom, und das Regenwasser vom Dach wurde in einem Tank aufgefangen. Aus diesem Grund gibt es in den Wäldern von Lignumvitae noch immer so viele der blau blühenden Guajakbäume, denen die Insel ihren Namen verdankt. Der lateinische Name bedeutet »Holz des Lebens«. Die Bäume blühen am Ende des Frühjahrs und bringen dann kleine, herzförmige Beeren hervor.

Auf der Insel wachsen Mahagoni- und Pfefferbäume, Mistelfeigen und Gumbo-Limbo-Bäume sowie 120 weitere Pflanzen. Hier ist es idyllisch, aber keinesfalls still, denn die Isolation der Insel (und das strenge Management) macht sie zu einem wahren Vogelparadies, in dem man seltene Arten wie Weißkopftauben, Fischadler, Ohrenscharben und Silberreiher antrifft.

Die Frucht eines Guajakbaums – eine der vielen Pflanzen Floridas, die ursprünglich aus der Karibik stammen

ERKUNDUNG DES PARKS

Dieses Paradies ist zwar nur mit dem Boot zu erreichen, aber wer

TARPUNE FÜTTERN

Bei Robbie's Marina tummeln sich große Tarpune, von denen einige über 45 Kilogramm wiegen. Wer die Fische mit ihrem riesigen Schlund aus der Nähe sehen möchte, hält einen kleinen Fisch als Köder ($) übers Wasser. Dann wird ein »Silver King« emporschnellen, um ihn sich zu schnappen. Nicht vergessen: Köder loslassen! Wer Fische ins Wasser wirft, kann den tumultartigen Kampf ums Fressen zwischen Tarpunen und Pelikanen beobachten. Die Fütterungen beginnen täglich um 8 Uhr.

zwei Stunden Zeit erübrigen kann, für den ist dieser Ausflug ein Muss: Nach der Rückkehr wird man die Natur der Keys besser kennen.

Die Ausflugsboote starten von **Robbie's Marina** bei MM 77,5 in Islamorada. Vom Indian Key Fill bei MM 79,5 kann man Kanutouren unternehmen. Da jeweils nur 50 Personen auf die Insel gelassen werden, muss die Fahrt im Voraus gebucht werden. Das Ökosystem der Insel ist so empfindlich, dass es niemandem gestattet ist, hier auf eigene Faust umherzustreifen. Das Schwimmen im Umkreis von 30 Metern um die Insel ist verboten. Alle Besucher sind verpflichtet, an den eineinhalbstündigen Führungen ($) teilzunehmen, die von Freitag bis Sonntag zweimal täglich stattfinden – unbedingt vorher reservieren.

Wer mit dem eigenen Boot kommt, muss sich vorher bei den Rangern anmelden, einen Platz in der Führung buchen und sich von der Anlegestelle abholen lassen. Leider gestaltet sich der Zugang für Menschen mit Behinderung schwierig. Neben guten Wanderschuhen ist Insektenschutz unerlässlich, als subtropisches Ökosystem ist Lignumvitae ein Paradies für Moskitos. ■

☐ **Tipp**

Lignum vitae ist ein extrem dichtes Hartholz, das nicht auf dem Wasser schwimmt und über eine wächserne, leicht schmierige Oberfläche verfügt.

STANLEY SPIELMAN,
EHEMALIGER PRÄSIDENT DER SOUTHERN-FLORIDA-SPARTE DES EXPLORERS CLUB

LIGNUMVITAE KEY BOTANICAL STATE PARK
🗺 Karte S. 184 B2
✉ MM 78,5
☎ 305/664-2540 oder 305/664-9814
🕐 Führungen Fr–So 10 u. 14 Uhr
💲 $
www.floridastateparks.org/lignumvitaekey

ROBBIE'S MARINA
🗺 Karte S. 184 B2
✉ MM 77,5
☎ 305/664-8070 oder 877/664-8498. Die Tourboote fahren eine halbe Stunde vor Beginn der Führungen ab; Buchung erforderlich
www.robbies.com

Südöstlich von Lower Matecumbe Key liegt der fünf Hektar große Indian Key, benannt nach den Calusa, die einst hier lebten. Im 19. Jahrhundert wurden sie von Schildkrötenjägern und Fischern von den Bahamas abgelöst, bis der New Yorker John Jacob Housman 1831 die Insel erwarb und zum Sitz seiner Bergungsfirma machte. Die Insel lag günstig: Auf dem nahen Matecumbe gab es Süßwasser, und von den Riffen war bekannt, dass sie oft Schiffe aufrissen.

Der Indian Key wurde im Zweiten Seminolenkrieg 1840 von Indianern überfallen

INDIAN KEY HISTORIC STATE PARK

Housman machte die felsige Insel zu seinem Firmensitz und errichtete einen Laden, ein Hotel und eine Reihe von Häusern. Am Strand reihten sich bald Lagerhäuser, und Kais streckten sich den für die Schiffe gefährlichen Riffen entgegen wie gierige Finger. Eine Zeit lang machte Housman gute Geschäfte, doch 1838 musste er die Insel an den Arzt Henry Perrine verkaufen, einen begeisterten Hobbybotaniker. Perrine befasste sich mit der Zucht tropischer Nutzpflanzen und experimentierte mit Pflanzungen, bis 1840 rund 100 Indianer sein Dorf überfielen, die Lager plünderten und Häuser in Brand steckten. Perrine wurde getötet, doch seine Familie überlebte.
Mit einer solchen Vergangenheit ist es kein Wunder, dass Indian Key seit Anfang des 20. Jahrhunderts unbewohnt ist. Die Überreste von Housmans Dorf sind noch zu sehen. Es gibt einen Beobachtungsturm, aber viel mehr scheint die Insel nicht zu bieten. Warum sollte man dorthin fahren? Um eine Zeitreise zu unternehmen! Auf Indian Key blieb die voreuropäische Wildnis erhalten, und eine Bootsfahrt auf die Insel bringt einen zurück in die Welt der Calusa. Ein Wanderweg führt zu den Ruinen des Dorfs, die aus der Vegetation herausragen. Motorboote können am restaurierten Anleger andocken. Man kann aber auch an einer Tour ab Robbie's Marina (siehe

▢ Wissen

HURRIKANS

Über dem Atlantik bilden sich durchschnittlich neun tropische Stürme pro Jahr, von denen sich sechs zu Hurrikans entwickeln, zwei davon zu schweren. Floridas Hurrikansaison beginnt Anfang Juni und endet Ende November. Die Stürme bilden sich gewöhnlich vor der Küste Afrikas, und sobald sie nach Westen ziehen, werden sie vom Nationalen Hurrikanzentrum in Miami beobachtet. Sind die Keys bedroht, werden schon Tage im Voraus Warnungen ausgegeben, und wenn eine Evakuierung nötig ist, haben Besucher Priorität und dürfen als Erste abreisen.

S. 203) teilnehmen oder bei einem der Anbieter am Overseas Highway ein Kajak oder einen Kanadier mieten. In den Sumpfgras-Gewässern bietet sich die Chance, Seekühe, Delfine, Haie und Rochen zu entdecken. In Ufernähe halten sich Reiher und andere Watvögel sowie Fregattvögel und Weißkopf-Seeadler auf. Indian Key wird vom Lignumvitae Key Botanical State Park (siehe S. 202f) verwaltet, wo man auch Infos erhält. Auf der Insel benutzt man für den Rundgang am besten die in der kostenlosen Broschüre enthaltene Karte. Übrigens gibt es hier weder Toiletten noch Picknickplätze.

SAN PEDRO UNDERWATER ARCHAEOLOGICAL PRESERVE STATE PARK

In den 1960er-Jahren fanden Taucher im Hawk Channel, 1,6 Kilometer südlich von Indian Key, in etwa fünf Metern Tiefe Ballaststeine und Geschütze des holländischen Handelsschiffs »San Pedro«. Das 260-Tonnen-Schiff war, ebenso wie 20 Schiffe der spanischen Schatzflotte 1733, bei einem Hurrikan vor der Küste gesunken. Sporttaucher haben hier Gelegenheit, ein Wrack zu erforschen. Die Originalgeschütze der »San Pedro«, ihre Planken und ein Anker wurden durch Repliken ersetzt, aber Taucher finden hier noch immer Münzen aus dem 18. Jahrhundert. Weitere Informationen gibt es bei der Verwaltung des Lignumvitae Key Botanical State Park (siehe S. 202f). ∎

INDIAN KEY HISTORIC STATE PARK
🅰 Karte S. 184 B2
☎ 305/664-2540
🕐 8 Uhr bis Sonnenuntergang geöffnet. Führungen bitte buchen unter *Tel. 305/395-9889, www.bradbertelli.com ($$$)*
💲 $ (Eintritt Park)
www.floridastateparks.org/indiankey

SAN PEDRO UNDERWATER ARCHAEOLOGICAL PRESERVE STATE PARK
🅰 Karte S. 184 B2
☎ 305/664-2540
www.floridastateparks.org/sanpedro

ANGELN AUF DEN KEYS

Südflorida ist ein Paradies für Angler. Mit eindrucksvollem Equipment werden hier Goldmakrelen, Doraden, Fächerfische, Wahoos und Marline aus den tiefen Gewässern des Golfstroms gefischt. Die Keys sind aber auch eines der besten Gebiete zum Fliegenfischen im Flachwasser, in dem Experten Weltrekorde aufstellen. Viele von ihnen sind professionelle Fischführer, die so viel über ihre Kunst wissen, dass sie Bücher darüber schreiben.

Die meisten Angelabenteuer spielen sich in den seichteren Gewässern der Upper Keys ab. Inmitten der Mangrovenwälder unbewohnter Inseln liegen schimmernde Becken, die mit sanft wogendem Seegras überwuchert sind. Hochsee-Action ist hier nicht gefragt, sondern geschickter Umgang mit der empfindlichen Ausrüstung sowie Ruhe und Geduld. Sofern man mit dieser Art des Fischens nicht vertraut ist und keine eigene Ausrüstung und kein Boot besitzt, sollte man sich einem lizenzierten Führer anvertrauen, schon allein, um sich nicht zu verirren.

Die Hinterland-Fischerboote (Skiffs) sind im Grunde nur Angelplattformen von fünf bis sieben Metern Länge, mit einem flachen Boden, damit sie im seichten Wasser fahren können. Ein guter Führer kennt die beste Tageszeit für eine bestimmte Fischart und wägt auch Variablen wie Wetter, Tidenstand und Temperatur ab. Welches Ziel der Führer auswählt, hängt davon ab, welche Fische man angeln möchte. Im Hinterland der Florida Bay wimmelt es von Goldbarschen, Snooks, Pampanos, Tarpunen, Schwarzen Umberfischen, Frauenfischen, Scharben und Haien.

Auch wer lieber vom Ufer aus angelt, sollte einen Führer mitnehmen, der weiß, wo und wie die Leine ausgeworfen werden muss. Im Frühjahr ist es von Key Largo bis Key West ein beliebter Zeitvertreib, von Brücken aus und in Tiefwasserkanälen mit lebenden Ködern Tarpune zu fischen.

Bestimmungen und Anbieter: In allen Nationalparks und den Schutzgebieten, die die Keys umgeben, ist das Angeln erlaubt; eine Liste der Vorschriften ist kostenlos erhältlich. Zum Biscayne National Park (siehe S. 170f) gehört die Region um den Norden von Key Largo; der Everglades National Park (siehe S. 172ff) reicht von Key Largo fast bis nach Marathon; das Great White Heron National Wildlife Refuge (siehe S. 228) umfasst beinahe das ganze Gebiet zwischen Marathon und Key West. Staatliche Angellizenzen sind ab einer Dauer von drei Tagen bis hin zu fünf Jahren erhältlich.

Angelausrüster findet man überall auf den Keys. Für das Fliegenfischen ist einer der besten Ausrüster **Saltwater Angler** (243 Front St., Tel. 305/296-0700; www.saltwaterangler.com) in Key West. Auf www.fla-keys.com findet man Ausrüster für Key Largo, Islamorada, Marathon, Big Pine Key und die Lower Keys sowie Key West. Die Kosten variieren zum Teil stark, je nach Art und Länge des geplanten Trips.

Bei den Spaniern hieß Long Key *cayo vivora*, »Klapperschlangen-Key«. Hier gibt es keine Klapperschlangen, aber der weite »Mund« erinnerte die Eroberer wohl an eine angreifende Klapperschlange. Dieser friedliche, 390 Hektar große State Park ist ein wunderbares Idyll mit Tidenbecken, die so flach sind, dass man Hunderte Meter weit in den Atlantik gehen kann.

LONG KEY STATE PARK

Mangroven säumen das Ufer und bieten Wasservögeln Schutz. Auf Kanälen kann man hier wunderbar mit dem Kanu paddeln. Ein Plankenpfad führt durch den wellenumspülten Urwald; Tafeln informieren über Flora und Fauna. Der zwei Kilometer lange **Golden Orb Trail** verdankt seinen Namen den großen rotgoldenen Spinnen, deren Netze in den Ästen hängen. Die Parkzentrale bietet Infos zu geführten Wanderungen, Schnorchel- und Angeltouren sowie zu Meeresökologie-Aktivitäten. Für Kanuten gibt es den **Long Key Lakes Canoe Trail**.

Auf der anderen Seite des Highways, auf der Florida-Bay-Seite bei MM 67,7, ermöglicht der **Layton Nature Trail** einen halbstündigen Spaziergang durch tropischen Laubwald. Unter Wasser winken zarte Seegrasspitzen. Eine Tafel erzählt vom Long Key Viaduct, einer alten Eisenbahnbrücke, die mehrere Kilometer weit parallel zum Highway verläuft. ∎

LONG KEY
🗺 Karte S. 184 A1

LONG KEY STATE PARK
🗺 Karte S. 184 A1

✉ MM 67,5
☎ 305/664-4815
💲 $
www.floridastateparks.org/parks/Long-Key

In den seichten Gezeitengewässern von Long Key können Kinder sicher baden

Middle Keys

❮ Die knapp 11 Kilometer lange Seven Mile Bridge
verbindet Vaca Key mit Bahia Honda

Die Lieblingsbrücke von Henry Flagler war der Long Key Viaduct, dessen 180 Bögen auch den Prospekt seiner Bahnlinie zierten. Mit nur 24 Stundenkilometern tuckerten die Züge einst über diese Brücke. Die Autofahrer von heute sind viel schneller und halten nur ganz selten für ein Foto. Wer länger bleibt, hat meistens eine Angel oder Taucherbrille dabei. Die besten Angel- und Tauchspots liegen beim Sombrero-Reef-Leuchtturm.

Hier begann im frühen 19. Jahrhundert die kommerzielle Fischerei auf den Keys. Inzwischen sind es jedoch die Besucher, die fischen wollen. Eine Armada von Charterbooten liegt in Marathon auf Vaca Key vor Anker, wo Köderpfähle das Ufer säumen und Kapitäne darauf warten, Angler zu 300 Meter tiefen Unterwasserschluchten zu fahren. Silberreiher segeln vorbei – auf dem Weg in das nach ihnen benannte Schutzgebiet: das Great White Heron National Wildlife Refuge, eine riesige mangrovengesäumte Wasserfläche, die sich bis zu den Lower Keys erstreckt.

Im Dolphin Research Center auf Grassy Key können Besucher mit Delfinen schwimmen. Im 25 Hektar großen Crane Point Hammock auf Vaca Key existiert der letzte Wald mit Dreizackpalmen: Sie waren einst weiterverbreitet, sind jetzt aber nur noch hier in größerer Zahl zu finden.

Die ungewöhnliche Geologie der Inseln, die einzigartige Tierwelt und die Vergangenheit der Inselbewohner sind Thema des Crane Point Museum and Nature Center. Am Crane Point führt ein Kulturpfad zu einem der ältesten

Florida Bay

3 ▷

| 0 | | 4 Kilometer |
| 0 | | 2 Meilen |

Stirrup Key

Russel Key

Marathon Shores

✈ Marathon Airport

Captain Hook's Marina

Vaca Key

Key Col Beac

2 ▷

Marathon ◆

Crane Point Museum & Nature Center

Sandy Point

Pigeon Key National Historic District

Pigeon Key ◆

Knight Keys Channel

SEVEN-MILE BRIDGE

Key West

Knight Key

931

1

931

FLORIDA KE

Boot Key

FLORIDA KEY

Sombrero Beach ◆

1 ▷

A △   B △   C △   D △

Conch-style-Häuser der Keys und zu Ruinen eines Dorfs, dessen Bewohner von den Bahamas stammten und von der Köhlerei lebten.

Auf dem kleinen Pigeon Key – eine 3,5 Kilometer lange Wanderung von Knight's Key auf der alten Seven Mile Bridge – liegt die wohl einsamste historische Stätte der USA: ein restauriertes Bahnarbeiterlager, das anschaulich zeigt, wie jene Männer lebten, die seinerzeit die Brücken gebaut und die Schienen verlegt haben. ■

Flachrelief an der Kupfertür des Crane Point Museum, Vaca Key

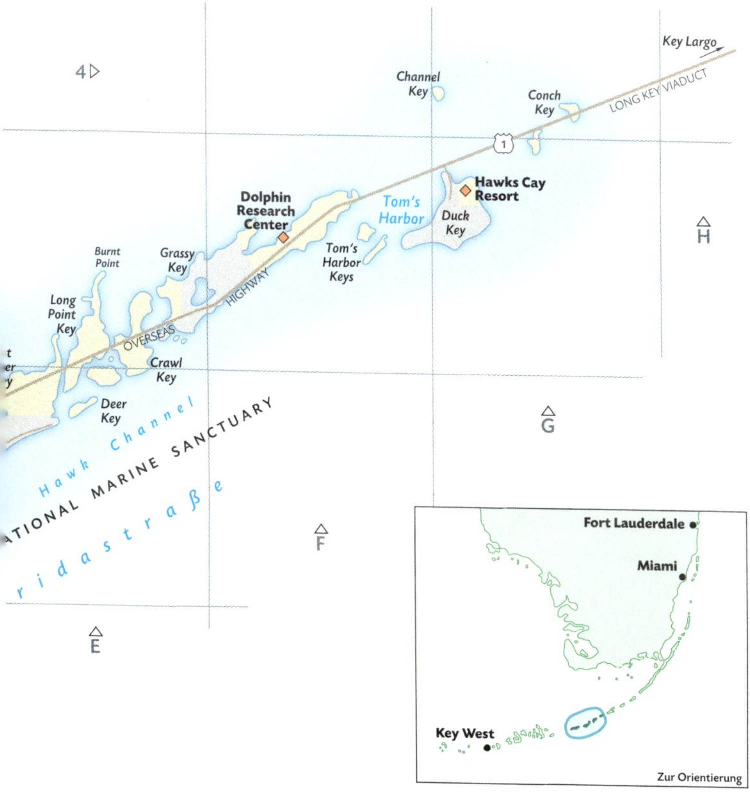

Für den besten Blick auf Flaglers Viadukt biegt man, von Norden kommend, vor der Long Key Bridge bei MM 65,5 Richtung Ozean ab. Unten findet man die perfekte Position für Fotos von diesem ästhetischen Bau.

Weicher Sand und Palmen: die Wahrzeichen der Florida Keys

CONCH UND DUCK KEY

Der sechs Hektar große Conch Key ist die Heimat von Rentnern, Fischern und Menschen, die Karibiklangusten fangen. Ihre kastenartigen Fangkörbe stapeln sich überall auf der Insel. Bei MM 61 führt eine Brücke nach Duck Key. Hier befindet sich das Hawks Cay Resort (siehe S. 296), die luxuriöseste Ferienanlage der Middle Keys. Das in Lachsrosa und Grün gehaltene Haupthaus im westindischen Stil wurde im Jahr 1959 von Morris Lapidus geschaffen, der auch das Fontainebleau Hilton in Miami Beach entworfen hat. In dieser Luxusherberge steigen alle ab, die Komfort ebenso erwarten wie einen Golf- und Tennisplatz sowie Drinks am Pool.

GRASSY KEY

Nur wenige Lebewesen sind so faszinierend wie Delfine, deren Gehirn größer und komplexer ist als unseres. Das erklärt die Anziehungskraft des **Dolphin Research Center**, in dem 25 der geselligen Säuger leben. Das Zentrum ist kaum zu übersehen; eine rund neun Meter hohe Statue einer Delfinmutter und ihres Jungen weist bei MM 59 auf der Buchtseite darauf hin. Die 1984 gegründete Lehr- und Forschungseinrichtung bietet Programme zu den Themen Delfin-Biologie und -Kommunikation an – und die Chance, die Tiere zu berühren und mit ihnen zu »sprechen«. Wer mit den Delfinen schwimmen will, muss einen Termin reservieren (*Tel. 305/289-0002*). ∎

CONCH UND DUCK KEY
▲ Karte S. 211 G3–G4

GRASSY KEY
▲ Karte S. 211 E3–F3

DOLPHIN RESEARCH CENTER
▲ Karte S. 211 F3
✉ MM 59, Grassy Key
☎ 305/289-1121
💲 $$$$$ fürs Schwimmen
www.dolphins.org

Den Löwenanteil von Vaca Key besetzt der Hauptort der Middle Keys. Seinen Namen erhielt er, als Flagler seine Leute zum Arbeits-»Marathon« antrieb, um die Fertigstellung der Bahn noch selbst erleben zu dürfen.

MARATHON

Das Städtchen Marathon ist keineswegs so schnelllebig wie der Name vermuten lässt, doch wie Geld verdient wird, weiß man hier durchaus. In jedem Reiseführer wird der Ort als ruhig und friedlich beschrieben – was stimmt, obwohl es hier einen recht frequentierten Pendlerflughafen gibt. Ferienanlagen und freundliche Menschen, die Ihnen unbedingt ein Boot vermieten wollen, runden das Bild ab. Auf der Fahrt durch den Ort sollte man bei MM 53 an der altehrwürdigen **Captain Hook's Marina** *(Tel. 800/278-4665, www. captainhooks.com)* halten und einen Blick auf die Fischereikultur der Middle Keys werfen: erstaunlich, welche kuriosen Geräte Menschen so erfinden. Wer einen längeren Aufenthalt auf Vaca Key plant, sollte sich über die Abfahrtszeiten für Angelausflüge und Bootsrundfahrten informieren.

Bei Sonnenuntergang versammeln sich Menschen zum gemeinsamen Staunen. Lokale wie die **Island Fish Co.** *(12648 Overseas Hwy., Tel. 305/743-4191, www.islandfishco.com)* werben mit ihrem Blick auf den Sonnenuntergang. Auf der alten Seven Mile Bridge (siehe S. 217), jetzt ein Fußweg nach Pigeon Key, kostet der Sonnenuntergang nichts (einen Parkplatz gibt es bei MM 46,8). Mit gutem Timing kann man Richtung Süden wandern, die Partyatmosphäre gegen das friedliche Plätschern der Wellen eintauschen und das abendliche Spektakel in Ruhe genießen.

CRANE POINT MUSEUM UND NATURE CENTER

Eine der schönsten Naturlandschaften der Keys ist wohl der Crane Point. Crane Point liegt auf der Buchtseite des Highways bei MM 50,5, umgeben
(Fortsetzung auf S. 216)

VACA KEY
⬛ Karte S. 210 C2–D2
Besucherinformation
✉ Greater Marathon Chamber of
Commerce, 12222 Overseas Hwy.
☎ 305/743-5417 oder 800/262-7284
www.floridakeysmarathon.com

 **Wissen**

SOMBRERO BEACH

Auch wenn er für den Sonnenuntergang auf der falschen Seite liegt, ist der Sombrero Beach am Südende der Sombrero Road bei MM 50 ein perfekter Ort, um abends im Hawk Channel umherzuwaten oder zu schwimmen. Außerdem gibt es hier einen kleinen Park mit einem Platz zum Softball spielen.

Das angenehm warme Wasser und die zauberhaften Riffe locken jährlich nicht nur Tausende von begeisterten Tauchern an, sondern auch ebenso viele Schnorchelfans, deren Hobby übrigens genauso sicher ist wie das Schwimmen im Meer.

DIE VORAUSSETZUNGEN

Wer halbwegs gut schwimmt, der kann auch schnorcheln. Die Ausrüstung besteht lediglich aus einer Taucherbrille, einem Schnorchel und Schwimmflossen – und all das kann man an unzähligen Stellen auf den Keys mieten. Für das Gerätetauchen braucht man dagegen eine umfangreichere Ausrüstung und eine Ausbildung. Die besten Instruktionen bekommt man bei einem Mitglied der Professional Association of Diving Instructors (PADI, *www.padi.com*), der größten Tauchschulvereinigung der Welt. Die Organisation entwickelt Tauchprogramme und Trainingsgeräte, überwacht die Tauchschulen ihrer Mitglieder in mehr als 170 Ländern und führt Buch über Tauchscheine. Ohne einen solchen Schein darf man auf den Keys nicht ohne Lehrer im Meer tauchen.

WER KANN TAUCHEN?

Jeder gesunde Mensch über zehn Jahre kann das Tauchen erlernen. Zunächst müssen die Tauchschüler eine Reihe von medizinischen Routinefragen beantworten, mit denen festgestellt wird, ob der erste Tauchgang auch ohne vorhergehende ärztliche Untersuchung gefahrlos möglich ist. Weiche Kontaktlinsen sind beim Tauchen kein Problem, harte Linsen sollten allerdings luftdurchlässig sein. Man kann sich die passende Glasstärke auch in die Taucherbrille einarbeiten lassen.

Ein Anfängerkurs beginnt gewöhnlich im Pool und beinhaltet vier Tauchgänge. Wer das Tauchen zunächst nur ausprobieren will, kann am Schnupperprogramm von PADI teilnehmen, das nur wenige Stunden dauert, mit einer Einführung im Pool beginnt und mit einem Seetauchgang in geringer Tiefe endet. Dabei werden grundlegende Techniken vermittelt wie der Druckausgleich in den Ohren beim Abstieg.

 **Wissen**

SCHATZSUCHE

»Es gibt keinen Taucher, Abenteurer oder Jäger, der nicht irgendwann einmal davon geträumt hätte, einen kostbaren Fund zu machen«, schrieb der französische Abenteurer Jacques-Yves Cousteau. Seine Erfindung eines Druckluft-tauchgeräts eröffnete Generationen von Tauchern die Welt der Riffe vor Floridas Küste mit all ihren Schätzen.

Im John Pennekamp State Park segnet der bronzene »Christus der Tiefe« die Taucher und Schnorchler. Er wurde von der Underwater Society of America gestiftet

WIE LANGE DAUERT ES BIS ZUM TAUCHSCHEIN?

PADI-Kurse orientieren sich an der Leistung, was bedeutet, dass man seine Scheine entsprechend seinen Fähigkeiten bekommt. Ein Anfängerkurs besteht meist aus fünf oder sechs Unterrichtseinheiten, die an drei oder vier Tagen stattfinden, aber auch über sechs Wochen verteilt sein können. Wer sich die Keys erst einmal ansehen will, bevor er Stunden nimmt, kann an einer der von PADI lizenzierten Ferienveranstaltungen teilnehmen. Einen Tauchschein gibt es dafür nicht, aber nach der theoretischen und praktischen Einweisung am Pool kann man mit einem Ausbilder tauchen gehen.

IST TAUCHEN TEUER?

Tauchen ist etwa so teuer wie Skifahren. Tauchzentren und Ferienanlagen vermieten modernste Ausrüstung; eine eigene braucht man sich daher nicht anzuschaffen. Eine eigene Taucherbrille, Schnorchel und Flossen sind allerdings zu empfehlen. Mit einer Einweg-Unterwasserkamera lassen sich Tauch- oder Schnorchelerlebnisse festhalten. Bei Sonnenschein macht sie in Oberflächennähe recht gute Bilder. Manche Tauchshops vermieten auch Unterwasser-Videokameras.

Das Adderley House ist außerhalb von Key West das älteste Beispiel für die einst typische Architektur der Keys

von Marathons Geschäftsviertel. Einst ähnelten viele Inseln diesem 26 Hektar großen Dreizackpalmen-Hammock, dem letzten seiner Art in Nordamerika.

Durch den Wald führt ein 2,4 Kilometer langer Rundweg; eine Broschüre erklärt, welche Arten von Mangroven, Palmen und anderen Bäumen hier gedeihen. Das Rascheln im Unterholz und diverse Tierschreie tragen zu der etwas gespenstischen Atmosphäre bei. Hier gibt es 160 Pflanzenarten und jede Menge Tiere, von denen einige vom Aussterben bedroht sind. Den ungewöhnlichen Krater hat die Regenerosion in den Korallenboden gegraben. Der Weg führt an einer längst verschwundenen Bahamaer-Siedlung aus dem 19. Jahrhundert vorbei und zum gut restaurierten **Adderley House** aus den 1890er-Jahren. Es soll das älteste Beispiel für die typische Bauweise der armen Weißen nördlich von Key West sein. Die rauen Wände bestehen aus *tabby*, einer Mixtur aus Kalkstein und gemahlenen Muschelschalen.

Crane Point Museum: Auf Vaca Key tätige Archäologen haben hier einen Schatz mit präkolumbianischen Artefakten entdeckt, darunter Waffen, Werkzeuge, ein Kanu und Tongefäße. Die schönsten Gefäße sind im Crane Point Museum ausgestellt. Zu den beliebtesten der etwa 20 großen Exponate des Museums gehört eines der Schiffswracks, das die Insulaner ausschlachteten. Eine Bronzekanone, spanisches Gold, Silber sowie Alltagsgegenstände erinnern an die unbekannten Glücksritter, die auf den Riffen ihr nasses Grab fanden. Das Museum befasst sich auch mit der Natur der Keys. Wer mit Kindern reist, führt sie ins **Children's Activity Center**, eine Outdoor-Anlage mit Berührungs-Aquarien und einer Galeone mit Piratenkostümen und Schätzen. ∎

CRANE POINT MUSEUM & NATURE CENTER
△ Karte S. 210 C2
✉ 5550 Overseas Hwy., Marathon

☎ 305/743-9100
⊕ So vorm. geschl.
💲 $$$
www.cranepoint.net

Zwar ist die neue Brücke nicht einmal elf Kilometer lang, aber vom Nordende aus wirkt es, als führte sie direkt bis nach Kuba. Mit ihrer Eröffnung im Jahr 1982 wurde ihre Vorgängerin in den Ruhestand verabschiedet. Diese verläuft immer noch parallel zur neuen Brücke. Es ist deutlich zu erkennen, weshalb man die alte Seven Mile Bridge 1912 als achtes Weltwunder bezeichnete.

Das Projekt war tatsächlich eines der ehrgeizigsten seiner Zeit, denn Henry Flaglers Ingenieure hatten mit einem schnellen Tidenwechsel und dem instabilen Meeresboden zu kämpfen. Der Erdölmagnat scheute keine Kosten und drängte immer wieder darauf, das Projekt wie eine militärische Operation anzugehen. Im Museum von Pigeon Key (siehe S. 218f) dokumentieren Fotos die immensen Anstrengungen.

Noch heute beeindruckt die alte Brücke aus dem Jahr 1912 mit ihren insgesamt 210 Bögen. Sie ruht auf 546 Betonpfeilern, von denen einige neun Meter tief ins Wasser reichen, um festen Halt auf dem Kalksteingrund zu finden. Die Brücke war eines der wenigen von Menschen geschaffenen Werke, die den Hurrikan von 1935 überstanden.

Früher öffnete man über dem Moser Channel bei MM 43,5 eine Zugbrücke, um Schiffe und Boote passieren zu lassen. Die neue Brücke überspannt den Kanal in 20 Metern Höhe. ∎

SEVEN MILE BRIDGE
🗺 Karte S. 210 A1–B2

Die alte Seven Mile Bridge (rechts) wird häufig als längster Angelpier der Welt bezeichnet

Idyllisch und historisch einzigartig ist Pigeon Key, eine kleine Mini-Insel, die nur etwas mehr als zwei Hektar groß ist. Sie liegt 3,5 Kilometer vom Nordende der alten Seven Mile Bridge entfernt. Wie diese Brücke der Florida East Coast Railway, so findet sich auch Pigeon Key im *National Register of Historic Places*.

Tipp

Von der alten Seven Mile Bridge bei Pigeon Key kann man Haie, Rochen, Schildkröten, Seekühe, Tarpune und Fischadler beobachten.

KELLY MCKINNON,
LEITER DER PIGEON KEY FOUNDATION

Von 1908 bis zu dem verheerenden Hurrikan von 1935 lebten überwiegend Arbeiter auf der Insel: Anstreicher, Eisenbahner und Brückenwärter. Zwischenzeitlich waren es mehr als 400 gleichzeitig. Ihre Kinder besuchten eine winzige Schule, und alle kauften im einzigen Laden der Insel ein, und es gab ein eigenes Postamt. Nach dem Sturm, der das Aus für die Eisenbahn bedeutete, machte sich der Ort daran, die Bahnstrecke zu einer Straße umzubauen, die 1938 eröffnet wurde.

Pigeon Key aus der Vogelperspektive – das Inselchen umfasst nur zwei Hektar

In den 1990er-Jahren wurden auf Pigeon Key mehrere Folgen der TV-Serie »Flipper« gedreht

SEHENSWERTES

Am besten parkt man am Besucherzentrum, das in dem alten rot-silbernen Eisenbahnwaggon am Westende von Marathon untergebracht ist, nördlich der neuen Seven Mile Bridge bei MM 47. Ab 10 Uhr befördern Boote Besucher viermal täglich 3,5 Kilometer nach Pigeon Key. Die Fahrt zur Insel ist im Eintrittspreis enthalten (früher konnte man zu Fuß über die Seven Mile Bridge zur Insel, doch die Brücke ist mittlerweile gesperrt). Das Hauptgebäude der Insel diente in den 1920er-Jahren 64 Bahnarbeitern als Schlafstätte. Im Dorf aus dem frühen 20. Jahrhundert gibt es ein kleines Museum, in dem dokumentiert ist, wie mühsam es war, die Keys per Bahn, Fähre und Straße miteinander zu verbinden. Einheimische kommen gern für einen Tagesausflug oder zum Picknicken hierher.

Nach Hurrikan Irma, der die historischen Gebäude erheblich beschädigte, musste Pigeon Island ab September 2017 bis auf Weiteres geschlossen bleiben. Inzwischen wurde der Fährbetrieb von der Hyatt Places Marina in Marathon allerdings wieder aufgenommen. ∎

PIGEON KEY
🅐 Karte S. 210 A2

**PIGEON KEY NATIONAL
HISTORIC DISTRICT**
✉ Visitor Center und Boot zur Insel
  bei MM 47

☎ 305/743-5999
💲 $$$ (inkl. Bootsfahrt)
www.pigeonkey.net

Lower Keys

‹ Die weißen Sandstrände im Bahia Honda State
Park zählen zu den schönsten Floridas

Die meisten Besucher der Inselkette neigen dazu, ein wenig schneller zu fahren, sobald sie sich Key West, dem Star der Keys, nähern, vor allem dann, wenn sie die Seven Mile Bridge bereits überquert haben. Das ist nachvollziehbar, doch gibt es gerade auf den Lower Keys jede Menge zu entdecken. Besonders Naturfans können sich hier an der reichen Tier- und Pflanzenwelt begeistern.

Einen der wenigen echten Sandstrände der Keys gibt es im Bahia Honda State Park, dazu einen Mangrovenwald und Hammocks, bewachsen mit Exoten, die von den Westindischen Inseln stammen, wie der Allamanda, der blutroten Drillingsblume, der Jamaika-Winde und der Scharlachkordie.

TIERSCHUTZGEBIETE DER KEYS

Ein großer Teil der Lower Keys gehört zu drei riesigen Schutzgebieten, die zumeist Meeresgewässer umfassen, aber auch subtropische Kiefernwälder, Mangroven und Hammock-Habitate, fast alle geschützt auf Inseln gelegen, die nur mit dem Boot zu erreichen sind. Das Great White Heron National Wildlife Refuge erstreckt sich von Marathon bis nach Key West. Westlich von Key West folgt das Key West National Wildlife Refuge mit den unbewohnten Marquesas Keys, wo Rote, Weiße und Schwarze Mangroven wachsen. Das dritte Gebiet, das National Key Deer Refuge, umfasst den größten Teil von Big Pine Key sowie 25 weitere Inseln, wo durch die

Golf von Mexiko

3 ▷

Johnston Key

Snipe Keys

GREAT WHITE HERON NATIONAL WILDLIFE REFUGE

Pe

T

OVERSEA

Cottrell Key

2 ▷

KEY WEST NATIONAL WILDLIFE REFUGE

Fleming Key

Dredgers Keys

Big Coppitt Key

Saddlebunch Keys

1

El Chico

Rockland Key

941

Saddlehill Key

Stock Island

U.S. Naval Air Station

Key West

1

Key West International Airport

Key West

Boca Chica Key

K E Y S

Barracouta Keys

1 ▷

F L O R I D A

Marquesas Keys

0 ———————— 8 Kilometer
0 ———————— 4 Meilen

F l o r i

△ A   △ B   △ C   △ D

Wälder Hunderte Miniaturausgaben des Virginia-Weißwedelhirsches mit einer durchschnittlichen Schulterhöhe von 60 cm huschen. Die Ohrspitzen dieser Hirsche reichen Besuchern also kaum bis zur Hüfte. Hier wandert man unter dem 15 Meter hohen Blätterdach von Watson's Hammock, wo Gumbo-Limbo- und Piscidiabäume wachsen.

WEITERE ATTRAKTIONEN

Genau südlich von Big Pine Key, etwa elf Kilometer entfernt, liegt im flachen, bemerkenswert klaren Wasser des Golfstroms Looe Key. Das Korallenriff von Looe Key gilt als das intakteste und vielfältigste der gesamten Inselkette. Die anderen Lower Keys – No Name, Summerland, Ramrod, Cudjoe, Sugarloaf, Saddlebunch, Big Coppitt und Boca Chica – stechen eher durch ihre Geschichte und die Eigenarten ihrer Bewohner hervor als durch ihre Naturschönheiten. Aber auch diese Inseln lohnen einen Besuch. ■

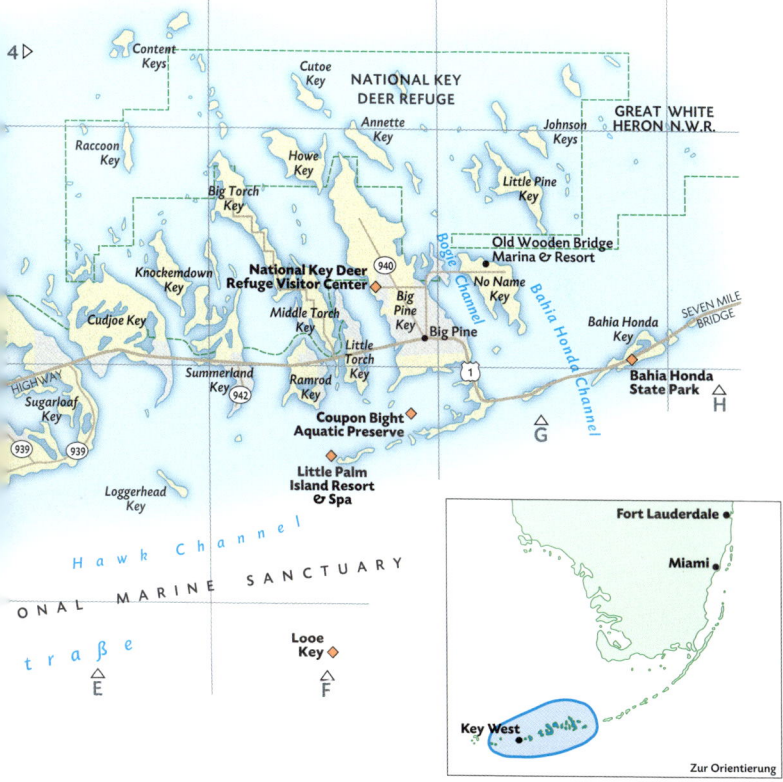

Ein Großteil von Bahia Honda (»tiefe Bucht«) gehört zum Bahia Honda State Park und darf deshalb nicht bebaut werden. Die meisten Tagesausflügler aus Key West und Greater Miami kommen wegen des Strandes hierher, des längsten natürlichen Sandstrands der Keys, der zu Recht als einer der schönsten der USA gilt. Vor der Küste macht das Schnorcheln besonders viel Spaß.

BAHIA HONDA STATE PARK

Obwohl der größte Teil des 212 Hektar großen Parks naturbelassen ist, zählt Bahia Honda zu den bestausgestatteten Nationalparks der Keys. Hier werden Annehmlichkeiten geboten wie ein halbes Dutzend Häuschen am Wasser (Platz für je acht Personen). Sie stehen auf Stelzen, was einen fantastischen Meerblick ermöglicht. Zudem gibt es drei Campingplätze mit 80 Zeltstellplätzen, einen Jachthafen (Vermietung von Surfbrettern), eine Bootsrampe und einen Tauchshop.

Man kann sich eine Auszeit an einem schattigen Picknicktisch am **Sandspur Beach** gönnen oder an der Nordostküste entlangschlendern. Ein Naturlehrpfad führt an eine Lagune und durch Hammocks, die dicht bewachsen sind mit Bäumen und Büschen wie Gumbo-Limbo-Bäumen, Satinbäumen (die sonst nirgendwo auf den Keys wachsen), Scharlachkordien, Strandflieder, Surenbäumen sowie Dreizack- und Silberpalmen. Zu den heimischen Vögeln gehören Pelikane, Weißkopftauben, Lachmöwen, Reiher und Glattschnabelanis, zu denen sich zur Brutzeit außerdem Zugvögel wie Ibisse, Schlammtreter, Wasserläufer und Seeschwalben gesellen.

Abseits der Touristenpfade ist Bahia Honda größtenteils wild und unberührt

VERSTECKTE SCHÄTZE

Die meisten der größeren Inseln in den Lower Keys wie Torches, Sugarloaf und Saddlebunch wirken durch ihre gewundenen Küstenlinien eher klein. Big Pine Key ist aber zum Beispiel fast 13 Kilometer lang und an einer Stelle sogar drei Kilometer breit. Überall, wo der Overseas Highway über eine Landenge führt, unterschätzt man leicht die Möglichkeiten, die am Straßenrand und an den Sträßchen, die in die Wälder führen, verborgen sind. Am besten folgt man hier und da einer unbefestigten Straße. Falls der Weg nicht vor dem Tor eines Privatanwesens endet, gelangt man durch Wald, Gebüsch und Kakteen vielleicht zu einem Strand, einer Wattfläche oder einer Mangrovenwildnis.

Der Bahia Honda Channel zwischen der alten und der neuen Brücke ist einer der tiefsten Kanäle der Keys und lockt Taucher zu den Brückenpfeilern, die ein idealer Lebensraum für Korallen, Schwämme, Langusten und unzählige bunte Fische sind. Über die aktuellen Bedingungen informiert der Tauchshop des State Parks *(Tel. 305/872-3210)*. Beachten sollte man insbesondere die Warnungen vor Feuerkorallen, Seeigeln und der starken Strömung im Channel, der schnellsten in den Keys. Im Hauptquartier des Parks kann man sich nach den täglichen Schnorcheltouren zum Riff des nahe gelegenen **Looe Key** (siehe S. 233) erkundigen. Ansprechpartner für Schnorchel- und Tauchausflüge zu den Riffen vor der Küste ist der Tauchshop. Hier werden auch kleinere Boote und Kajaks vermietet.

Die Gewässer um Bahia Honda wimmeln von Schnappern und Zackenbarschen (besonders an der alten Brücke) sowie Grätenfischen, Permits und Barrakudas (in den flachen Atlantik-Gewässern). Gut lassen sich hier Tarpune fangen. Im Preis für die Charterboote ist alles enthalten – nur den Fisch müssen die Teilnehmer selbst fangen. ■

□ Tipp

Am besten erkundet man die Keys beim Tauchen, im Boot oder Kajak – oder mit einem Rundflug, etwa mit einem Hubschrauber.

BILL KEOGH,
NATIONAL GEOGRAPHIC-AUTOR UND GUIDE,
BIG PINE KAYAK ADVENTURES

BAHIA HONDA KEY
🗺 Karte S. 223 G3

BAHIA HONDA STATE PARK
✉ 36850 Overseas Hwy., Big Pine Key
☎ 305/872-2353
💲 $$
www.floridastateparks.org/park/
Bahia-Honda

OLD CITY HELICOPTERS
✉ Flüge vom Florida Keys Marathon Airport bei MM 52,2
☎ 305/619-9603
💲 Flüge ab 200 US-$ p. P. für einen 25-Min.-Flug, mind. 2 Pers.
www.oldcityhelicopters.com

Einst war Big Pine Key dicht mit Kiefern, Laubbäumen und Mangroven bewachsen. Heute ist die Bebauung gefährlich weit vorangeschritten, was auch daran liegt, dass es auf der Insel das ganze Jahr über Trinkwasser gibt. Aber selbst wenn Wohnanlagen, Einkaufszentren und Parkplätze viel Platz einnehmen, spürt man trotz allem hier noch die natürliche Ordnung der Dinge.

NATIONAL KEY DEER REFUGE

Fast alles, was hier noch nicht zubetoniert ist, gehört zum 3600 Hektar großen National Key Deer Refuge, einem Schutzgebiet auf Big Pine und 25 weiteren Inseln, das im Jahr 1957 eingerichtet wurde, um die schrumpfende Population der Key-Weißwedelhirsche zu schützen. Die größten dieser Tiere haben eine Schulterhöhe von 85 Zentimetern und wiegen bis zu 45 Kilogramm. Biologen gehen davon aus, dass es sich um eine Unterart des Virginia-Weißwedelhirsches handelt, die durch Umwelteinflüsse wie Futter- und Wassermangel und einen engen Lebensraum verzwergte. Es gibt sie ausschließlich auf den Keys, und nur sie sind in der Lage, auch Brackwasser zu trinken. Man nimmt an, dass ihre Vorfahren in Richtung Süden wanderten, bis das Abschmelzen des Wisconsin-Gletschers nach der Eiszeit den Meeresspiegel steigen ließ und eine schmale Halbinsel in einen Archipel verwandelte.

Wie auch immer diese leichtfüßigen Tiere entstanden sind, deren Neugeborene nur ein bis zwei Kilogramm wiegen und Hufabdrücke von Briefmarkengröße hinterlassen: Durch Jagd und Wilderei waren ihre Bestände in der Vergangenheit auf 50 Tiere geschrumpft; mittlerweile sind es wieder über 800 Exemplare. Die meisten dieser Hirsche leben auf Big Pine Key und dem benachbarten No Name Key. Das Gebiet schützt auch andere Tiere wie Alligatoren, Diamant-Klapperschlangen, Hakennattern und Waschbären; einige Arten, wie das Marschkaninchen und die Silberreisratte, gibt es nur auf den Lower Keys.

□ **Wissen**

NICHT FÜTTERN!

Jeden Tag füttern Dutzende Besucher die kleinen Key-Hirsche von ihren Autos aus. Dies stört jedoch nicht nur die natürliche Nahrungsaufnahme der Tiere, sondern es gewöhnt sie auch daran, sich offener auf den Straßen zu bewegen, sodass sie öfter von Fahrzeugen angefahren werden. Im Jahr 2010 wurden 108 der Tiere totgefahren. Die ohnehin schon gefährdete Art wurde so noch weiter dezimiert. Beim Besucherzentrum des National Key Deer Refuge zeigen zwei Schilder an, wie viele Hirsche im laufenden Jahr schon unter die Räder kamen. Nicht vergessen: Das Füttern der Tiere ist gesetzlich verboten!

Die Key-Weißwedelhirsche sind selten und kommen ausschließlich auf den Keys vor

Bei der Fahrt über die Insel sollte man mit Rücksicht auf die Tierwelt unbedingt die Geschwindigkeitsbeschränkungen beachten!

Besichtigung: Um in das Schutzgebiet zu gelangen, fährt man südlich vom MM 31 auf den Key Deer Boulevard (Fla. 940), wo man schon bald ein Hinweisschild entdeckt. Rechts liegt ein Einkaufszentrum mit dem **Besucherzentrum**. Hier bekommt man Informationen, Karten und eine Broschüre für den Jack Watson Nature Trail.

Der **Jack Watson Nature Trail** liegt 2,4 Kilometer weiter über den Key Deer Boulevard bei einem Steinbruch, dem **Blue Hole**, der sich mit Grundwasser und Alligatoren jeder Größe gefüllt hat. Am besten parkt man das Auto, wirft einen Blick auf die dösenden Reptilien und geht dann zum 1,6 Kilometer langen Naturlehrpfad, der durch eine schattige Oase führt, gebildet von einem Wald aus Gumbo-Limbo-Bäumen und Piscidiabäumen. Am Wegesrand sieht man Wasserlöcher und den Urwald überragende Dreizack- und Silberpalmen. Vielleicht lässt sich gegen Abend auch einer der Hirsche blicken. Danach geht oder fährt man zum nahen, nicht sehr langen **Mannillo Nature Trail**. Weitere kurze Pfade gibt es auf No Name Key (siehe S. 229), den man über den Watson Boulevard erreicht.

BIG PINE KEY
🗺 Karte S. 223 F3

NATIONAL KEY DEER REFUGE
🗺 Karte S. 223 F3–F4

✉ Visitor Center, 179 Key Deer Blvd.
☎ 305/872-0774
www.fws.gov/nationalkeydeer

GREAT WHITE HERON NATIONAL WILDLIFE REFUGE

Kein Schild weist auf dieses Schutzgebiet hin, den einzigen Brutplatz der Silberreiher und der gefährdeten Weißkopftauben in den USA. Ein Blick auf die Karte zeigt, dass sich die wie mit dem Lineal gezogenen Grenzen des Parks auf der Buchtseite der Lower Keys fast bis Key West erstrecken.

Die 476 Quadratkilometer Feuchtgebiete mit ihren Mangroven, flachen Hammocks und Salzmarschen sind ein idealer Lebensraum für Fischadler, Blaufußreiher, Mangrovenkuckucke, Krick- und Blauflügelenten, Bartvireos, Mittelsäger und Indianerblesshühner. Vogelliebhaber können sich über seltene Arten wie Rosalöffler, Ibisse und Ohrenscharben freuen.

Besichtigung: Auf die 26 Quadratkilometer Land innerhalb des Schutzgebiets kommt man nicht mit dem Auto: Sie sind nur mit dem Boot zu erreichen. Wer mindestens einen halben Tag Zeit hat, sollte sich diesen Ausflug nicht entgehen lassen. Einheimische Angelführer bieten Tagestouren in flachen Booten an. Im Park findet man eine äußerst fruchtbare Welt vor, in der einheimische Wasser- und Zugvögel nisten, viele davon auf schwimmenden Nestern; manchmal sieht man Meeresschildkröten und Delfine. Fernglas nicht vergessen!

Die Agentur Big Pine Kayak Adventures verleiht Kajaks an Besucher und bietet geführte Kajaktouren an. Wer halbwegs gut mit einem Kanu oder Kajak umgehen kann, für den ist es kein Problem, von Big Pine Key (siehe S. 226ff) oder den Torch Keys (siehe S. 232) zu den **Content Keys** innerhalb des Naturparks zu paddeln.

Wer mit einem Motorboot unterwegs ist, das auf Big Pine angemietet wurde, fährt langsam und mit möglichst wenig Lärm, um die Vögel nicht aufzuschrecken oder Wellen zu verursachen, die die Nester überfluten. Ein Abstand von mindestens 60 Metern zu den Inseln sollte eingehalten werden: Schreckt man einen brütenden Vogel auf, sind Gelege oder Jungvögel der Sonnenglut ungeschützt ausgesetzt. Im Schutzgebiet gibt es nichts zu kaufen (ausreichend Proviant mitnehmen!). ■

BIG PINE KEY BOAT RENTALS
✉ 33000 Overseas Hwy., MM 33
☎ 305/849-0130
www.bigpineboatrentals.com

BIG PINE KAYAK ADVENTURES
✉ Big Pine Key
☎ 305/872-7474
www.keyskayaktours.com

NO NAME KEY

In früherer Zeit befand sich hier ein Trainingslager für kubanische Guerillakämpfer gegen Fidel Castro. Ihnen war jedoch ebenso wenig Erfolg beschieden wie der einzigen Siedlung auf No Name. In den 1920er-Jahren war das Dorf mit der Fähre zu erreichen, heute verbindet der Watson Boulevard No Name mit Big Pine.

Unzählige signierte Dollarnoten zieren die Decke und Wände im No Name Pub

Übrig blieben aus der Zeit der Besiedlung von No Name nur die **Old Wooden Bridge Guest Cottages & Marina** *(1791 Bogie Dr., Tel. 305/872-2241, www.oldwoodenbridge.com)*, eine Ansammlung von Häuschen. Alles trifft sich im bescheidenen No Name Pub auf Big Pine, jenseits der Bogie-Channel-Brücke, die von Big Pine nach No Name führt.

Man kann hier das National Key Deer Refuge (siehe S. 226f) erkunden, das den Großteil von No Name umfasst. Das Big Pine Bicycle Center *(Tel. 305/872-0130, www.bigpinebikes.com)* bei MM 31 auf der Ozeanseite des Highways vermietet Fahrräder ohne Gangschaltung, inklusive Helm. Eine schöne Tour beginnt bei MM 30,3 auf der Buchtseite des Highways und folgt der Wilder Road über die Brücke nach No Name. Man kann auf dem Key Deer Boulevard in das National Key Deer Refuge auf Big Pine radeln. Meiden sollte man Feuchtgebiete, weil Reifenspuren im weichen Boden die Erosion beschleunigen. ∎

NO NAME KEY
🗺 Karte S. 223 G3
✉ Zu erreichen über den Watson Blvd., der vom Key Deer Blvd. (MM 31, Big Pine Key) abzweigt

NO NAME PUB
✉ 30813 Watson Blvd., Big Pine Key
☎ 305/872-9115
www.nonamepubestore.com

Verlockende Aussichten: im Schatten von Palmen in einer Hängematte liegen und das sanfte Rauschen der Wellen genießen. Diese Assoziation liegt nahe, denn *hammock* ist das englische Wort für die »Hängematte«, die von den indigenen Bewohnern der Karibik erfunden wurde. Auf den Keys aber gibt es noch eine ganz andere Art von Hammocks: Seeleute bezeichneten mit dem im 18. Jahrhundert geprägten Ausdruck flache Hügel an einer Meeresküste.

An den Küsten Südfloridas werden die dicht von Rankpflanzen überwucherten Laubwälder als Hammocks bezeichnet. Geologen nehmen an, dass sie vor 110 000 Jahren entstanden, als der Meeresspiegel sank und die Korallenriffe trocken lagen. Damals entwickelte sich eine seltene Mixtur aus Pflanzen und Tieren und konkurrierte seither mit den Karibischen Kiefern, die auf dem Korallenkalkstein gedeihen.

REICHE TIER- UND PFLANZENWELT

Auf den Hammocks sind mehr als 20 Arten von Laubbäumen, Sträuchern und Ranken zu finden, die zumeist von den Westindischen Inseln stammen. Vermutlich wurden ihre Samen angespült und auf Treibholz angetrieben, oder sie kamen mit dem Kot von Zugvögeln auf die Inseln.
Diese Exoten, die auch bei wenig Regen und in dünner Erde gedeihen, eroberten die einst kahlen Korallenhügel und bilden ein dichtes Blätterdach aus Virginischer Eiche, Rotem Maulbeerbaum und Palmen, über einem oftmals undurchdringlichen Gestrüpp aus Ranken und Sträuchern mit teils hübschen Namen wie Stechwinde, Jungfernrebe, Doldenrebe, Schönfrucht, Schmalblättriger Sumach, Roter Lorbeer, Myrsine, Spitzbaum, Brechstrauch, Gelbholz, Korallenbaum oder Gumbo-Limbo-Baum. Darun-

Tropischer Hammock im John Pennekamp Coral Reef State Park, Key Largo

ter gibt es auch verschiedene Tillandsien, Wilde Ananas und die eine oder andere Orchideenart.

Da es zwischen Florida und den Westindischen Inseln nie eine Landbrücke gab, konnten die dortigen Tiere die Keys kaum erreichen. Die hier heimischen Arten stammen daher vom nordamerikanischen Festland und gelangten auf verschlungenen Wegen hierher – festgeklammert an Bäumen, die nach Sturmfluten aufs Meer getrieben wurden, von den Calusa bewusst gefangen, oder als blinde Passagiere in Kanus. Die Weißkopftaube von den Westindi-

Blühende Blaue Prunkwinden im Hammock

schen Inseln überquerte das Meer, ebenso zwei Fledermausarten.

Wenn man lange genug in einem Hammock herumwandert, stößt man unweigerlich auf Waschbären, Raue Grasnattern, Laubfrösche, Carolinaspechte, Baumwollmäuse oder auch Key-Weißwedelhirsche.

Der Bestand der farbenprächtigen Florida-Baumschnecken – man erkennt sie an den bunten Streifen auf ihrem Haus – wurde bis vor Kurzem noch durch Sammler stark dezimiert. Und wenn über einem etwas flattert, das blau, braun und orangefarben ist, dann handelt es sich um eine weitere Rarität: den Schaus-Schwalbenschwanz-Schmetterling.

BEDROHUNGEN

Tropische Hammocks waren an der Atlantikküste einst nach Norden bis Cape Canaveral und nach Westen bis zum Manatee River an der Golfküste verbreitet. Die meisten von ihnen wurden durch Rodung und Köhlerei zerstört. Es sind nur noch wenige übrig. Tropische Hammocks zählen heute zu den seltensten Pflanzengesellschaften in Florida.

In den Keys gibt es noch einige größere Hammocks, geschützt in State Parks und Tierschutzgebieten. Doch sind auch sie bedroht – durch den steigenden Meeresspiegel, Flutwellen und starke Stürme, invasive Pflanzen und Tiere, sinkende Grundwasserspiegel und zum Teil extrem kaltes Wetter.

Prächtige Hammocks befinden sich im Dagny Johnson Key Largo Hammock Botanical State Park (siehe S. 192f), im John Pennekamp Coral Reef State Park (siehe S. 188ff), beide auf Key Largo, im Lignumvitae Key State Botanical State Park (siehe S. 202f) und im National Key Deer Refuge auf Big Pine Key (siehe S. 226f).

Ihren Namen erhielten die drei Torch Keys – Little, Big und Middle Torch – von dem hier wachsenden Torchwood-Baum. Mit der Eröffnung des Overseas Highway in den 1930er-Jahren konzentrierte sich der Verkehr auf die neue Straße. Das bedeutete für die kleinen Gemeinden, besonders auf Big Torch, wo sich die schöne Dorn Road durch Sümpfe windet, das Aus.

Friede und Stille sind die Hauptattraktionen auf den verschlafenen Torch Keys

Die Torch Keys bestehen aus drei Inseln: Little Torch Key, Middle Torch Key und Big Torch Key. Benannt sind sie nach ihren »Wäldern« aus Sea Torchwood (*Amyris elemifera*), einem einheimischen Gehölz. Wohl fühlt sich in ihrer Abgeschiedenheit der Mole Skink, eine endemische Eidechse mit Seltenheitswert. Wer es noch ruhiger mag, checkt im **Little Palm Island Resort & Spa** (siehe S. 297) ein, einem zwei Hektar großen Luxusrefugium südlich von Little Torch Key mit strohgedeckten Stelzenhäuschen ohne TV und Telefon. Das Restaurant **The Dining Room** im Resort gilt als eines der besten der Keys. Das Inselchen ist mit einem Privatboot erreichbar, das stündlich von der Dolphin Marina auf Little Torch Key bei MM 28,5 ablegt. Auch Fischen und Tauchen sind hier attraktiv, denn südlich der Torch Keys liegt die **Coupon Bight Aquatic Preserve** – schon US-Präsident Harry S. Truman ging hier oft angeln. ∎

TORCH KEYS
🅰 Karte S. 223 F3

LITTLE PALM ISLAND RESORT
🅰 Karte S. 223 F2
☎ 305/872-2524
www.littlepalmisland.com

Viele Unterwasserfans bezeichnen den Looe Key, der zum großen Florida Keys National Marine Sanctuary *(Tel. 305/292-0311, www.floridakeys.noaa. gov)* gehört, als das beste Tauchrevier Nordamerikas. Der kleine Kalksteinhuckel Ramrod Key ist bekannt als Sammelpunkt enthusiastischer Taucher; von hier liegt Looe Key acht Kilometer weit entfernt.

Das 13,7 Quadratkilometer große Schutzgebiet um Looe Key *(Karte S. 223 F1)* umfasst die vielfältigste Korallenlandschaft der Keys – und das in einer idealen Tiefe für Schnorchler und Taucher jeden Niveaus. Der Name von Looe Key (eigentlich ein Riff keine Insel) erinnert an die »HMS Looe«, ein britisches Kriegsschiff, das hier 1744 sank. Aus der Luft zeichnet sich das 750 Meter lange und 180 Meter breite Riff dunkel vor dem hellen Korallensand ab. Massive Säulenkorallen ragen aus zehn Meter Tiefe bis fast an die Oberfläche. In den sandigen Zwischenräumen wachsen große, halbkugelförmige Mäanderkorallen, die von Hummern und Rochen bewacht werden. Fische finden sich hier zu Tausenden ein; Schwärme schwimmen präzise Manöver um die bizarren Auswüchse der Elchgeweihkorallen. Purpurne Seefächer wiegen sich im Golfstrom, der über Schwämme und Seeigel hinwegstreicht. Die in Blau getauchte Szenerie wirkt wie eine andere Welt.
Nahezu jeder Tauchshop bietet Halbtagesausflüge nach Looe Key inklusive der Ausrüstung an; zwei Tauchgänge kosten gewöhnlich um die 75 Dollar. Das **Looe Key Dive Center** *(27340 Overseas Hwy., Ramrod Key, Tel. 305/872-2215, www.diveflakeys.com)* bietet unter anderem zwei tägliche Rifftrips (8–12.30 Uhr und 12.45–15.15 Uhr). Bubble Watcher zahlen 25.95 $, Schnorchler 39.95 $ und Taucher 69.95 $, jeweils inklusive Ausrüstung. Die Leitung des Schutzgebiets empfiehlt, Anbieter zu wählen, die sich dem Naturschutz verschrieben haben. Das Wasser ist angenehm warm, aber beim Erforschen des Riffs geht viel Körperwärme verloren. Vielen hilft eine Taucherweste (kann für wenig Geld gemietet werden) gegen das Gefühl der Schwäche, das nach einer Stunde unter Wasser auftreten kann.

Tauchboote über den farbenprächtigen Korallenformationen von Looe Key

Ende des 19. Jahrhunderts ließen sich die ersten Siedler auf den beiden Inselchen nieder. Im Jahr 1912 legte dann der Engländer Charles Chase am Ufer von Sugarloaf Key eine Schwammfarm an. Schon bald gehörte Chase fast die ganze Insel. Bald ging seine Florida Sponge & Fruit Company allerdings bankrott. Er verkaufte alles an R. C. Perky, einen Makler, der die Vision hatte, Sugarloaf zu erschließen, doch Perky erlitt das gleiche Schicksal wie sein Vorgänger.

Die Ruhe auf Sugarloaf sorgt dafür, dass man den Kopf freibekommt. Um die Stille auf den überwachsenen Straßen der Insel zu erleben, verlässt man die US 1 am MM 20 – die Abzweigung liegt genau bei Mangrove Mama's *(Tel. 305/745-3030; siehe S. 297)*, einem hübschen Restaurant mit Bar – und nimmt die Fla. 939 oder die 939A, die beide bei MM 17 wieder auf den Highway stoßen. Ein Abstecher auf die Old State Road (Fla. 4A) führt durch Mangrovenwälder und schließlich über einen schmalen Kanal, um auf Upper Sugarloaf Key in einer Sackgasse zu münden. Südlich von **Perky's Bat Tower** (siehe Kasten) bei MM 17 liegt die beliebte Sugarloaf Lodge *(Tel. 305/745-3211, www.sugarloaflodge.net)* mit Restaurant, Jachthafen und Flugplatz.

HINTER SUGARLOAF KEY

Jetzt trennen den Besucher nur noch elf Brücken von Key West. Die längste ist 800 Meter lang, die kürzeste und letzte – die Brücke von Stock Island nach Key West – nur 48 Meter. Allein sechs Brücken führen über die **Saddlebunch Keys**, von Mangroven überwucherte Korallenhügel.
Südlich der Saddlebunch Keys liegt **Big Coppitt Key**, Schlafort für die Mitarbeiter des Marineflughafens auf dem weiter südlich gelegenen **Boca Chica Key**, dessen Strände meist gesperrt sind. Wie Boca Chica ist auch **Rockland Key** ein Industriestandort. Weiter voraus liegen Key West und das Ende des Overseas Highway bei Meile 0. ■

 **Wissen**

Ein Bild aus früheren Zeiten: Perky's Bat Tower, den der Hurrikan Irma zerstörte

SUGARLOAF KEY
⛰ Karte S. 223 E2

SADDLEBUNCH KEYS
⛰ Karte S. 222 D2

BIG COPPITT KEY
⛰ Karte S. 222 D2

BOCA CHICA KEY
⛰ Karte S. 222 C1

ROCKLAND KEY
⛰ Karte S. 222 C2

Key West und Dry Tortugas

❮ Am äußersten Westende der Keys zeigt dieser
Wegweiser auf Key West die Entfernungen

Key West, 1829 gegründet, ist nicht nur die südlichste Stadt des amerikanischen Festlands, sondern auch die älteste in ganz Südflorida. Viele empfinden die isolierte Insellage als exotisch: Die entspannte Lebensweise hier hat schon viele Besucher zum Bleiben verleitet.

Der Alltag von Key West unterscheidet sich grundlegend vom amerikanischen Mainstream. Viele Neuankömmlinge schreckt die offensichtliche Missachtung aller Konventionen ab. Die Bürgersteige sind zerfurcht von den Wurzeln der Banyanbäume, die Häuser so mit Ranken und den orangefarbenen Blüten der Flamboyants überwuchert, als gäbe es ein Gesetz gegen das Streichen von Hauswänden. Am besten kommt man unvoreingenommen hierher.

Im 19. Jahrhundert nannten die Kubaner die Insel *stella maris*, »Stern des Meeres«. Für sie war es ein Ort, an dem man mit Zigarrenherstellung und Fischerei ein Auskommen fand und zugleich den kubanischen Zuckerrohrfeldern und den spanischen Kolonialherren entkam. Die spanischen Entdecker fanden hier zahllose menschliche Skelette vor. War Key West eine Begräbnisstätte der Calusa – oder ein Schlachtfeld? Man weiß es nicht. Noch heute ist Key West ein Ort der Mysterien und Widersprüche.

EINE ANDERE WELT

Auf der Insel gibt es keine natürlichen Süßwasservorkommen, doch sie liegt inmitten einer riesigen feuchten Wildnis. Hier wechseln sich Vornehmes und Schäbiges ab: Auf jede Kunsthandlung, jeden Buchladen und jedes Antiquitätengeschäft kommt ein Dutzend T-Shirt-Shops. Auf jeden mit feinem Leinen gedeckten Tisch kommt einer der Billigläden, in denen frittierte Muscheln und Fritten auf Pappteller geschaufelt werden und die Gäste an Picknicktischen unter Blechdächern sitzen.

Der Mallory Square im Zentrum mit seinen glitzernden Touristenattraktionen und Händlern ähnelt streckenweise einem Vergnügungspark. Aber wenn man den Blick über die traumhafte tropische See schweifen lässt, bekommt man wieder ein Gefühl für die Natur, in der dies alles stattfindet. Verlässt man das Zentrum mit den vornehmen Häusern und Villen aus dem 19. Jahrhundert und geht an den neuen Wohnanlagen vorbei, findet man sich auf zugewucherten Wegen und in schäbig wirkenden Bungalowsiedlungen wieder: ein Zeichen der wirtschaftlichen Abstürze, unter denen die Insel mehrfach zu leiden hatte.

Der Sitz der Key West Kite Company passt bestens zum Charakter der »Conch Republic«

DIE CONCHS VON KEY WEST

Als *Conch* (sprich: »konk«) werden heute Menschen bezeichnet, die auf Key West geboren wurden und die allem kritisch, jedoch unvoreingenommen gegenübertreten. Geprägt wurde der Name 1646, als eine Gruppe Briten eine Kolonie auf den Bahamas gründete und sich weigerte, Steuern an den König zu zahlen. Als die Krone dennoch versuchte, Steuern zu erheben, verkündeten sie trotzig, lieber *conch* (Muschelfleisch, das sie ohnehin aßen) zu essen als zu zahlen. Von da an wurden sie Conchs genannt. Die Muscheln, denen sie ihren Namen verdanken, sind in den Keys allerdings inzwischen vom Aussterben bedroht; das Muschelfleisch, das hier gegessen wird, kommt von den Bahamas, aus Belize oder der Karibik.

Heute sind die echten Conchs in der Minderzahl, denn es gibt viel mehr zugereiste »Süßwasser-Conchs«. Key West wirkt wie ein Magnet auf Leute, die an einem Ort leben wollen, der so unkonventionell ist wie sie selbst. Künstler, Lebenskünstler und Exzentriker wohnen hier. Die Insel ist auch Heimat einer großen Schwulengemeinde, deren Mitglieder sich für den Schutz des historischen Erbes und die Wiederbelebung des Gastgewerbes der Stadt engagieren. Viele Bewohner sind Aussteiger: Manager, die jetzt ein Restaurant führen, Unternehmer, denen die Isolation der Insel ebenso gefällt wie das Gefühl der Freiheit.

EIN FEST FÜR DIE SINNE

Key West spricht die Sinne an. Gegen Abend verleiht das subtropische Licht den Farben eine unglaubliche Intensität. Das ist auch der Grund, weshalb sich Touristen abends am Mallory Square versammeln und applaudieren, wenn die Sonne im Meer versinkt. Die Luft riecht nach Salzwasser, duftenden Ranken und wilden Orchideen. Die Durchschnittstemperatur liegt bei angenehmen 26 Grad, der Ozean ist warm und von einem klaren Blau. Der Rauch der Grills aus den Hinterhofrestaurants erfüllt die Straßen mit dem Duft der Speisen von den Bahamas und von Kuba.

KEY WEST ERKUNDEN

Die Altstadt lässt sich am einfachsten zu Fuß erforschen. Hier locken neben einheimischer Architektur und historischen Monumenten auch tropische Gärten, spannende Museen und eine interessante Küste. Dass es so viele Lokale gibt, liegt am maritimen Erbe der Stadt. Die Vielfalt an Meeresfrüchten, die die Fischer mitbringen, erlaubt es den Köchen, Gerichte zu zaubern, wie man sie sonst fast nirgendwo bekommt. Abgelegene Orte wie der Strand und der Picknickbereich im Zachary Taylor Historic State Park, der alte Leuchtturm, der Friedhof und die Gärten des Audubon-Hauses (siehe S. 250f) sind perfekt, um dem Trubel der Innenstadt zu entgehen. Wie in vielen Städten Amerikas gibt es auch in Key West Gegenden, die man nachts lieber meiden sollte. Little Bahama südlich der Innenstadt ist tagsüber und am Abend hübsch; Ortskundige raten aber davon ab, sich spätnachts in den unbeleuchteten Gassen aufzuhalten.

Umgeben ist das alles vom Meer. Eine Flotte von Charterbooten bietet ganztägige Schnorcheltouren zu den Riffen an, die die Insel einrahmen. Es gibt ruhige Strände und belebte, an denen Segelboote vermietet werden. Und wenn auch ein Meilenstein an der Ecke Whitehead und Fleming Street verkündet, dass dies die »Meile null« des Overseas Highway (US 1) ist, enden die Florida Keys hier noch nicht, sondern erst 110 Kilometer weiter westlich mit den Dry Tortugas. ∎

 **Wissen**

DIE KULTURSZENE DER FLORIDA KEYS

Die Keys warten mit einem lebendigen Kulturleben auf. Der **Florida Keys Council of the Arts** (**FKCA**; *www.keyarts.com*) hat es sich zur Aufgabe gemacht, die 225 Galerien, Theater, Museen, Festivals und Kunstzentren der Keys einem globalen Publikum zu präsentieren.

Der 1996 gegründete, in Key West ansässige Kulturrat fungiert als eine Art Kulturbehörde: Er vergibt Stipendien, unterstützt Kunst im öffentlichen Raum und bewirbt den Archipel als Kulturreiseziel. Außerdem bietet er Künstlern, Kulturorganisationen und Studenten Serviceleistungen und Unterstützung. Der FKCA unterhält ein Künstlerverzeichnis und gibt vierteljährlich einen Kulturkalender und Galerieführer heraus. Wer sich über Kulturveranstaltungen auf den Keys informieren möchte, kann auf der Website des FKCA unter »Your Visit« nachschauen.

Wer sich Key West auf dem Overseas Highway nähert, erreicht zunächst das Kommerz-Zentrum auf Stock Island, wo diverse Sportgeschäfte nicht vermuten lassen, dass die Stadt selbst durchaus sehr reizvoll ist. Anschließend führen zwei Strecken in die Altstadt, die schönere ist die Fla. A1A.

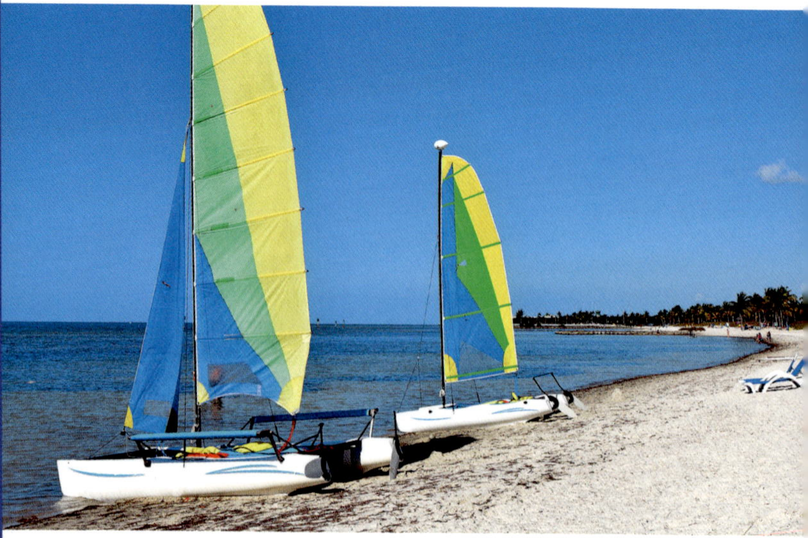

Nachmittag am Smathers Beach, der bei Hobie-Cat-Seglern und Windsurfern beliebt ist

Nach dem Überqueren der Brücke von Stock Island gelangt man an eine Kreuzung mit dem Roosevelt Boulevard. Schilder weisen hier nach links zur Fla. A1A und »Beaches/Airport«. Man folgt dem S. Roosevelt Boulevard am Flughafen vorbei und entlang der Atlantikseite der Insel. Der Teil von Key West östlich der White Street ist als *New Town* bekannt; sie ist überwiegend durch das Auffüllen von Feuchtgebieten entstanden. Die Altstadt liegt westlich der White Street.

Tipp

Köstliche Key Lime Pies gibt es überall. Einfach umwerfend ist jedoch der Key Lime Fudge in Kermit's Key West Key Lime Pie Shoppe (200A Elizabeth St.).

JEROME COOKSON,
KARTOGRAF,
NATIONAL GEOGRAPHIC MAGAZINE

STRÄNDE UND FEUCHTGEBIETE

Am South Roosevelt Boulevard erstrecken sich auch die sumpfigen **Salzseen**, aus denen Mitte des 19. Jahrhunderts Meersalz gewonnen wurde. Die vielen Krebstiere und kleinen Fische in den Tümpeln locken vor allem am frühen Morgen zahlreiche Seevögel an. Ein Teil des grasbewachsenen Feuchtgebiets gehört zum **Riggs Wildlife Refuge** (achten Sie auf das grüne Tor), das über eine sehr schöne Aussichtsplattform verfügt.

Jenseits des Salzsumpfs befindet sich an der Government Road ein weiteres Schutzgebiet, der **Little Hamaca Park**, eine Enklave lebendiger Naturgeschichte. Ein Plankenpfad erlaubt es, darin umherzuwandern, ohne einen Fuß auf das empfindliche Feuchtgebiet zu setzen.

Der drei Kilometer lange Strand gegenüber ist **Smathers Beach**, der gern von Surfern und Hobie-Cat-Seglern besucht wird. Diese leicht zu segelnden und recht stabilen Zweier-Katamarane werden am Strand vermietet. Allerdings darf man sich damit nicht aus der Sichtweite der Verleiher entfernen.

 Tipp

Der Little Hamaca Park, dessen Pfade zur Erkundung einladen, liegt neben einer alten Hawk-Raketenbasis mit Türmen und anderen Anlagen.

COREY MALCOLM,
ARCHÄOLOGIN, MEL FISHER MARITIME
MUSEUM

FORT EAST MARTELLO

Die Fla. A1A führt vorbei am **Fort East Martello**, einer zylindrischen Festung aus dem Bürgerkrieg. Im **Fort East Martello Museum and Gardens** *(3501 S. Roosevelt Blvd., Tel. 305/296-3913, www.kwahs.org/visit/fort-east-martello, $$)* ist eine bunt gemischte Sammlung untergebracht. Die Menschen im wechselvollen Stammbaum von Key West bekommen hier ein Gesicht: Piraten, Soldaten, Eisenbahner, Schwammtaucher, Rumschmuggler, Zigarrenmacher, Garnelenfänger und politische Flüchtlinge aus der Karibik. Es werden auch Arbeiten heimischer Künstler ausgestellt. Ein Raum ist den Schriftstellern des Ortes gewidmet. Sehenswert ist der Meerblick von der Aussichtsplattform des Turms.

IN DIE ALTSTADT

Am Ende des lang gezogenen Smathers Beach biegt der S. Roosevelt Boulevard landeinwärts ab und wird daraufhin zur Bertha Street. Nicht weit von hier geht es links in den Atlantic Boulevard und in eine Wohnsiedlung. Der Atlantic Boulevard führt schließlich zur White Street, der Nordgrenze der Altstadt von Key West. ■

KEY WEST
◪ Karte S. 238/239

FORT EAST MARTELLO
◪ Karte S. 239

Das historische Zentrum von Key West grenzt an den Key West Harbor und an den kommerziellen Hafen Key West Bight, der heute HarborWalk genannt wird. Das offizielle Stadtzentrum ist der Mallory Square, an dem die Passagiere in früherer Zeit die Schiffe der Mallory Steamship Company in Richtung Kuba bestiegen.

GESCHICHTE

Der Geschichte zufolge hisste eine Einheit der Marine 1822 erstmals die US-Flagge auf der Insel. Den sumpfigen, malariaverseuchten Ort hatte der Spekulant John Simonton im selben Jahr für 2000 Dollar einem spanischen Landverweser abgekauft. So erhielten die USA ihren südlichsten Tiefwasserhafen. Key West wurde Standort der West India Squadron der Navy, die acht Jahre brauchte, um die Piraten aus ihren Verstecken in den Mangrovenwäldern der Keys zu vertreiben. In derselben Zeit begannen die ersten Siedler, überwiegend Neuengländer und englische Walfänger von den Bahamas, Handelsmatrosen und Schiffsberger, mit dem Bau von Häusern. Mit dem Anwachsen von Amerikas Handelsflotte forderten die Riffe um Key West ihren Tribut. Bei ruhiger See und Sonnenschein sind die zerklüfteten Korallen bis kurz vor dem Aufprall nahezu unsichtbar, und in der Hurrikansaison macht der Sturm die Schiffe ohnehin in vielen Fällen manövrierunfähig. Deshalb kam es auf den Riffen zu Hunderten von

Das alte First National Bank Building an der Ecke Duval und Front Street in der Altstadt

Wissen

KEY WEST IN DER LITERATUR

Ernest Hemingways Roman *Haben und Nichthaben* von 1938 erzählt die tragische Geschichte des Conch-Fischers und Schmugglers Henry Morgan und macht die Verzweiflung der Krisenjahre von Key West ebenso deutlich wie die Bewunderung, die Hemingway für das Selbstvertrauen seiner Landsleute empfand. Mit dem Pulitzerpreis ausgezeichnet wurde auch Elizabeth Bishop, die in 624 White Street lebte, und deren Gedichte oft vom Leben auf den Keys handeln.

Schiffbrüchen. Die Ladungen, die in der Folge an der Küste von Key West angespült wurden, bewirkten einen unglaublichen wirtschaftlichen Aufschwung. Das amerikanische Bergungsgesetz, das im Grunde besagt, dass ein Finder seine Beute behalten darf, wurde hauptsächlich von Richtern aus Key West ausgearbeitet. Die »Abwracker« der Insel richteten ihre prächtigen Villen mit diesen Fundstücken ein.

In den 1850er-Jahren ging ihre Glückssträhne jedoch zu Ende, denn es wurden die ersten Leuchttürme gebaut. Da mit diesem Wirtschaftszweig nichts mehr zu verdienen war, verlagerte man sich auf die Schwammernte, gefolgt von der Zigarrenherstellung der kubanischen Einwanderer des späten 19. Jahrhunderts. Auch der kommerzielle Fischfang lohnte sich mittlerweile, und um 1890 war Key West die reichste Stadt Floridas.

All das endete 1929 mit der Weltwirtschaftskrise. Die Schwämme waren verschwunden, die Zigarrenmanufakturen nach Tampa gezogen. So legten die Schiffe nun weiter im Norden an. Auch die Navy hatte ihren Stützpunkt geschlossen. 1934 waren vier von fünf Einwohnern von Key West arbeitslos. Schließlich beschloss Florida, Key West mit öffentlichen Geldern in einen Touristenort umzuwandeln.

Neubeginn: Rund 4000 Inselbewohner schufteten ein halbes Jahr lang. Sie pflanzten Bäume, reparierten Häuser, entsorgten Müllberge und harkten den Seetang von den Stränden. Mit staatlichen Zuschüssen wurden Hotels wiedereröffnet, Absolventinnen der Hausmädchenschule von Key West eingestellt und arbeitslose Musiker angeheuert, die für die Besucher bei deren Ankunft aufspielten. Andere Inselbewohner lernten Kunsthandwerke, wie das Flechten von Sonnenhüten aus Palmwedeln.

Ein Touristenführer wurde geschrieben, in dem alles verzeichnet war, was Besucher auch nur im Entferntesten interessieren konnte. Ein »typisches altes Haus« war die Sehenswürdigkeit Nr. 12, eine Zigarrenfabrik Nr. 35

KEY WEST
🔺 Karte S. 238/239

und Ernest Hemingways Haus in 907 Whitehead Street Nr. 18 auf der Liste. In *A Key West Letter* von 1935 erklärte Hemingway sich als von Touristen belagert, da sein Haus zwischen »Johnson's Tropical Grove (Nr. 17)« und »Lighthouse and Aviaries (Nr. 19)« liege. Key Wests Karriere als Reiseziel begann mit einer Empfehlung an die Reisenden, geschrieben von dem Bundesbeamten, der für die Herrichtung der Insel verantwortlich war: »Um Key West und seine Architektur, die Gassen und Wege, die freundlichen Menschen und die gesamte Schönheit wirklich kennenzulernen, muss der Besucher wenigstens mehrere Tage in der Stadt verbringen. Sofern Besucher nicht bereit sind, mindestens drei volle Tage zu bleiben, ziehe die Verwaltung von Key West es vor, auf sie zu verzichten.«

MALLORY SQUARE

Der belebte Platz erinnert an Stephen Mallory, einen Bewohner von Key West, der 1861 der Navy der Konföderierten als Minister diente. An der Ecke Front und Greene Street steht das in Rot und Terrakotta gehaltene Zollhaus aus den 1880er-Jahren, Floridas schönstes neoromanisches Gebäude. Heute ist dort das **Custom House Museum** *(Tel. 305/295-6616, kwahs.org/museums/custom-house/history, $$)* eingerichtet, aber früher diente es als Postamt und Gerichtsgebäude. Eine 2012 eröffnete Dauerausstellung feiert das 100-jährige Jubiläum der Ankunft der Florida East Coast Railway in Key West. Der überladen wirkende Bau der **First National Bank** in der Nähe verdankt seine reich geschmückte Fassade dem Geschmack der kubanischen Zigarrenhersteller, die es im 19. Jahrhundert erbauen ließen. Mit der Front zum Platz steht hier auch das älteste Geschäftshaus von Key West, errichtet aus Korallengestein. Ursprünglich lagerte man dort Eis; heute ist das Shell Warehouse ein Indoor-Basar, erfüllt vom Geklimper der Windspiele, die hier verkauft werden.

MEL FISHER MARITIME MUSEUM

Kapitän Geiger (siehe S. 250) war nicht der einzige Unternehmer in Key West, den das Ausplündern gesunkener Schiffe reich machte. Der erfolg-

---

🔲 **Erlebnis**

SONNENUNTERGANG AM MALLORY SQUARE

Das Ritual, sich in den Abendstunden auf dem Mallory Square einzufinden, um der Sonne zuzujubeln, wenn sie im Golf von Mexiko versinkt, entstand in den 1960er-Jahren. Die Sonnenuntergänge sind wirklich spektakulär. Touristen wie Einheimische treffen sich zwei Stunden vor Sonnenuntergang, um den Trubel auf dem Platz zu genießen.

Am Mallory Square ist der Sonnenuntergang über dem Golf von Mexiko besonders malerisch

reichste Schatzsucher jüngerer Zeit war Mel Fisher: Ihm gelang es, zwei spanische Galeonen aufzuspüren, die in einem Hurrikan 1622 gesunken waren. Mehr als 16 Jahre lang verbarg sich die *Nuestra Señora de Atocha* vor Fisher, doch seine Taucher fanden sie am 20. Juli 1985 und bargen einen Schatz, der auf rund 400 Millionen Dollar geschätzt wird.

Vom Mallory Square zum Museum, Ecke Whitehead und Greene Street, ist es nur ein kurzer Fußweg. Hier wird ein kleiner Teil der Fundstücke gezeigt: Gold, Silber, Schmuck und seltene nautische Artefakte aus den Schiffswracks, die in rund 18 Metern Tiefe entdeckt wurden. Ausgestellt sind Gold- und Silberbarren, kunstvolle Goldketten von fast drei Metern Länge, ungeschliffene Smaragde von gigantischer Größe und juwelenbesetzte Kruzifixe. Zu sehen sind neben einem 77 Karat schweren Smaragd auch alltägliche Utensilien. Dazu gehören Anker, Werkzeuge und Kanonen. Die Exponate wecken Hoffnungen auf noch bedeutendere Funde, während andere auf die nüchterne Realität der modernen Schatzsuche verweisen: ungeheure Kosten, jahrelange, harte Arbeit und die Gefahren, die mit der Suche verbunden sind. *(Fortsetzung auf S. 250)*

MALLORY SQUARE
🅰 Karte S. 238
www.mallorysquare.com

MEL FISHER MARITIME MUSEUM
🅰 Karte S. 238

✉ 200 Greene St.
☎ 305/294-2633
💲 $$$
www.melfisher.org

SPAZIERGANG DURCH OLD KEY WEST

Die Altstadt von Key West durchwandern Sie am besten zu Fuß – so können Sie mit allen Sinnen genießen, was es zu sehen, zu hören und zu riechen gibt. Aber es gibt natürlich auch andere Möglichkeiten, in die Altstadt einzutauchen.

RUNDGÄNGE AUF EIGENE FAUST

Die beliebteste Tour ist der von der Old Island Restoration Foundation eingerichtete, 25 Blocks lange **Pelican Path**, der zu über 50 bedeutenden Gebäuden der Stadt führt. Die Broschüre dazu ist bei der Key West Chamber of Commerce *(510 Greene St., Tel. 305/294-2587, www.keywestchamber.org)* erhältlich, wo der Rundgang beginnt und auch endet, zudem beim Oldest House Museum *(322 Duval St.)* – oder man fragt bei der Old Island Restoration Foundation *(Tel. 305/294-9501, www.oirf.org)* nach.

Der Spaziergang dauert mehrere Stunden. Die meisten Gebäude können nicht besichtigt werden, aber von Januar bis März bietet die Foundation im Rahmen der Old Island Days Führungen durch Häuser und Gärten an.

Der **Cuban Heritage Trail** führt an fast 40 Häusern, Gebäuden und Lokalitäten vorbei, die alle eng mit der Geschichte der Kubaner in Key West verbunden sind. Eine Broschüre und Karte dazu gibt es kostenlos bei der Historic Florida Keys Preservation Foundation *(510 Greene St., Tel. 305/292-6718, www.historicfloridakeys.org)*.

Es lohnt sich, einen Blick auf die hervorragend kommentierte Karte von Key Wests historischem Viertel zu werfen: ein gut recherchierter Führer zu

Der Conch Train bietet eine 22,5 Kilometer lange Sightseeing-Tour über die Insel

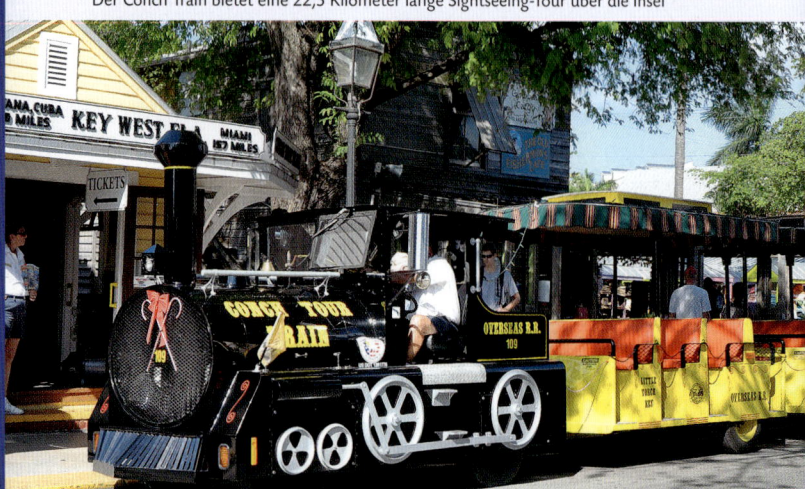

Eine spezielle Trolleybus-Tour befasst sich mit den makabren Seiten von Key West

Relikten der Inselgeschichte. Bei der Foundation gibt es zudem eine Broschüre über den alten Key West Cemetery (siehe S. 263).

Ein weiterer Rundgang ist die **Key West Historic Marker Tour** *(www.key westhistoricmarkertour.org)*. Die entsprechende Karte bekommt man auf der Website, auch für das Handy. Die 68 historischen Orte sind nummeriert; Erklärungen liefert die Website, oder man ruft eine Bandansage *(Tel. 305/507-0300)* ab und gibt die Nummer der entsprechenden Stätte ein.

BAHN- UND TROLLEYBUS-TOUREN

Der **Conch Train** *(tägl. 9–16.30 Uhr, Tel. 888/916-8687, www.conchtourtrain. com, $$$$$)* bietet eine 22,5 Kilometer lange, 90-minütige Tour. Der Zug auf Rädern startet alle halbe Stunde am Mallory Square vor 303 Front Street. Zusteigen kann man an der Haltestelle Flagler, 901 Caroline Street. Beim **Old Town Trolley** *(tägl. 9–16.30 Uhr, Tel. 855/623-8289, www.trolley tours.com/Key-West, $$$$$)* handelt es sich um Kleinbusse, die halbstündlich vom Platz am Roosevelt Boulevard abfahren. Die Fahrt dauert 90 Minuten. Man kann überall aussteigen und die Fahrt später fortsetzen.

◻ Wissen

DIE CONCH REPUBLIC

Am 20. April 1982 sperrte die US-Grenzpolizei während der Suche nach illegalen Einwanderern und Drogenschmugglern den Overseas Highway unterhalb von Florida City. Alle Autofahrer mussten ihre Papiere vorzeigen. Der entstehende Stau war eine Katastrophe für das Ansehen der Region. Die Bewohner der Keys empörten sich darüber, dass man sie wie Kriminelle behandelte. Nach drei Tagen verkündete die Stadtverwaltung von Key West die Abspaltung von der Union. Bei einer Demonstration auf dem Mallory Square wurde Key West zur unabhängigen Conch Republic erklärt. Die Conch-Flagge wurde gehisst, Visa und Grenzpässe ausgegeben und eine eigene Währung geprägt. Danach »ergab« sich die Rebellennation prompt wieder, verlangte von den USA aber Auslandshilfe. Noch heute wird die »Unabhängigkeit« jedes Jahr im April zelebriert.

Im eleganten Audubon House residierte einst ein wohlhabender Kapitän

AUDUBON HOUSE & TROPICAL GARDENS

Nicht weit vom Mallory Square erhebt sich an der Whitehead Street, umgeben von einem prachtvollen Garten, den viele für den schönsten Floridas halten, ein hübsches, zweistöckiges weißes Haus. Zweifellos ist das historische Haus das eleganteste der Insel, ausgestattet mit schönen alten Möbeln, Gemälden, Porzellan, Kleidung, Puppen und Spielzeug. Der Name des Hauses ist jedoch irreführend, gibt es doch keine historisch nachweisbare Verbindung zu John James Audubon, dem berühmten amerikanischen Ornithologen und Zeichner wilder Vögel.

Audubon, der Key West und die Dry Tortugas 1832 kurz besuchte, hat hier nie gewohnt; das Haus gehörte John Geiger, einem Kapitän, der wie viele seiner Landsleute ein Vermögen mit der Bergung der Ladung havarierter Schiffe machte. Er baute das heute noch tadellos erhaltene Haus in den 1830er-Jahren.

☐ Tipp

John James Audubon nahm sich Pflanzen aus dem Garten der Geigers und bildete sie in seinen Vogelzeichnungen ab. Eines dieser Bilder hängt noch immer im heutigen Audubon House.

MARTHA RESK,
EHEMALIGE AUSSTELLUNGSLEITERIN,
AUDUBON HOUSE

CONCH-ARCHITEKTUR

Key Wests Gebäude im Conch-Stil (oder Bahamas-Stil) und im Grunde eine Mixtur verschiedener Stile des 19. Jahrhunderts spiegeln die Techniken des Schiffsbaus wider. Sie waren so konstruiert, dass sie der subtropischen Hitze, Feuchtigkeit und Stürmen widerstanden: mit oben angeschlagenen Fensterläden, belüfteten Dachböden, steilen Dächern aus verzinktem Blech, schattigen Säulenveranden und Stützpfeilern anstelle von Fundamenten. Die meisten bestehen aus Kiefernholz und wurden, bevor Key West in den 1930er-Jahren »touristenfein« gemacht wurde, selten gestrichen, sondern nur von der Sonne ausgeblichen.

Seine Erben lebten mehr als 120 Jahre darin: bis 1958. Durch die Nähe zum Mallory Square war das Haus vom Abriss bedroht, was Denkmalschützer verhinderten, die Haus und Garten in ein Museum zum Gedenken an Audubons Besuch in Key West verwandelten.

Besucher dürfen das geräumige Haus auf eigene Faust besichtigen. Im Kinderzimmer im ersten Stock kann man Spielzeug aus den 1830er-Jahren bestaunen. Im Haus hängen überall Originalgrafiken und -gemälde von Audubon, und im zweiten Stock befinden sich Audubons Notizen über 22 Vögel von den Keys. Der Garten mit Orchideen und einem Gewächshaus im Stil der 1840er-Jahre ist ein wundervoller Ort zum Verweilen.

CAROLINE STREET

Es gibt viele Gründe, durch dieses Musterbeispiel des alten Key West zu wandern, das vom Truman Little White House (siehe S. 252ff) an der Front Street zum dicht bebauten Ufer von Key West Bight führt. Das weiße Haus gegenüber dem Eingang zum alten Marinestützpunkt war einst Hauptsitz der Aeromarine Airways. Anfang der 1920er-Jahre beförderte diese Pionier-Fluglinie Passagiere und Post an Bord ausgemusterter Curtiss-F5-L-Flugboote der Navy-Küstenpatrouille nach Kuba. In jedem Flugzeug flog eine Brieftaube mit – für den Fall eines Absturzes. Mit dem Jungfernflug der Aeromarine am 1. November des Jahres 1920 entstand zugleich eine der ersten offiziellen internationalen Luftpostverbindungen Amerikas. Die Gesellschaft ließ sich hier nieder, weil die Küste nah war – später füllte die Navy Land bis zu den alten U-Boot-Liegeplätzen auf. Heute liegen hier

AUDUBON HOUSE & TROPICAL GARDENS
▲ Karte S. 238
✉ 205 Whitehead St.
☎ 305/294-2116

🅢 $$
audubonhouse.com

CAROLINE STREET
▲ Karte S. 238

□ Tipp

Erkunden Sie das üppig bewachsene Gelände rund um das Little Truman White House. Eine Broschüre hilft Ihnen dabei, die unzähligen tropischen Pflanzen zu bestimmen.

JANE SUNDERLAND,
NATIONAL GEOGRAPHIC-AUTORIN

ein Jachthafen und eine Promenade. Von 1921 an flog die Aeromarine auch die 298 Kilometer lange Strecke nach Nassau auf den Bahamas. Nach nur zwei Jahren hatte die Fluggesellschaft an die 20 000 Passagiere sicher ans Ziel gebracht. Doch da sich das Ganze als Verlustgeschäft erwies, musste sie 1923 aufgeben. In dem Bau residiert heute das Lokal **Kelly's** *(Tel. 305/293-8484)*; die Routen der Aeromarine übernahm die später weltberühmte Pan American Airways.

Neben Kelly's befindet sich das hübsche **Heritage House** *(410 Caroline St.)*, ein nicht öffentlich zugängliches Archiv zur Geschichte von Key West, eingerichtet in einer Conch-Villa der 1830er-Jahre. In dem wundervollen tropischen Garten hinter der Villa steht das Häuschen, in dem zeitweilig der Dichter Robert Frost (1874–1963) wohnte.

Die Gegend um den 500er-Block der Caroline Street ist vielleicht das schönste Wohngebiet der Altstadt; hier reihen sich beeindruckende Villen aneinander. Die schönste ist wohl **Curry Mansion Inn** *(511 Caroline St., Tel. 305/294-5349; siehe S. 298f)*, das 1905 von einem der Söhne William Currys, des erfolgreichsten Unternehmers im Key West des 19. Jahrhunderts, erbaut wurde. Das Haus kann man besichtigen *($)*; die Aussicht vom Dach auf die Altstadt lohnt sich.

Im Jahr 1886 zerstörte ein verheerendes Feuer eine Vielzahl der alten Villen in diesem Viertel. Aus der Asche entstanden in der Folge oft noch prachtvollere Bauten, darunter das **George Patterson House** *(522 Caroline St.)* und das **Richard Kemp House** *(601 Caroline St.)* an der Ecke des nächsten Blocks, das als großartiges Beispiel für die Mischung von Conch-Stil und Klassizismus gilt. Richard Kemp, ein Engländer von den Bahamas, begründete einstmals den Handel mit Schwämmen aus Key West. Das historische Haus beherbergt heute das Cypress House Hotel *(Tel. 305/294-5229, www.historickeywestinns.com)*. Auch in den nächsten beiden Blocks Richtung Meeresufer sind Bauten mit klassizistischen Elementen zu sehen, die in der Nähe der hemdsärmeligen und barfüßigen Bier-und-Pommes-Atmosphäre der Key-West-Bight-Docks ein wenig fehl am Platz wirken.

HARRY S. TRUMAN LITTLE WHITE HOUSE

Seit den 1820er-Jahren war das Militär ein geduldeter Gast in Key West, und die Stadt zählte zu den wenigen Orten Amerikas, von denen aus das

Land regiert wurde, nämlich unter der Präsidentschaft von Harry S. Truman. Vor der Öffentlichkeit erschien Truman eisern entschlossen und zuversichtlich, aber das Amt kostete ihn seine ganze Kraft. Nach dem Zweiten Weltkrieg sah Truman sich der ungeheuren Aufgabe gegenüber, Amerikas Interessen in der Nachkriegszeit zu vertreten. 1946 war er so erschöpft, dass seine Ärzte sich um ihn sorgten. Ein Urlaub war undenkbar, aber er benötigte abseits der Winterkälte Washingtons einen sicheren Rückzugsort, wo er arbeiten, sich frei bewegen, im Kreise seiner Freunde und Berater entspannen und bei Bedarf schnell nach Washington zurückkehren konnte.

Das Arbeitszimmer im Little White House blieb meist ungenutzt: Truman arbeitete lieber an seinem Pokertisch

Southern White House: Die Marinebasis in Key West war der perfekte Ort dafür. Das Haus des Kommandanten stand leer. Das 1890 erbaute Doppelhaus mit den schattigen Veranden und großen Zimmern für gesellige Treffen ähnelte eher einem Klubhaus als einer militärischen Einrichtung. Ein US-Marinehospital lag ganz in der Nähe, und zum Militärgelände gehörte der schönste Strand von Key West (heute im Fort Zachary Taylor Historic State Park, siehe S. 255). Im November flog Truman zur Marinebasis Boca Chica und bezog das Haus. Im Partyraum diente ein Pokertisch als Schreibtisch, und die Bar war bis Mitternacht mit einem Matrosen besetzt. Die Gefährdung des Präsidenten wurde hier als so gering eingeschätzt, dass nur ein Beamter des Secret Service eingesetzt wurde. Neben seiner Arbeit spielte Truman Poker, schwamm im Meer und begann das gesellige Trinken morgens um sieben Uhr mit einem Whisky. Seine Kraft und Lebensfreude kehrten zurück. »Am liebsten«, gestand er halb im Scherz, »würde ich die Hauptstadt nach Key West verle-

HARRY S. TRUMAN LITTLE WHITE HOUSE
 Karte S. 238

✉ 111 Front St.
☎ 305/294-9911
💲 $$$
www.trumanlittlewhitehouse.com

gen und hierbleiben.« In den folgenden sechs Jahren seiner Amtszeit kehrte er zehnmal zurück und ging manchmal in die Altstadt, wo er seinen Kaffee mit signierten Dollarscheinen zu bezahlen pflegte. Auch die Präsidenten Eisenhower und Kennedy nutzten Trumans Winter-Regierungssitz.

Die Führung durch das Little White House ist wie ein Rückblick in eine einfachere, gemütliche Welt. Auf dem filzbezogenen Pokertisch stehen Geschosshülsen als Aschenbecher und Zigarrenhalter. Der stets auf Wahrung des Anstands bedachte Truman hatte sich eigens eine Tischplatte anfertigen lassen, die hastig aufgelegt wurde, um die Pokerkarten zu verstecken, wenn Besucher eingelassen wurden. Auf dieser Platte unterschrieb er übrigens den Marshallplan zur Unterstützung Westeuropas beim Wiederaufbau.

Truman Annex: Umgeben ist Trumans Zufluchtsort vom Truman Annex, einem parkähnlichen Areal mit Apartment- und Stadthäusern, das bis in die 1980er-Jahre der Marine gehörte. Im Hospital, in dem einst malariageschüttelte Soldaten gepflegt wurden, gibt es heute Wohnungen mit Aussicht auf den Jachthafen und die Uferpromenade.

Ein Spaziergang über das Gelände führt zu den Sehenswürdigkeiten auf und um die Whitehead Street: zum **Hemingway Home and Museum** (siehe S. 257) und dem Key West Lighthouse (siehe Kasten S. 258), zum Little-Bahama-Viertel an der Thomas Street mit dem Restaurant **Blue Heaven** in Nr. 729 *(Tel. 305/296-8666; siehe S. 300)*, dessen karibische Gerichte Gourmets zum Schwärmen bringen, sowie in die Southard Street, die am **Fort Zachary Taylor Historic State Park** an dem Strand endet, an dem Präsident Truman einst schwimmen ging. ■

□ Erlebnis

ANGELN UND SCHLEMMEN

Für Angler gibt es nichts Schöneres, als den selbst gefangenen Fisch zu verzehren. Nach einem erfolgreichen Fischzug auf einem Charterboot mit Gelbschwanz-Schnapper, Zackenbarsch oder Goldmakrele als Beute bittet man die Crew, den Fang zu filetieren und anschließend in Eis zu verpacken. Dann sucht man sich ein Restaurant, das sich bereit erklärt, den Fisch anzurichten. Der Koch wird eine Zubereitungsart vorschlagen und den Fisch dann vielleicht mit gedämpftem Gemüse servieren. Restaurants, die den Fang zubereiten, sind zum Beispiel **Sun Sun** im Waldorf Astoria Resort *(1500 Reynolds St., Tel. 305/296-3535)*, **Hogfish Bar & Grill on Stock Island** *(6810 Front St., Tel. 305/293-4041, www.hogfishbar.com)* oder **Blue Heaven** (siehe S. 300). Die meisten Restaurants verlangen für die Zubereitung des Fischs etwa 15 Dollar (am besten vorher nachfragen). Zudem sollte man sich vorab erkundigen, ob der Fisch auf eine bestimmte Weise vorbereitet werden muss.

FORT ZACHARY TAYLOR HISTORIC STATE PARK

Auf dem Weg zum Strand im Südwesten von Key West liegt rechts die Festungsanlage, nach der der 35 Hektar große Park benannt wurde.

Auf der Grasfläche des alten Exerzierplatzes finden heute Picknicks und Konzerte statt

Die Festung, mit deren Bau 1845 begonnen wurde, sollte ausländische Abenteurer vom Golf und der Karibik fernhalten. Damals lag sie noch 350 Meter vor der Küste, aber Treibsand und Aufschüttungen sorgten allmählich für die Verbindung zur Insel. Der Bau zog sich über 21 Jahre hin und kostete zahlreiche Menschenleben, aber schließlich war die Festung für 500 Mann und fast 200 Kanonen fertig.

Modernisierungen sorgten dafür, dass die Festung auch im Zweiten Weltkrieg noch genutzt werden konnte. 1968 entdeckten Hobbyarchäologen bei einer Grabung Waffenkammern, Geschütze und Munition, die seit 1898 gebunkert worden waren. Heute verfügt das Museum der Festung über Amerikas umfangreichste Sammlung von Waffen aus der Zeit des Bürgerkriegs. Um 12 Uhr finden kostenlose kurze Führungen statt.

FORT TAYLOR BEACH

Der einzige Nachteil des hübschen Strandes ist der Korallenkies, auf dem das Barfußlaufen unangenehm ist. Im Wasser ist es jedoch traumhaft. Hier gibt es Picknicktische, Grills, Toiletten, Duschen und einen Kiosk. ■

FORT ZACHARY TAYLOR HISTORIC STATE PARK
🗺 Karte S. 238

✉ 601 Howard England Way
☎ 305/292-6713
www.floridastateparks.org

KAJAKFAHREN IN DEN KEYS

Kajakfahren gehört neben Tauchen und Angeln zu den beliebtesten Outdoor-Abenteuern auf den Keys. Paddlern bieten sich hier jede Menge ruhige Gewässer, Seegraswiesen, verborgene Mangroventunnel, bunte Sonnenuntergänge, eine fantastische Vogelwelt sowie Meeresbewohner wie Delfine, Seekühe, junge Haie und Quallen. Vor Key West kann es sogar zu Begegnungen mit riesigen Kreuzfahrtschiffen kommen. Außerdem hat man die Möglichkeit, an mehreren lohnenswerten Punkten anzulanden.

Erfahrene Kajakfahrer können in der Umgebung der Keys Mehrtagestouren unternehmen. Für Neulinge gibt es Unterricht in Küstennähe und halbtägige Ausflüge mit Guides. Die Kosten variieren je nach Anbieter und Tour.

Upper Keys: Die unbewohnten Inseln verbergen mangrovenüberwucherte Tunnel, die sich bestens für Paddeltouren eignen. Kajakfahrer können hier nach indianischen Begräbnishügeln, Tieren und Wracks von havarierten Schiffen Ausschau halten. Im tiefen Wasser des Dusenberry Creek versammeln sich manchmal Seekühe. Überall tummeln sich Delfine, auch wenn sie nicht immer leicht zu finden sind. Zu den Anbietern gehören die **Florida Bay Outfitters** (MM 104, Key Largo, Tel. 305/451-3018, www.paddle floridakeys.com), der **John Pennekamp Coral Reef State Park** (MM 102,5, Key Largo, Tel. 305/451-6300, www.pennekamppark.com/rentals), die **Backcountry Cowboy Outfitters** (MM 82,2, Islamorada, Tel. 305/517-4177, www.backcountrycowboy.com) und **Kayak Shack** (an Robbie's Marina, MM 77,5, Lower Matecumbe, Tel. 305/664-4878, www.kayakthefloridakeys.com).

Middle Keys: Die Region hält weitere Möglichkeiten bereit. Allerdings gibt es mehr offenes Wasser und stärkere Strömungen. Anbieter gibt es nicht viele. Am besten versucht man es bei **Marathon Kayak** (Marathon, Tel. 305/395-0355, www.marathonkayak.com). Einfach anrufen, und »Kayak Dave« kommt mit seinen Kajaks zum Wasser.

Lower Keys: Die Gewässer des »Hinterlandes« der Lower Keys wimmeln von Seegurken, Mangrovenquallen und jungen Haien; an Land wartet in den Mangroven eine reiche Vogelwelt, und bei Ebbe bieten Sandbänke unendlich viele Erkundungsmöglichkeiten. Kajakverleih und Touren bieten **Big Pine Kayak Adventures** (Watson Blvd., Big Pine Key, Tel. 305/872-7474, www.keyskayaktours.com) und **Bahia Honda State Park** (MM 37, Big Pine Key, Tel. 305/872-3210, www.bahiahondapark.com/kayaking.html).

Key West: In den ruhigen Gewässern des »Hinterlandes« von Key West kann man gemütlich paddeln. Wer Attraktionen wie den Smathers Beach und Mallory Square ansteuert, muss mit viel Bootsverkehr rechnen. Guten Service bieten **Lazy Dog Island Outfitters** (MM 4,2, 5114 Overseas Hwy., Stock Island, Tel. 305/295-9898, www.lazydog.com) und **Clearly Unique Charters** (231 Margaret St., Key West, Tel. 305/747-8651, www.clearlyuniquecharters.com).

Als Ernest Hemingway und Pauline Pfeiffer Ende 1931 hier einzogen, besaßen sie das einzige Haus in Key West mit Keller: Er war durch den Aushub des Korallengesteins entstanden, das für den Hausbau gebraucht wurde. Die Villa auf einem 4000 Quadratmeter großen Grundstück ist mit ihren dicken Kalksteinwänden, einem Mansardendach, grünen Fensterläden und dem umlaufenden Balkon eines der auffallendsten Häuser der Insel.

Als die Hemingways das Haus für 8000 Dollar kauften, war es eine baufällige Ruine, 1851 errichtet von einem Schiffsbauer. Hemingway, oder vielmehr seine vermögende Frau, verwandelte es in eine kreative Zuflucht. Schon das Schreiben von 500 Wörtern konnte den Autor erschöpfen. Hemingway suchte absolute Ruhe und fand sie in einem Raum über dem Kutscherhaus im Garten. Pauline ließ für 20 000 Dollar einen 20 Meter langen Meer-

Hemingways zweite Ehefrau richtete das Haus in Key West mit stilvollen Möbeln ein

wasserpool in den Kalkstein des Grundstücks bauen – eine unglaubliche Extravaganz für das von der Wirtschaftskrise gebeutelte Key West.

Bis 1940, dem Jahr seiner Scheidung von Pauline, lebte Hemingway hier. In diesen zwölf Jahren (acht davon an dieser Adresse), in denen er nicht nur schrieb, sondern auch angeln und jagen ging, trank, reiste, als Kriegsberichterstatter arbeitete und Affären hatte, brachte er seine besten Werke hervor, darunter *Die grünen Hügel Afrikas, Haben und Nichthaben* und Kurzgeschichten wie *Das kurze glückliche Leben des Francis Macomber* und *Schnee auf dem Kilimandscharo*. Für alle Hemingway-Fans liegt Magie in der Luft, sobald sie die Grundstücksmauer passieren. Die Führungen durch das Anwesen dauern eine halbe Stunde; im Haus befinden sich immer noch einige Möbel und Einrichtungsgegenstände der Hemingways, darunter Kronleuchter aus venezianischem Glas. Man kann über das Grundstück streifen und den mit Büchern gefüllten Arbeitsraum des Meisters aufsuchen, der sich seit den Tagen seiner einsamen Arbeit kaum verändert hat. Die alte Schreibmaschine ist allerdings nicht authentisch, denn Hemingway schrieb fast alles mit der Hand und ließ seine Manuskripte von anderen tippen. ∎

HEMINGWAY HOME & MUSEUM
⬛ Karte S. 238
✉ 907 Whitehead St.
☎ 305/294-1136
💲 $$$
www.hemingwayhome.com

Von der Aussichtsplattform des alten Key West Lighthouse bieten sich tolle Panoramablicke

☐ Wissen

KEY WEST LIGHTHOUSE

Nachts fiel das Licht des alten Leuchtturms am Ende der Whitehead Street auf die Bäume in Hemingways Garten. Der dicke, ursprünglich 17 Meter hohe Turm wurde 1848 in Betrieb genommen und von einem Leuchtturmwärter betreut, der mit seiner Familie in einem hübschen Häuschen am Fuß des Turms wohnte. (Die örtlichen Bergungsunternehmer waren nicht begeistert, denn diese Navigationshilfe bedeutete weniger Wracks und damit den Niedergang ihres Gewerbes.) Als die Bäume und Häuser der Insel höher wurden, wurde der Turm aufgestockt. Mit 28 Metern war er schließlich so hoch, dass ihn die Seeleute von überall sehen konnten.

Im Jahr 1969 ging hier das Licht aus, ersetzt durch automatische Warnlichter an anderen Orten, aber man kann die Wendeltreppe mit den 88 Stufen bis zur Aussichtsplattform hochsteigen. Die Rundumsicht bietet Gelegenheit zu tollen Fotos. Höchster Punkt der Stadt ist jedoch die Lounge namens Top auf dem siebenstöckigen Hotelgebäude des **La Concha Hotel & Spa** *(430 Duval St., Tel 305/296-2991, www.laconchakeywest.com)*. Das Leuchtturmwärterhäuschen ist perfekt restauriert. Hier sind Seekarten, Schiffsmodelle, Fotos und Antiquitäten aus anderen stillgelegten Leuchttürmen der Keys zu sehen, zudem Artefakte aus der »Maine«, die auf den Dry Tortugas Kohle bunkerte, bevor sie 1898 ihrem explosiven Ende in Havannas Hafen entgegendampfte. Ausgestellt ist auch die Fresnel-Linse, die das Flackern einer Laterne zum lebensrettenden Lichtstrahl bis weit aufs Meer verstärken konnte.

LIGHTHOUSE MUSEUM
🅰 Karte S. 238
✉ 938 Whitehead St.
☎ 305/295-0012

💲 $$
www.kwahs.org/museums/
lighthouse-keepers-quarters/
history

Die Duval Street, benannt nach dem ersten Gouverneur des Territoriums Florida, hat alles zu bieten: von spanischen Silber-Reales und Edelsteinen aus gesunkenen Galeonen bis hin zu Sonnenbrillen und Gebäck. Vermutlich sind in dieser Altstadtstraße mehr T-Shirts und Bikinis zu haben als irgendwo sonst in den USA. Neben Fast Food findet man auch Versuche einer Haute Cuisine, die meisten Restaurants bewegen sich aber irgendwo dazwischen.

Bis in die 1920er-Jahre hinein war die Duval Street ein Sandweg. Gepflastert wurde sie erst, als die Inselbewohner während der Wirtschaftskrise ihre Stadt touristenfein herausputzten. Als sie dann in den 1930er-Jahren endlich asphaltiert wurde, landeten viele der Pflastersteine in der Mauer, die Hemingways Anwesen umgibt. Die älteren Conchs erinnern sich noch an die Zeit, in der es in der Duval Street raue Bars wie Sloppy Joe's und Captain Tony's Saloon gab. Sie schwärmen von den längst verschwundenen Stundenhotels, den kubanischen Cafés und Häusern der Zigarrenmacher und den Filmen, die sie in ihrer Jugend im alten **Strand Theater** *(527 Duval St.)* gesehen haben. Erbaut wurde es im Jahr 1918 von kubanischen Arbeitern. Heute gibt es hier wesentlich freundlichere, doch ebenso laute Bars. Die Gäste sind nun vorwiegend Touristen und Studenten.

Die Duval erkundet man am besten zu Fuß, vom Mallory Square bis zur Truman Avenue, wo die Läden weniger werden. Abhängig von Ihrer Stimmung werden Sie die Straße entweder faszinierend oder grauenhaft finden. In den Frühjahrsferien kommen Studenten scharenweise in die Stadt, und es ist ziemlich viel Trubel.

SLOPPY JOE'S

Zwischen Greene und Caroline Street wird die Duval Street zur Kneipenstraße. **Sloppy Joe's** in Nr. 201 ist beliebt und meist voller Touristen, die die Fotos von Hemingway sehen wollen, der Stammgast im ursprünglichen Sloppy Joe's in 428 Greene Street war. Dort befindet sich heute **Captain Tony's Saloon** *(www.capttonyssaloon.com)*. Sloppy Joe war Joe Russell, der gelegentlich Rum schmuggelte. Russell und Hemingway schlossen Freundschaft, und für Angeltouren charterte der Schriftsteller oft Russells Boot.

DUVAL STREET
🅰 Karte S. 238

BAGATELLE
✉ 115 Duval St.
☎ 305/296-6609
www.bagatellekeywest.com

SLOPPY JOE'S
🅰 Karte S. 238
✉ 201 Duval St.
☎ 305/294-5717
www.sloppyjoes.com

Tipp

Man trifft sich auf der Terrasse der Bagatelle Bar. Gut möglich, dass man hier neben einem ehemaligen Urlauber sitzt, der Key West nun sein Zuhause nennt.

ANNE MARIE HOUPPERT
BIBLIOTHEKARIN, NATIONAL GEOGRAPHIC
LIBRARIES & INFORMATION SERVICES

Auf einer dieser Touren fing Hemingway seinen ersten Marlin und war seitdem fasziniert vom Angelsport. Für das literarische Werk ist jedoch interessanter, dass Hemingway Joe Russell zum Helden einer seiner Kurzgeschichten machte, aus der später der Roman *Haben und Nichthaben* hervorging.

JOSEPH PORTER HOUSE

An der südwestlichen Ecke von Duval und Caroline Street steht das Joseph Porter House *(Nr. 10 am Pelican Path; siehe S. 248)*, eines der schönsten Beispiele für den Mix aus Neuengland-, Bahamas- und Kreolstil, wie er für die Conch-Architektur typisch ist. Das Haus ist zum Teil privat, aber im Erdgeschoss sind zwei Boutiquen, die den Aufenthalt auf der Veranda gestatten. Das elegante Haus trägt den Namen eines Arztes, der Pionierarbeit leistete auf dem Gebiet der Behandlung des Gelbfiebers und hier in seinem Geburtshaus im Alter von 80 Jahren starb.

OLDEST HOUSE MUSEUM

Ein Stück die Straße hinunter liegt das Oldest House Museum in einem Conch-Klassiker, der als ältestes Haus von Key West gilt. Das 1829 in der Whitehead Street erbaute weiße Holzgebäude ist ein typisches Beispiel für eines der alten Wohnhäuser der Stadt. Drei Jahre nach seinem Bau wurde es hierher versetzt und auf Pfosten gestellt, damit es im Fall einer Sturmflut trocken blieb. Im kleinen Museum sind in sechs Räumen Antiquitäten des 18. und 19. Jahrhunderts und Schiffsmodelle zu sehen. Zudem wird erklärt, wie das »Abwracken« nicht nur zum respektablen, sondern auch lohnenden Gewerbe wurde. Im Hinterhof befindet sich die letzte der Outdoor-Küchen, die es früher überall in Key West gab.

Wissen

GUAYABERA

Gegen die Sommerhitze und die Feuchtigkeit Südfloridas hilft eine Guayabera, ein traditionelles kubanisches Hemd, oft kurzärmelig, das man in Miami und den Keys sogar zu geschäftlichen Anlässen trägt. Meistens ist das Hemd aus weißem Leinen und großzügig geschnitten. Eine Guayabera ist auch ein nettes Souvenir. In Key West gilt der Andenkenladen des Restaurants El Meson de Pepe *(410 Wall St., Tel. 305/295-2620, www.elmesondepepe.com)* als beste Bezugsquelle für die Hemden.

Im ursprünglichen Sloppy Joe's lernte Hemingway seine dritte Frau, Martha Gellhorn, kennen

SAN CARLOS INSTITUTE

Bis 1961, als die USA ihre diplomatischen Beziehungen zu Kuba abbrachen, unterstützte Havanna das San Carlos Institute, ein politisches und soziales Zentrum. In der Anfangszeit wurde das Gebäude wegen seiner großartigen Akustik auch als Opernhaus genutzt. Der Kubaner José Martí (siehe S. 263) hielt hier eine noch immer legendäre Rede. Heute ist das Institut ein Museum für die kubanische Kultur in Key West.

Das erste Gebäude dieser Einrichtung wurde 1884 in der Fleming Street errichtet und nach Carlos Manuel de Cespedes benannt, einem kubanischen Plantagenbesitzer, dem der Revolutionsslogan *Cuba libre!* zugeschrieben wird. Doch schon 1886 fiel das Haus einem Feuer, das in großen Teilen von Key West wütete, zum Opfer. Es wurde 1890 zwar an gleicher Stelle wieder errichtet, musste jedoch 1919 nach einem Hurrikan erneut aufgebaut werden. Heute werden im Institut auch Filme zum Thema Kuba gezeigt, und jedes Jahr findet das Key West Film Festival *(www.kwfilmfest.com)* statt. Ein Blick ins Theater lohnt sich: Die prunkvolle Kulissenmalereien wurden restauriert, und das Foyer ist mit handbemalten Fliesen geschmückt.

JOSEPH PORTER HOUSE
🅐 Karte S. 238
✉ 429 Caroline St.

OLDEST HOUSE MUSEUM
🅐 Karte S. 238
✉ 322 Duval St.
☎ 305/294-9501
💲 $$
www.oirf.org

SAN CARLOS INSTITUTE
🅐 Karte S. 238
✉ 516 Duval St.
☎ 305/294-3887
🕐 So–Mi 11–17, Do–Sa 11–21 Uhr
www.institutosancarlos.org

SOUTHERNMOST POINT

Die Duval Street endet an einem großen bojenförmigen Kegel am angeblich südlichsten Punkt der Vereinigten Staaten. Auf der anderen Seite der Kreuzung steht das **Southernmost House** *(1400 Duval St.)*, eine imposante Villa im Queen-Anne-Stil. Haus und Kegel sind beliebte Fotomotive, aber der südlichste Punkt ist nicht das, was er zu sein behauptet. Der Kuba tatsächlich am nächsten liegende Punkt liegt knapp einen Kilometer westlich im US-Marinestützpunkt und ist für Zivilisten nicht zugänglich (unter den Bewohnern der Conch-Republik sorgte dies schon häufig für Verärgerung). Aber da zwischen Tatsache und Fiktion nur einige Hundert Meter liegen, muss man schon sehr kleinlich sein, um darauf herumzureiten. Ganz abgesehen davon steht ein wesentlich schlichteres Haus an der Kreuzung von Whitehead und South Street einen Block weiter westlich ebenfalls weiter im Süden als die schicke Villa.

Der südlichste Punkt der USA liegt übrigens weit entfernt auf den Hawaii-Inseln. Aber hier sprechen wir vom amerikanischen Festland. Und an Tagen mit hohem Wellengang schwappt das Wasser bis auf die Straße, was es durchaus glaubhaft erscheinen lässt, dass hier die Vereinigten Staaten enden und die Karibik beginnt. ■

SOUTHERNMOST POINT
🅰 Karte S. 238

Vom Southernmost Point in Key West liegt Kuba rund 145 Kilometer entfernt

Wie so vieles in Key West, wurde auch der Friedhof verlegt – eine Folge des Hurrikans von 1846. Jetzt befindet er sich am Rand der Altstadt, in einem ruhigen Viertel mit kleinen Häusern, von denen einige aufwendig restauriert sind, während andere seit Langem keine neue Farbe gesehen haben.

Da der »neue« Friedhof auf Korallengestein mit einem hohen Grundwasserpegel liegt, sind die Gräber oberirdische Krypten. Der makabre Humor der Einwohner von Key West wird in einigen der Grabinschriften deutlich: »Ich habe dir doch gesagt, dass ich krank bin«, wettert eine. Steinerne trauernde Engel, deprimierte Schwäne und melancholische Lämmer beklagen das vorzeitige Ableben. In einer kleinen Umzäunung rund um einen Flaggenmast, der einem Schiffsmast gleicht, und einen Steinsoldaten befinden sich die Gräber von 22 Marinesoldaten, die 1898 beim Untergang des Schlachtschiffs »USS Maine« im Hafen von Havanna den Tod fanden.

Ein anderes Monument gedenkt der Kubaner, die beim Kampf um die Unabhängigkeit von Spanien starben, und es gibt jüdische Gräber – insgesamt zeigt der Friedhof die große Vielfalt der Kulturgeschichte der Insel. Unterhaltsam sind die 90-minütigen Führungen über den Friedhof (*Di u. Do 9.30 Uhr*); sie starten beim Büro des Küsters am Eingang Margaret Street. Die Friedhofstore sind von Sonnenauf- bis Sonnenuntergang geöffnet. ∎

Tipp

Ein Bummel über den alten Friedhof verrät genauso viel über Key Wests Schrullen wie jede Geschichtsstunde.

SHARON WELLS,
AUTORIN DES »KEY WEST WALKING &
BIKING GUIDE«

KEY WEST CEMETERY
🅰 Karte S. 238

✉ Angela, Frances, Olivia u. Windsor St.
☎ 305/292-6718

Wissen

DAS KUBANISCHE ERBE

Um 1890 war Key West die reichste Stadt Floridas. Unter den Einwohnern waren kubanische Bankiers, Reeder und Zigarrenfabrikanten. Zu ihnen gesellten sich Hunderte kubanische Exilanten, die gegen die spanische Kolonialherrschaft kämpften, angeführt von José Martí, der Key West zur Basis seiner Partido Revolutionario Cubano machte. Anfang April 1895 brachen Martí und General Máximo Gómez von Santo Domingo aus zur Küste ihres Heimatlandes auf und lösten in Kuba den Unabhängigkeitskrieg aus. Mittlerweile ist fast in Vergessenheit geraten, dass Key West einst als Wiege der Unabhängigkeit Kubas galt.

Der West Martello Tower sieht ein wenig ramponiert aus: Die in Fort Zachary Taylor stationierten Soldaten benutzten ihn einstmals als Ziel für Schießübungen. Der 1861 als befestigter Aussichtspunkt an der Küste errichtete Turm überstand den Beschuss und wurde im Spanisch-Amerikanischen Krieg 1898 wieder genutzt. Heute kümmert sich der Key West Garden Club um ihn.

Wo einst die Küste überwacht wurde, gedeiht heute ein Garten

Der Club hat den Turm mit Pflanzen, Büchern und Kunst ausgestattet und veranstaltet jedes Frühjahr eine Orchideenschau. Die Begrünung des alten Wachtturms ist eine Art Enzyklopädie tropischer Pflanzen und Orchideen, direkt am netten Higgs Beach mit dem African Cemetery gelegen.

EIN RÜCKZUGSORT

Vom Turm aus verläuft die White Street durch hübsche alte Viertel in die Altstadt. Ein kurzer Abstecher führt von der White in die Duncan Street: Im Haus Nr. 1431 *(nicht zugänglich!)* im Bahamas-Stil lebte einst Tennessee Williams, der Autor von *Endstation Sehnsucht*. Williams ließ ein Arbeitszimmer anbauen und einen Swimmingpool anlegen; er lebte und arbeitete hier gern und war sehr produktiv. Das Haus diente auch als Kulisse für die Verfilmung von Williams' Stück *Die tätowierte Rose* von 1955 mit Burt Lancaster und Anna Magnani. ∎

WEST MARTELLO TOWER
🔺 Karte S. 239
✉ Atlantic Blvd. u. White St.

☎ 305/294-3210
www.keywestgardenclub.com

 Wissen

AFRICAN CEMETERY

Auf dem African Cemetery im Schatten des West Martello Tower gibt es keine Grabsteine. Auf einer Tafel ist beschrieben, wie 1860 auf dem Weg nach Kuba 294 Sklaven starben und am Higgs Beach begraben wurden. Im Jahr 2002 wurden 15 Grabstätten wiederentdeckt, 2011 wurden mithilfe eines Bodenradars weitere gefunden. Als Anfang der 1860er-Jahre Befestigungen für den Bürgerkrieg gebaut wurden, entfernte man die meisten Knochen. Wo sich diese heute befinden, ist unbekannt. Ein Teil des Areals ist von einem Zaun umschlossen.

Ernest Hemingway fuhr 1928 zum Angeln hinaus zu den **Dry Tortugas**, einem elf Kilometer langen Archipel aus sieben Koralleninseln rund 100 Kilometer westlich von **Key West**. Er war fasziniert von der Wildheit der unbewohnten Inseln, den sternenklaren Nächten, den Seevögeln und dem Fischreichtum. Hier steht die Ruine des Fort Jefferson, ein gewaltiger Ziegelsteinkoloss.

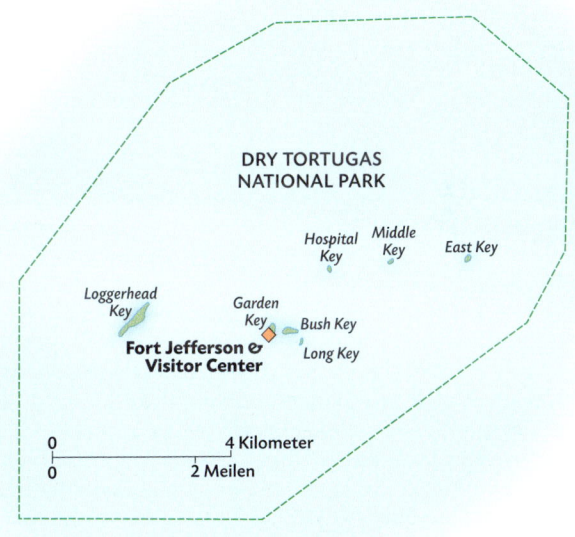

Im Jahr 1930 verbrachten Hemingway, sein Lektor Maxwell Perkins und drei weitere Freunde 17 Sturmtage glücklich und zufrieden damit, ihre Leinen in der blauen Lagune unterhalb der riesigen Geschütze der Festung auszuwerfen. Es gibt ein Foto des Schriftstellers, wie er in der Nähe des Eingangs steht, hinter sich die Geschützpforten, die den leeren Augenhöhlen eines Totenschädels ähneln.

DRY TORTUGAS NATIONAL PARK
☎ 305/242-7700
💲 $
www.nps.gov/drto

Anmerkung: Der Dry Tortugas National Park wird vom Everglades National Park (40001 Fla. 9336, Homestead, Tel. 305/242-7700) mitverwaltet. Derzeit gibt es in Key West kein Parkbüro.

Durch den Bau des Fort Jefferson wurde die Fläche von Garden Key fast verdoppelt

Seit 1992 bilden die Inseln das Herzstück des neuesten Nationalparks der USA, eines Schutzgebiets für Vögel und Meerestiere, zu dem auch einige der gesündesten Korallenriffe vor der amerikanischen Küste gehören. Sofern Sie nicht mit dem Wasserflugzeug anreisen, dauert ein Besuch auf den Tortugas einen ganzen Tag, von dem Sie die Hälfte auf Ihrem Ausflugsboot verbringen. So oder so ein unvergesslicher Trip!

Der sechs Hektar große **Garden Key** wird zu drei Vierteln vom massiven Sechseck des Fort Jefferson eingenommen. Die drei weiter östlich liegenden Inseln sind kaum mehr als Sandhaufen; die beiden an Garden Key angrenzenden Inseln, **Bush Key** und **Long Key**, stehen unter Naturschutz; Long Key darf nicht betreten werden. Etwa fünf Kilometer weiter westlich enden die Tortugas mit dem **Loggerhead Key**, auf dem ein Leuchtturm seit 1858 die Seefahrer vor den Riffen warnt. Mehr als 200 Schiffe zerbarsten seit dem 17. Jahrhundert an den Riffen.

GARDEN KEY

Garden Key ist die interessanteste der Inseln. An den schattigen Picknickplatz schließt ein hübscher weißer Sandstrand an, der sanft zum flachen Wasser abfällt, das auch für Schnorchelanfänger geeignet ist. Das gespenstische **Fort Jefferson** wurde gebaut, um die amerikanische Vorherrschaft in der Floridastraße zu sichern. Die Festung wird auch »Gibraltar des Golfs« genannt: 2,4 Meter dicke und 15 Meter hohe Mauern bilden ein Sechseck aus 16 Millionen Ziegelsteinen. Auf einer Länge von 800 Metern stützen 2000 massive Bogen drei Reihen von Geschützpforten, die für 450 Kanonen vorgesehen waren. Darunter waren auch riesige Rodman-Geschütze, die ein

⬜ Tipp

Rund drei Kilometer nordwestlich von Loggerhead Key liegt Loggerhead Forest, eine spektakuläre Korallenriff-Terrasse voller Fische.

JERALD S. AULT,
PROFESSOR FÜR MEERESBIOLOGIE UND
FISCHEREI, UNIVERSITY OF MIAMI

---

136 Kilogramm schweres Geschoss fünf Kilometer weit schießen konnten. Jedoch zerbröckelte die Festung buchstäblich unter ihrem eigenen Gewicht, weil das Korallengestein unter ihr nachgab. Glücklicherweise war die Anlage so beeindruckend, dass sie nie im Kampf erprobt werden musste. Als der Bürgerkrieg ausbrach, war sie unterbesetzt und mit nur einer funktionstüchtigen Kanone bestückt. Auf die Forderung der konföderierten Marine, sich zu ergeben, reagierte der Kommandant der Festung mit der Drohung, die feindlichen Schiffe zu vernichten. Doch alles, was sich hinter den Geschützpforten verbarg, waren ein paar Soldaten, die ängstlich auf die Rebellenflotte blickten. Die Konföderierten zogen es vor, sich zurückzuziehen. Später dann diente der einsame Außenposten als Gefängnis für Deserteure.

⬜ Erlebnis

SCHNORCHELN VOR GARDEN KEY

Nach der langen Anreise sollte man unbedingt die Gelegenheit zum Schnorcheln nutzen. Die Betreiber der Fähren bemühen sich zwar, stets ein paar Taucherbrillen, Schnorchel und Flossen an Bord zu haben, aber man sollte vorsichtshalber die eigene Ausrüstung mitbringen.

Das beste ufernahe Schnorchelrevier liegt auf der **Seeseite der 900 Meter langen Steinmauer**, die Fort Jeffersons Wassergraben umgibt: Hier schwimmen im brusttiefen Wasser einer sandigen Untiefe voller Korallen und Schildkrötengras viele Exemplare der hier beobachteten 442 Fischarten umher. Wenn man zu zweit ist, schwimmt man am besten von der Badestelle am Campingplatz aus an der Mauer entlang, wo sich stets viele Fische aufhalten. Vorsicht vor Barrakudas, die zwar nur selten angriffslustig sind, aber ihre Reviere verteidigen! Wer nicht schnorcheln möchte, kann von der Mauer in den Wassergraben schauen, der Flügelschnecken, Stachelrochen, Schnappern und anderen Lebewesen einen sicheren Lebensraum bietet.

Tipp

**Dr. Samuel Mudd legte
flache Rinnen am Boden
seiner Zelle an, damit das
Regenwasser aus der Zelle
abfließen konnte.**

JEROME COOKSON,
KARTOGRAF,
NATIONAL GEOGRAPHIC MAGAZINE

Nach rund 30 Jahren fiel die Festung 1874 dem Gelbfieber, einem Hurrikan und dem Aufkommen neuer Geschütze zum Opfer. Gegen diese Bedrohungen waren die dicken Mauern wirkungslos. Ab 1898 nutzte die Marine die Festung als Kohlebunker. 1907 gab man sie dann endgültig auf.

Am Eingang des Forts befinden sich das unbesetzte **Besucherzentrum** und ein Buchladen *(13–15 Uhr)* der Florida National Parks and Monuments Association. Camper erkundigen sich am besten gleich nach einem freien Platz (siehe S. 271). Am besten sieht man sich zuerst den Orientierungsfilm an und folgt dann der Beschilderung durch das Fort bis zum Exerzierplatz. Oder man nimmt an einer Führung teil (die Termine sind auf der Tafel am Eingang angeschlagen). Wendeltreppen führen zu den Wehranlagen mit Rundumpanorama. Von hier aus kann man mit dem Fernglas gut Vögel beobachten. Beim Spaziergang auf der Brustwehr kann man in der Nähe des stillgelegten Leuchtturms aus dem 19. Jahrhundert Geschütze aus der Zeit des Bürgerkriegs entdecken. Sich hier niederzulassen und zuzusehen, wie die Fregattvögel vorbeisegeln, ist ein unvergessliches Erlebnis.

Kajaks in den seichten Gewässern der Florida Bay

Über dem Besucherzentrum erhebt sich der stillgelegte Leuchtturm des Fort Jefferson

BUSH KEY

Dank einer neu entstandenen Sandbank kann man in die urzeitliche Vegetation von Bush Key mit Kalifornischer Eibe, Meertrauben, Mangroven, Meerhafer und Feigenkakteen hinüberwandern. Genau diese Landschaft sah Juan Ponce de León, als er 1513 hier vor Anker ging. Er stellte fest, dass es in den Gewässern zahlreiche Schildkröten gab; nach ihnen nannte er diese Inseln *cayos las tortugas*. Heute sind die Schildkröten nach 400 Jahren übermäßiger Bejagung selten geworden. Jedes Jahr zwischen März und September fliegen an die 100 000 Seeschwalben zum Nisten nach Bush Key; in diesen Monaten ist das Betreten der Insel verboten.

BESUCHERINFORMATIONEN

Anreise: Zu den Dry Tortugas gelangt man mit dem Boot oder einem Wasserflugzeug, aber nur, wenn das Wetter es zulässt. Nähere Informationen und eine Liste autorisierter Lufttaxi- und Charterbootfirmen erhält man bei der Dry-Tortugas-Nationalparkverwaltung *(Tel. 305 / 242-7700)*. Die Anfahrt mit dem Boot von Key West dauert etwa drei Stunden. Wer mit dem eigenen Boot kommt, braucht die Karten 11434 und 11438 der National Oceanic

YANKEE FREEDOM III
✉ Key West Ferry Terminal, 100 Grinnell St

☎ 305 / 294-7009
www.drytortugas.com

and Atmospheric Administration. Öffentliche Anlegestellen gibt es nicht; private Boote müssen an ausgewiesenen Stellen ankern. Die Überfahrt sollten ausschließlich erfahrene Kapitäne mit hochseetüchtigen Booten wagen. Das wichtigste Verkehrsmittel für die Fahrt zu den Tortugas ist der schnelle Katamaran **Yankee Freedom III**; die Fahrt kostet hin und zurück 99 Dollar plus 10 Dollar für den Parkeintritt. Teurer sind Charterboottouren. Mit dem Flugzeug erreicht man die Tortugas in 40 Minuten. Für den Hin- und Rückflug ist pro Person mit etwa 300 Dollar (halber Tag) bzw. 525 Dollar (ganzer Tag) zu rechnen *(Key West Seaplane Adventures, Tel. 305/293-9300, www.keywestseaplanecharters.com)*.

Reisezeit: Der Park ist ganzjährig geöffnet, aber die meisten Besucher kommen im Frühjahr (Flug oder Überfahrt im Voraus buchen!). Zwischen November und April kann das Meer rau sein; beim Schnorcheln bedeutet das schlechte Sicht. Übernachtungen sind nur auf Garden Key möglich. Von Mitte Januar bis September ist das Betreten von Bush Key wegen der Nistzeit der Schwalben nicht erlaubt.

BESONDERE HINWEISE

Der Anleger, das Besucherzentrum und das Erdgeschoss von Fort Jefferson sind mit dem Rollstuhl erreichbar, ebenso der Campingplatz. Allerdings erschweren gepflasterte Wege in der Festung und der sandige Boden auf dem Campingplatz das Vorankommen. Die Dry Tortugas sind tatsächlich trocken: Es gibt für Camper und Tagesgäste kein Frischwasser. Wer zelten will, muss also Trinkwasser, Brennmaterial, Essen und andere Vorräte mitbringen. Tagesausflügler benötigen Wasser, Badesachen, Jacke oder Pullover für die Rückfahrt sowie Schnorchelausrüstung und Fernglas. Wie lange Sie auch in diesem subtropischen Paradies verweilen, ihre Alltagssorgen werden Sie zurücklassen müssen: Es gibt keine Telefonverbindung. ∎

☐ Wissen

EIN KARIBISCHES »ALCATRAZ«

In den letzten Jahren des Sezessionskriegs (1861–1865) wurde Dry Tortugas noch einmal als Gefangenenlager genutzt. Ein karibisches »Alcatraz« sozusagen, aus dem ein Entkommen ebenso unmöglich schien wie später aus dem Pendant vor San Franciscos Pazifikküste. Prominenteste Inhaftierte waren zeitweise vier Männer, denen ein Mordanschlag auf Präsident Lincoln vorgeworfen wurde. Im frühen 20. Jahrhundert gelang es einem Häftling, auf einer Planke schwimmend zu fliehen, nach Loggerhead Island zu gelangen, dort das Boot des Leuchtturmwärters zu stehlen und mit diesem bis nach Kuba zu rudern. Damit war die Zeit des Forts als Hochsicherheitsgefängnis endgültig abgelaufen.

■ 🟡 Wissen ■

CAMPING

Auf Garden Key gibt es zehn einfache, schattige Zeltplätze, die in der Reihen-
folge des Erscheinens vergeben werden. Komposttoiletten gibt es auf dem
Anleger. Es wird eine kleine Gebühr erhoben (maximale Aufenthaltsdauer
14 Tage). Gruppen von zehn oder mehr Personen brauchen eine Genehmigung, die man bei der Dry-Tortugas-Parkverwaltung im Everglades National
Park erhält (Reservierung erbeten unter *Tel. 305/242-7700*).

Die Seven Mile Bridge in Richtung Westen, daneben die alte Brücke aus dem Jahr 1912

Reise-
informationen

‹ Vor der Hochhauskulisse fährt die computergesteuerte Hochbahn »Metromover«

REISEPLANUNG

Miami ist eine ausgesprochen sonnenverwöhnte Region mit mehr als 900 Quadratkilometern Küstengewässer, 60 Marinas, 90 000 zugelassenen Schiffen und Booten sowie 5000 Hektar Parkgelände – und das alles bei einer jährlichen Durchschnittstemperatur von fast 24 °C.

Das tropische Klima bereitet heiße und schwüle Sommermonate, denen ein warmer Winter folgt. Bis zu 21 °C im Januar sind keine Seltenheit; manchmal kann die Temperatur aber auch auf 10 °C fallen.

Von November bis Mitte Mai ist Hochsaison. Während dieser Zeit finden in South Beach die meisten Veranstaltungen statt: Filme werden gedreht und Modeschauen abgehalten. Mit hohen Temperaturen am Tag, kühlen Abenden und einer geringen Luftfeuchtigkeit zeigt sich das Wetter dann von seiner besten Seite. Allerdings sind die Preise der Hotels und Autovermietungen von November bis Mai ausgesprochen hoch. Ende Mai sinken die Preise wieder – von Mai bis Oktober ist es allerdings heiß mit hoher Luftfeuchtigkeit bei häufig auftretenden kurzen, aber heftigen Schauern. Die Gefahr von Stürmen und Hurrikans besteht vornehmlich von August bis November.

Auf den Keys beträgt die durchschnittliche Tagestemperatur 25 °C; in der Nacht sinken die Temperaturen auf etwa 19 °C. Kühle Brisen vom Atlantik und Golf verhindern höhere Temperaturen. Key West ist Floridas Stadt mit den geringsten Niederschlägen und fast das ganze Jahr über sonnig. Die Temperaturen können im Dezember und Januar jedoch auch mal auf bis zu 10 °C fallen.

ANREISE NACH MIAMI

MIT DEM FLUGZEUG

Der Flughafen Miami International Airport (MIA) liegt 13 Kilometer nordwestlich der Innenstadt *(Tel. 305/876-7000, www.miami-airport.com)*. Im Jahr 2016 verzeichnete der Flughafen ein Passagieraufkommen von 45 Millionen Passagieren. Er gehört mit den Flughäfen in Atlanta, Chicago, Los Angeles, Dallas, San Francisco und New York zu den wichtigsten internationalen Verkehrsknotenpunkten der Vereinigten Staaten. Hier bündeln sich Verbindungen in die Karibik und nach Südamerika.

Informationen für Touristen gibt es am Infoschalter in Terminal E hinter der Zollabfertigung.

MIT DEM ZUG

Obwohl Henry Flagler, Erdölmagnat und Besitzer einer Eisenbahngesellschaft, schon im 19. Jahrhundert mit seiner Bahnstrecke Floridas Ostküste erschloss, entdecken Touristen erst seit kurzer Zeit die Bahn wieder als bequemes und schnelles Transportmittel in den Süden.

Entlang der Ostküste fährt von New York nach Miami der Silver Service von Amtrak *(www.amtrak.com)*.

ANREISE ZU DEN KEYS

MIT DEM FLUGZEUG

Vom Miami International Airport (MIA), aber auch von Orlando, Tampa und Fort Lauderdale aus bestehen sehr gute Flugverbindungen zu den Flughäfen von Key West und Marathon auf den Keys. Die Flugzeit von Miami nach Key West beträgt etwa 45 Minuten.

MIT DEM BUS

Vom Miami International Airport (MIA) fahren Greyhound-Busse Richtung Key West, die unterwegs einige Zwischenstopps auf den Keys machen. Die Busfahrt von Miami bis nach Key West dauert 4,5 Stunden. Die Busse fahren täglich um 12.35 und 17.55 Uhr vom Flughafen Miami ab.

Alternativ zum Bus legt man eine Etappe mit dem Flugzeug zurück (siehe oben).

Greyhound
Greyhound Lines, das größte Unternehmen im Fernbuslinienverkehr in Nordamerika, unterhält ein umfassendes Streckennetz, das auch viele der in diesem Buch beschriebenen Attraktionen der Region Miami abdeckt *(Tel. 800/231-2222, www.greyhound.com).*

MIT DEM AUTO
Um auf den US 1 (U.S. Highway 1, auch U.S. Route 1) zu gelangen, der parallel zur US-amerikanischen Ostküste bis nach Kanada verläuft, fährt man vom Miami International Airport über die LeJeune Road südlich zur Fla. 836 west. Diese führt zur mautpflichtigen Fla. 821 west, über die man in den Süden Richtung Florida City und auf den US 1 fährt. (Siehe dazu die Hinweise zum Thema Mietautos am Flughafen.)
Nicht ein Auto, sondern ein Schiff scheint man zu steuern, wenn man auf dem Overseas Highway, dem südlichsten Abschnitt des US 1, fährt. Der 205 Kilometer lange Highway verbindet 42 Inseln der Florida Keys über Brücken mit dem Festland. Von Key Largo bis nach Key West ist der Overseas Highway die einzige Straßenverbindung in den Keys. Kleine grüne Schilder entlang der Straße zeigen als Mile Marker (MM) Autofahrern die Entfernungen an. Key West stellt mit MM 0 den Ausgangspunkt dar; South Miami liegt bei MM 126.

UNTERWEGS IN MIAMI UND AUF DEN KEYS

MIT DEM AUTO
Autovermietungen
Die meisten Autovermietungen haben ihre Niederlassungen außerhalb des Flughafengeländes und sind per Shuttlebus zu erreichen. Wer nachts am Miami International Airport (MIA) ankommt, kann mit einem Taxi ins Hotel fahren und mit der Autovermietung vereinbaren, dass das Auto am nächsten Morgen vor dem Hotel bereitgestellt wird.

Eine Reisebroschüre mit Kartenmaterial gibt es in mehreren Sprachen an den Informationsschaltern des Airport und bei den Filialen der Autovermietungen am Flughafen Miami. Smartphone-Besitzer erhalten Kartenmaterial auch auf www.miamiandbeaches.com/visitor-resources/maps.

Alamo Rent A Car, Miami Int'l Airport, 3900 NW 25th St., Miami, FL 33142, Tel. 844/891-0547, www.alamo.com

Avis Rent-A-Car, Miami Int'l Airport, 3900 NW 25th St., Miami, FL 33142, Tel. 305/876-1800, www.avis.com

Budget Car and Truck Rental, Miami Int'l Airport, 3900 N.W. 25th St., Miami, FL 33142, Tel. 305/876-1820, www.budget.com

Dollar Rent-A-Car, Miami Int'l Airport, 3900 N.W. 25th St, Miami, FL 33142, Tel. 866/434-2226, www.dollar.com

Enterprise Rent-A-Car, Miami Int'l Airport, 3900 N.W. 25th St., Miami, FL 33142, Tel. 305/633-0377, www.enterprise.com

Excellence Luxury Car Rental, Miami Int'l Rental Car Center, 3900 N.W. 25th St., Miami, FL 33142, Tel. 305/526-0000, www.excellenceluxury.com

Hertz Rent-A-Car, Miami International Rental Car Center, 3900 N.W. 25th St., Miami, FL 33142, Tel. 305/871-0300, www.hertz.com

National Car Rental, Miami Int'l Rental Car Center, 3900 N.W. 25th St., Miami, FL 33142, Tel. 877/222-9058, www.nationalcar.com

Royal Rent-A-Car, Miami Int'l Rental Car Center, 3900 N.W. 25th St., Miami, FL 33142, Tel. 305/871-3000, www.royalrentacar.com

Rollstuhltaugliche Fahrzeuge, Wheelchair Getaways, 8 Bay Harbour Rd., Tequesta, FL 33469, Tel. 800/642-2042, www.wheelchairgetaways.com

Parken
Bei Überschreitung der Parkzeit sind 18 $ fällig; wird die Strafgebühr nicht innerhalb

von 30 Tagen gezahlt, erhöht sich das Bußgeld auf 45 $.

Die Miami Parking Authority *(40 N.W. 3rd St., Downtown Miami; geöffnet Mo–Fr 7.30–17.30 Uhr, Tel. 305/373-6789)* informiert über Lage, Gebühren sowie Öffnungszeiten der Parkhäuser in der Stadt.

Wenn Ihr Auto abgeschleppt wurde, wenden Sie sich an die Stadtverwaltung. In Miami ist Beach Towing *(Tel. 305/534-2128)* verantwortlich.

VERKEHRSMITTEL VOM UND ZUM FLUGHAFEN

Es ist nicht unbedingt zu empfehlen, für die 13 Kilometer lange Strecke vom Miami International Airport (MIA) in ein Hotel in der Innenstadt öffentliche Verkehrsmittel wie den Metrobus, die Metrorail oder den Metromover zu benutzen.

Die Metrobusse fahren zwar stündlich direkt vom Ankunftsterminal des Flughafens ab, doch die Streckenführung ist nicht direkt, und außerdem gibt es nur wenige Anschlussverbindungen.

Super Shuttle

2766 N.W. 62th St., Miami, FL 33142, Tel. 800/258-3826, www.supershuttle.com. Der Minibus-Service bedient die Strecke vom und zum Miami International Airport (MIA). Reservierungen sind nur für den Weg in Richtung Flughafen erforderlich. Pro Person kostet die Fahrt vom Miami Airport bis nach Greater Miami 15–20 $.

Taxi

Die 13 Kilometer lange Fahrt vom Miami International Airport (MIA) ins Zentrum von Miami kostet mit dem Taxi etwa 22 $, die 23 Kilometer lange Fahrt bis nach Miami Beach etwa 35 $. Um mit dem Taxi in den Norden von Miami Beach zu gelangen, muss man mit ungefähr 46 $ Fahrtkosten rechnen. Antworten auf sämtliche Fragen zum Thema Taxi in und um Miami liefert die Informationsstelle unter Tel. 305/375-2460; hier

werden auch etwaige Beschwerden entgegengenommen.

Florida Keys Taxi Dispatch 2000, 6631 Maloney Ave., Key West, FL 33040, Tel. 305/296-6666, www.keywesttaxi.com

Friendly Cab Co., 422 Fleming St., Key West, FL 33040, Tel. 305/292-000

Yellow Cab Taxi, 11275 N.W. 12th St., North Miami, FL 33172, Tel. 786/899-3393

VERKEHRSMITTEL IN MIAMI

Metro-Dade Transit ist für das öffentliche Verkehrsnetz in Miami verantwortlich. Informationen über Metrobus, Metromover und Metrorail erhält man unter Tel. 305/891-3131 oder auf *www.miamidade.gov/transit;* Tickets und Wertmarken kann man an jeder Metrorail-Station kaufen.

Metrobus

Über 90 Buslinien bedienen den Großraum Miami. Die Einzelfahrt kostet 2,25 $ (der Betrag muss passend bezahlt werden). Rentner, Behinderte und Studenten mit Ausweis zahlen 1,10 $.

Metromover

Metromover Miami heißt das futuristisch anmutende Magnetbahnnetz mit drei Linien und 20 Stationen. Im Jahr 1986 fuhr die erste Bahn des Metromover durch Miami, genau dort, wo es keine Staus gibt und wo man selbst in der Rushhour bequem vorankommt. Die Magnetbahn fährt täglich von 5 bis 24 Uhr im 90-Sekunden-Takt und befördert ca. 28 500 Fahrgäste am Tag. Der Wagenpark besteht aus insgesamt 29 fahrerlosen Kabinen, die jeweils auf vier Gummireifen rollen. Die Fahrt auf der rund sieben Kilometer langen Hochstrecke durch Downtown Miami in die Geschäftsviertel Brickell und Omni ist kostenlos. Vom Zug aus hat man einen großartigen Blick auf die Biscayne Bay. Die Wagen sind klimatisiert und sauber. An den Stationen Government Center und Brickell Avenue kann man in die Metrorail umsteigen (siehe auch S. 60f).

Metrorail

Die Metrorail ist eine Schnellbahn, die auf einer 40 Kilometer langen Hochstrecke durch Miami führt. Zu den Haltestellen zählen Coconut Grove, Vizcaya, Brickell Avenue und Government Center. Die Züge fahren zwischen 6 und 24 Uhr etwa alle 20 Minuten (während der Hauptverkehrszeit alle fünf Minuten). Eine Einzelfahrt kostet 2,25 $ (akzeptiert werden nur EASY cards oder Tickets, erhältlich an den Haltestellen-Automaten). An den Stationen Government Center und Brickell Avenue kann man in den Metromover umsteigen.

South Beach Local

Durch South Beach befährt der Miami-Dade-Transit-Bus South Beach Local eine Rundstrecke in beide Richtungen. Fahrzeiten sind: Mo–Sa 7.40–ca. 0.50 Uhr und So 10–ca. 12.50 Uhr, 0,25 $ pro Fahrt.

Tri-Rail

Pendlerbahn nach West Palm Beach von der Tri-Rail/Metrorail Transfer Station am Hialeah-Ende der Metrorail. Sämtliche Züge und Tri-Rail-Stationen sind rollstuhlgerecht (www.tri-rail.com).

VERKEHRSMITTEL IN KEY WEST

Die Altstadt von Key West erkundet man wohl am besten gemächlich zu Fuß, oder man mietet sich ein Fahrrad oder Moped. Außerdem bieten sich für Besichtigungstouren Trolley-Busse und Touristenbahnen an.

Conch Tour Trains

303 Front St., Key West, FL 33040, Tel. 305/294-5161, www.conchtourtrain.com
Als Lokomotiven verkleidete Traktoren ziehen mit Segeltuch überdachte Waggons zu den Sehenswürdigkeiten der Stadt (siehe auch S. 249).

Old Town Trolley Tours

1 Whitehead St., Key West, FL 33040, Tel. 305/296-6688, www.trolleytours.com/ Key-West. Old Town Trolley Tours bieten kommentierte Rundfahrten in kleinen Bussen zu den historischen Stätten von Key West an (siehe S. 249).

PORT MIAMI CRUISES

Miami zählt weltweit zu den beliebtesten Zielen für Kreuzfahrtschiffe. PortMiami ist Anlegestelle für mehr als 30 Kreuzfahrtschiffe. Die zwölf Terminals sind voll klimatisiert und bieten behindertengerechte Zugänge. Hier gibt es Duty-free-Shops und Zollabfertigungen. Das aktuelle Angebot an drei- bis elftägigen Kreuzfahrten kann man auf der Website des Hafens einsehen (Tel. 305/347-4800, www.miamidade.gov/portmiami).

LITERATUR

Südflorida hat viele Schriftsteller inspiriert. Im Folgenden eine kleine Auswahl der Autoren, die Südflorida und Miami zum Schauplatz ihrer Geschichten machten:
John D. MacDonald, Abschied in Dunkelblau (Thriller). Heyne 1966.
Elmore Leonard, La Brava (South-Beach-Krimi). Heyne 1997.
Carl Hiaasen, Striptease (Krimi; vom Kolumnisten des Miami Herald). Goldmann 1995.
Jimmy Buffett, Cuba libre. Ullstein 1993.
John Hersey, Key West Tales (nur engl.; Kurzgeschichten aus Key West). 1993.
Ernest Hemingway, Haben und Nichthaben (Der Schriftsteller lebte eine Zeitlang in Key West); Rowohlt 1964.
Tom McGuane, Ninety-Two in the Shade (nur engl.; spielt in Key West). 1995.
Marjorie Kinnan Rawlings, Frühling des Lebens (Roman mit Schauplätzen in Florida). Rowohlt 1939.
Charles Willeford, Miami Blues: Der erste Hoke-Moseley-Fall (Krimi); Alexander-Verlag 2015.
Tom Wolfe, Back to Blood (Roman); Heyne 2014.

PRAKTISCHE TIPPS

ANGELSCHEIN

Informationen gibt es bei der Florida Fish and Wildlife Conservation Commission (*www.myfwc.com/license*). Angelscheine für Süß- und Meerwasser sind mit wenigen Ausnahmen überall erforderlich; erhältlich sind sie über die Website der Florida Fish and Wildlife Conservation Commission. Die Scheine können aber auch in einzelnen Angel- und Sportgeschäften oder Supermärkten ausgestellt werden. Touristen erhalten die Angelgenehmigungen für drei bis zehn Tage oder Erlaubnisscheine für Süß- und Salzwasser mit einer Gültigkeit von bis zu einem Jahr.

BUCHUNGSSERVICE UND INFORMATIONEN

Greater Miami

Art Deco Welcome Center, Miami Design Preservation League, 1001 Ocean Dr., Miami Beach, FL 33139, Tel. 305/672-2014, www.mdpl.org

Greater Fort Lauderdale Convention & Visitors Bureau, 101 N.E. 3rd Ave., Suite 100, Fort Lauderdale, FL 33301, Tel. 954/765-4466, 800/227-8669, www.sunny.org

Greater Miami and the Beaches Hotel Association, 1674 Meridian Ave., Suite 420, Miami Beach, FL 33139, Tel. 305/531-3553, www.gmbha.com

Greater Miami Convention & Visitors Bureau, 701 Brickell Ave., Suite 2700, Miami, FL 33131, Tel. 305/539-3000, www.miamiandbeaches.com

Miami Beach Chamber of Commerce, 1920 Meridian Ave., Nr. 3A, Miami Beach, FL 33139, Tel. 305/674-1300, www.miamibeachchamber.com

Miami-Dade Gay & Lesbian Chamber of Commerce, 1130 Washington Ave., Ste. 100, Miami Beach, FL 33139, Tel. 305/ 673-4440, www.gogaymiami.com

Sunny Isles Beach Visitor Center, 18070 Collins Ave., Suite 219, Sunny Isles, FL 33160, Tel. 305/792-1952, www.sunnyislesbeachmiami.com

Surfside Tourist Bureau, 9301 Collins Ave., Surfside, FL 33154, Tel. 305/864-0722, www.visitsurfsidefl.com

Tropical Everglades Visitor Association 160 US 1, Florida City, FL 33034, Tel. 305/245-9180, www.tropicaleverglades.com

Florida Keys

Monroe County (Florida Keys) Tourist Development Council, 1201 White St., Key West, FL 33040, Tel. 800/771-5397, www.fla-keys.com

Key Largo Chamber of Commerce/Florida Keys Visitor Center, 106000 Overseas Hwy., Key Largo, FL 33037, Tel. 305/451-1414 oder 800/822-1088, www.keylargochamber.org

Islamorada Chamber of Commerce, 83224 Overseas Hwy., Islamorada, FL 33036, Tel. 305/664-4503 oder 800/322-5397, www.islamoradachamber.com

Marathon Chamber of Commerce, 12222 Overseas Hwy., Marathon, FL 33050, Tel. 305/743-5417 oder 800/262-7284, www.floridakeysmarathon.com

Lower Keys Chamber of Commerce, MM 31/Overseas Hwy., Big Pine Key, FL 33043, Tel. 305/872-2411 oder 800/872-3722, www.lowerkeyschamber.com

Key West Chamber of Commerce, 510 Greene St., Key West, FL 33040, Tel. 305/294-2587, www.keywestchamber.org

Key West Information Center, 313 Margaret St., Key West, FL 33040, Tel. 888/222-5590, www.keywestinfo.com

EINRICHTUNGEN FÜR BEHINDERTE

Miami–Dade Transit Agency, Special Transportation Service, 2775 S.W. 74th Ave., Miami, FL 33155, Tel. 786/469-5000. Geöffnet Mo–Fr 8–17 Uhr.

Miami Lighthouse for the Blind, 601 S.W. 8th Ave., Miami, FL 33130, Tel. 305/856-2288, www.miamilighthouse.com, Mo–Fr 8–16.30 Uhr.

KOMMUNIKATION

Postämter

General Mail Facility
2200 N.W. 72nd Ave., Miami, FL 33126, Tel. 800/275-8777. Hier erfährt man auch, wo sich Postfilialen befinden.

Zeitungen

Die wichtigste Tageszeitung Südfloridas ist der Miami Herald (www.miamiherald.com). In der Freitagsausgabe gibt es Veranstaltungstipps und Restaurantempfehlungen. In Miami erscheint wöchentlich auch die New Times (www.miaminewtimes.com) mit Restauranttipps und Infos zu Kulturveranstaltungen.

TELEFON

Die Vorwahl von Deutschland, Österreich und der Schweiz in die USA ist 001.
Die Vorwahl von Florida nach Europa lautet:
Deutschland, 0 11 49
Österreich, 0 11 43
Schweiz, 0 11 41

ZOLL

In die USA dürfen 200 Zigaretten, 1 Liter alkoholische Getränke sowie Geschenke im Wert von bis zu 100 $ eingeführt werden. Für Bargeldbeträge ab 10 000 $ muss ein zusätzliches Zollformular ausgefüllt werden. Strengstens verboten ist die Einfuhr von Fleischprodukten, Obst, Gemüse, Pflanzen, Erde und Samen, Feuerwerksartikeln, pornografischem Material, Drogen, Klappmessern, Giften und Arzneien. Medikamente für den Eigenbedarf sollten vom Hausarzt durch ein Attest aufgelistet werden. Erlaubt ist die Mitnahme von Backwaren und haltbar gemachtem Käse.
Bei der Rückreise gilt in Deutschland und Österreich pro erwachsener Person die Wertfreigrenze von 430 €, in der Schweiz beträgt diese 300 CHF.

IM NOTFALL

911 ist die Notrufnummer für Polizei, Krankenwagen und Feuerwehr. Weitere Infos bei der Polizei unter Tel. 305/476-5423.

PANNENHILFE

AAA Emergency Road Service, Kostenloser Pannen- und Abschleppdienst für Mitglieder. Nicht-Mitglieder können telefonisch beitreten, Mitglieder haben jedoch Vorrang (Tel. 800/222-4357 in Miami).

BEI VERLUST DER KREDITKARTE

Um verlorene oder gestohlene Kreditkarten oder Reiseschecks zu melden, wählt man folgende Telefonnummern:
American Express, Tel. 800/992-3404
Diners Club, Tel. 800/234-6377
Discover, Tel. 800/347-2683
MasterCard, Tel. 800/627-8372
Visa, Tel. 800/847-2911.
Einige Kreditkarteninstitute haben sich dem allgemeinen Sperr-Notruf angeschlossen. Er ist 24 Stunden täglich erreichbar, gebührenpflichtig und lautet: +49 30 405 04 05 06 sowie +49 116 116.

Die auf den folgenden Seiten aufgeführten Unterkünfte reichen von B&Bs, die nicht immer unbedingt über einen Fernseher und ein Telefon in den Zimmern verfügen, aber Wert auf persönlichen Service legen, bis hin zu mehrstöckigen Hotels mit umfassendem Service, Coffee-Shops und Luxus-Restaurants.

Die Hotels und Restaurants werden im Folgenden nach den Kapiteln im Buch geordnet (farbige Griffleiste), innerhalb dieser nach Preiskategorien und innerhalb dieser Kategorien alphabetisch (zunächst die Hotels, dann die Restaurants). Die Preiskategorien richten sich nach den Standardzimmerpreisen ohne Frühstück. Mitunter gibt es günstigere saisonale Angebote.

Falls nicht anders angegeben, verfügen die Zimmer über ein Bad mit Dusche oder Badewanne. Die Preise verstehen sich zuzüglich Steuern. Zahlreiche Gemeinden verlangen von Hotels und Restaurants zusätzlich zu den 6,5 Prozent Umsatzsteuern weitere Abgaben. Der Gesamtsteuersatz beträgt in South Beach und im Miami-Dade County 12,5 Prozent, in Surfside 10,5 Prozent, in Bal Harbour 9,5 Prozent.

Bei den Hotelparkplätzen muss man oft mit hohen Kosten rechnen.

Für die Restaurants sind Reservierungen generell zu empfehlen; es wird im Text darauf hingewiesen, wenn Reservierungen unerlässlich sind. Einige Lokale haben feste Menüs im Angebot, andere bieten sonntags Brunch oder *early bird specials* (zwischen 16 und 18 Uhr) auf der Karte. Viele Restaurants öffnen bereits um 17 Uhr.

Da die Florida Keys durch das Meer geprägt werden, bieten sowohl schillernde Ferienanlagen als auch einfache B&Bs immer auch die Gelegenheit, die schönsten Wassersportarten Südfloridas zu entdecken. Angler wollen vielleicht lieber rechtzeitig schlafen gehen, aber alle anderen können bis spät in die Nacht das Leben in den Bars und Restaurants genießen. Man hat hier unwillkürlich das Gefühl, sich am Rande der Welt zu befinden, und das scheint den Appetit auf Essen und Getränke enorm zu stärken.

Nicht alle Hotels und Restaurants auf den Keys sind für Reisende mit Behinderung problemlos zugänglich. Zahlreiche Gebäude in South Beach und Key West kann man nur über eine oder mehrere Stufen erreichen. Es ist daher empfehlenswert, sich vorab telefonisch nach den örtlichen Gegebenheiten zu erkundigen.

PREISE

HOTELS

Preise für ein Doppelzimmer ohne Frühstück in der Hauptsaison werden durch $-Zeichen symbolisiert.

$$$$$	über 280 $
$$$$	200–280 $
$$$	120–200 $
$$	80–120 $
$	unter 80 $

RESTAURANTS

Preiskategorien für ein Drei-Gänge-Menü ohne Getränke werden durch $-Zeichen symbolisiert.

$$$$$	über 80 $
$$$$	50–80 $
$$$	35–50 $
$$	20–35 $
$	unter 20 $

ABKÜRZUNGEN

AE = American Express
DC = Diners Club
MC = MasterCard
V = Visa

MIAMIS INNENSTADT-VIERTEL

Vom Miami-Dade Cultural Center (siehe S. 56ff) und den umliegenden Parks bis hin zum pulsierenden Geschäftsviertel prägt die multikulturelle Bevölkerung das Stadtbild. Little Havanas Calle Ocho (siehe S. 70ff) ist bekannt für die zahlreichen lateinamerikanischen Restaurants mit *mojito-lechón* (Schweinefleisch, mariniert mit Rum und Limonen) und *carne asada* (gebratenes Fleisch).

Die angesagten Restaurants in SoBe (South Beach) wie das Yuca (siehe S. 288) erregen mit ihrer innovativen Küche derzeit eine Menge Aufsehen. Doch bekommt man auch in den etwas traditionelleren Lokalen immer noch ein gutes Essen (oft mit karibisch und lateinamerikanisch inspirierten Gerichten) zu vernünftigen Preisen wie beispielsweise Schweinefleisch, Huhn, Fisch und Meeresfrüchte sowie als Beilage gelben oder weißen Reis mit Yucca, schwarze Bohnen und frittierte Kochbananen.

Im nördlichen Miami liegen einige der besseren Hotels und Restaurants, die mit Gourmet-Küche aufwarten.

DOWNTOWN MIAMI

🏨 **INTERCONTINENTAL**
🍴 **MIAMI $$$$$**
100 Chopin Plaza, FL 33131
Tel. 305/577-1000
www.icmiamihotel.com

Großes, luxuriöses Hotel in einem von Miamis Hochhäusern, direkt an der Biscayne Bay beim Bayside Marketplace und Bayfront Park gelegen. Die Zimmer sind elegant und komfortabel, der Service erstklassig. Das beste Hotel in Downtown.

🛏 675 Zimmer u. Suiten 🅿 ⬆ 🕐 🛗 🛰
🌊 📶 ♿ Alle gängigen Karten

🏨 **W MIAMI $$$$**
🍴 485 Brickell Ave., FL 33131
Tel. 305/503-4400
www.wmiamihotel.com

Zentral gelegen, in den oberen Etagen des Icon Brickell, einem Wohn- und Wellness-Ensemble von Stardesigner Philippe Starck. Luxushotel mit gelungener Mischung aus modernem Schick und Ungezwungenheit.

🛏 148 Zimmer, Suiten u. Apartments
🅿 📶 ⬆ 🕐 🛗 🛰 🌊 📶 ♿ Alle gängigen Karten

🏨 **HOLIDAY INN PORT OF**
🍴 **MIAMI – DOWNTOWN $$$$**
340 Biscayne Blvd., FL 33132
Tel. 305/371-4400
www.holidayinn.com

Preisgünstigeres Hotel in absolut zentraler Lage; nur wenige Schritte vom Trubel der Innenstadt entfernt.

🛏 200 Zimmer 🅿 📶 ⬆ 🕐 🛰 🌊
♿ Alle gängigen Karten

🏨 **YVE HOTEL MIAMI $$$$**
146 Biscayne Blvd., 33132
Tel. 855/983-4636
www.yvehotelmiami.com

Mitten in Downtown Miami gelegen, blicken die Zimmer des modernen Hotels auf die Biscayne Bay; der nahe Metromover transportiert die Gäste bequem zu zahlreichen Sehenswürdigkeiten der Stadt.

🛏 200 Zimmer 🅿 📶 ⬆ 🕐 🛰
♿ Alle gängigen Karten

🏨 **DOUBLETREE BY HILTON**
🍴 **GRAND HOTEL BISCAYNE $$$**
1717 N Bayshore Dr., FL 33132
Tel. 305/372-0313
www.doubletree3.hilton.com

Solides Hotel am Ufer mit tollem Blick über die Bucht von Biscayne; moderner Komfort.

🛏 202 🅿 📶 ⬆ 🕐 🛰 🌊 ♿ Alle gängigen Karten

🏨 **NEW YORKER BOUTIQUE**
HOTEL $–$$
6500 N Biscayne Blvd., FL 33138
Tel. 305/759-5823
www.hotelnewyorkermiami.com

🏨 Hotel 🍴 Restaurant 🛏 Zimmer ⬆ Sitzplätze 🅿 Parkplätze 🛰 Metro 🕐 Öffnungszeiten 🛗 Aufzug 📶 WLAN

Boutique-Hotel im auffälligen MiMo-Stil (Miami-Modern-Stil), 1953 von Norman Giller entworfen, mit einem Hauch Ästhetik des Raumfahrtzeitalters und einem Touch Kitsch. Unweit vom Design District gelegen. Neonschild, weiß-blaue Fassade und helle Zimmer um einen Swimmingpool.
ⓘ 50 🅿 📶 🍴 🆑 🈯 📶 Ⓢ Alle gängigen Karten

🍴 BRISA BISTRO $$–$$$
Im Hilton Miami Downtown, 1601 Biscayne Blvd., FL 33132
Tel. 305/374-0000

Restaurant im Hilton-Hotel. Eleganter Speiseraum, der als Teil der Lobby mit Spiegeln und Marmor ausgestattet ist. Fischgerichte bekommt man in der Gegend selten besser. Gute Weinkarte!
🔲 100 🅿 Ⓢ Ⓢ Ⓢ Alle gängigen Karten

LITTLE HAVANA 33130
🏨 JEFFERSON HOTEL $$
528 SW 9th Ave.
Tel. 305/545-1000
www.thejeffersonmiami.com

Kleines, 2017 eröffnetes Hotel in einem historischen Gebäude, mit modernem Interieur, Rooftop-Bar und kubanischem Kolorit.
ⓘ 33 📶 Ⓢ 📶 Ⓢ Alle gängigen Karten

🍴 LA CARRETA $$
3632 S.W. 8th St.
Tel. 305/444-7501
www.lacarreta.com

Das kubanische Restaurant im traditionellen Stil ist Teil einer Restaurantkette. Klassische Gerichte in reichlichen Portionen; Cafeteria mit starkem Kaffee, süßen Leckereien und Zuckerrohrsaft.
🔲 300 🕐 So–Do 8–12, Fr 8–14, Sa 8–15 Uhr Ⓢ Ⓢ Alle gängigen Karten

🍴 VERSAILLES $$
3555 S.W. 8th St.
Tel. 305/444-0240
www.versaillesrestaurant.com

Beliebtes kubanisches Lokal, etwas kitschig und mit vielen Spiegeln eingerichtet. Ein Muss für Touristen. Alle Gerichte werden in großzügigen Portionen gereicht. Gute Sandwiches und traditionelle Gerichte wie *vaca frita de pollo, yuka frita* oder *lechon asado*.
🔲 400 🕐 Mo–Do 8–1, Fr–Sa 8–2:30, So 9–1 Uhr Ⓢ Ⓢ Alle gängigen Karten

🍴 EXQUISITO RESTAURANT $
1510 S.W. 8th St.
Tel. 305/643-0227
www.elexquisitomiami.com

Das kleine Restaurant liegt neben dem historischen Tower Theater, in dem heute regelmäßig Filme in Englisch und Spanisch gezeigt werden. Die Familie des kubanischen Eigentümers besaß früher ein Restaurant in Havanna. Zu den kubanischen Spezialitäten gehören hervorragende *tamales* (mit Fleisch, Käse oder anderen Zutaten gefüllte Bananenblätter), Suppen und Fleischgerichte.
🔲 50 🕐 tägl. 7–23 Uhr Ⓢ Ⓢ Alle gängigen Karten

NORTH MIAMI 33180
🏨 TURNBERRY ISLE MIAMI $$$$$
19999 W. Country Club Dr., Aventura
Tel. 305/932-6200
www.turnberryislemiami.com

Beeindruckendes Luxushotel im mediterranen Stil; gilt als beste Ferienanlage Miamis. Das an der Bucht gelegene Hotelgebäude ist von einem über drei Hektar großen, tropischen Garten umgeben. Sehr großzügige Zimmer, riesige Terrassen, mehrere Restaurants – darunter das **Corsair** und **Laguna Grill** –, vielseitige Spa- und Fitnessangebote, zwei Golfplätze und 117 Bootsliegeplätze.
ⓘ 392 Zimmer u. Suiten 🅿 📶 🍴 Ⓢ Ⓢ 🈯 🏋 Ⓢ Alle gängigen Karten

🍴 GREEN EGGS CAFÉ $-$$
18729 Biscayne Blvd.
Tel. 786/ 657-7225
www.greeneggscafe.com

Im Angebot sind Salate, Suppen und Sandwiches. Auf Wunsch vegan oder vegetarisch. Und morgens isst man wirklich leckere Frühstücks-Kombinationen.

🔲 200 🕐 Mo–So 8–18 Uhr 🚫 Keine

🍴 SR. CEVICHE AVENTURA $–$$
2576 Miami Gardens Dr.
Tel. 786/440-7851
www.srcevicherestaurant.com

Ambitionierter Familienbetrieb mit typisch peruanischem Essen, der schon zahlreiche Auszeichnungen einheimste: »beste Ceviche in Florida«, »bestes Quinoa« und bestes »Leche de Tiger«. Auch zum Mitnehmen.

🔲 55 🕐 Mo–Do 11.30–22, Fr–Sa 11.30–24, So 9–22 Uhr 🚫 Alle gängigen Karten

MIAMI BEACH

SoBe (South Beach) hat ein riesiges Angebot an Restaurants vorzuweisen, darunter solche, die ihre feinen Kochkünste in stilvollem Art-déco-Ambiente von Hotels und durchgestylten Lokalen offerieren. Das Prachtstück von Meisterkoch Ian Schrager ist das Hotel Delano, das 1995 eröffnet wurde, als die Lincoln Road zwischen Washington Avenue und Lenox Street im großen Stil saniert wurde.

MIAMI BEACH 33139
🏨 CASA GRANDE $$$$$
834 Ocean Dr.
Tel. 305/672-7003
www.casagrandesuitehotel.com

Das luxuriöse Hotel der Island-Outpost-Kette präsentiert sich im typischen Art-déco-Stil. Alle Suiten verfügen über Meerblick und sind mit Möbeln aus Teak- und Mahagoniholz ausgestattet. Dekors aus indonesischen Batikstoffen schaffen ein perfektes SoBe-Ambiente. Eine rechtzeitige Reservierung ist zu empfehlen!

🛏 34 P 🛜 ⇄ 🔁 🚫 Alle gängigen Karten

🏨 DELANO $$$$$
🍴 1685 Collins Ave.
Tel. 305/672-2000
www.morganshotelgroup.com

Das luxuriöse Hotelgebäude aus den 1940er-Jahren wurde im Art-déco-Stil errichtet und liegt direkt am Meer. Nach der Sanierung durch den Star-Designer Philippe Starck erwartet die Gäste ein dezenter Luxus. Das Haus wurde mit Kunstobjekten von Antoni Gaudí, Man Ray, Charles und Ray Eames sowie Salvador Dalí dekoriert und mit Designermöbeln eingerichtet. Auf dem Hoteldach gibt es einen Swimmingpool mit Spa und einen Rundumblick auf Miami. Im Delano befindet sich das exquisite Restaurant **Leynia** (siehe S. 287).

🛏 194 Zimmer, Suiten u. Lofts 🔲 200
P 🛜 ⇄ 🔁 🏊 🛗 🛜 🚫 Alle gängigen Karten

🏨 MIAMI BEACH EDITION $$$$$
🍴 2901 Collins Ave.
Tel. 786/257-4500
www.editionhotels.com/miami-beach

Der Stil eines Boutique-Hotels zusammengebracht mit den Annehmlichkeiten eines Luxus-Resorts. Im Restaurant Matador Room beweist Jean-Georges Vongerichten seine Virtuosität.

🛏 294 Zimmer P 🛜 ⇄ 🔁 🏊 🛗 🛜 🚫 Alle gängigen Karten

🏨 NATIONAL HOTEL $$$$$
🍴 1677 Collins Ave.
Tel. 305/532-2311
www.nationalhotel.com

Das schicke Hotel im Art-déco-Stil der 1930er- und 1940er-Jahre wurde erst 2014 renoviert und erstrahlt in neuem Glanz. Es bietet alle möglichen luxuriösen Annehmlichkeiten (Spa, Animation) und liegt direkt am Strand. Das Bistro **Tamara** bietet moderne Fusionküche.

🛏 151 Zimmer u. Suiten P 🛜 ⇄ 🔁 🏊 🛗 🚫 Alle gängigen Karten

🏨 Hotel 🍴 Restaurant 🛏 Zimmer 🔲 Sitzplätze P Parkplätze 🚇 Metro 🕐 Öffnungszeiten ⇄ Aufzug 🛜 WLAN

⊞ SEA VIEW $$$$$

9909 Collins Ave., Bal Harbour,
FL 33154
Tel. 305/866-4441
www.seaview-hotel.com

Strandhotel und Resort im europäischen Stil mit mediterranen Cabañas. Gegenüber liegen die berühmten Bal-Harbour-Shops. Eher konservatives Publikum, das nicht den Trubel von SoBe sucht.

ⓘ 220 Zimmer u. Suiten 🅿 🛜 🚻 🆂 🆑
🌊 🏋 🆂 Alle gängigen Karten

⊞ THE SETAI $$$$$

🍴 2001 Collins Ave.
Tel. 305/520-6000
www.setai.com

Die Ausstattung dieses Luxushotels vereint harmonischen puristischen Art-déco-Stil mit der Wohnkultur Asiens: The Setai ist ein echtes Traumhotel – äußerst stylish, äußerst exklusiv und äußerst luxuriös! Open-Air-Bar, Spa unter Palmen, drei Pools.

ⓘ 120 🅿 🛜 🆑 🆂 🆑 🆂 🌊 🏋
🆂 Alle gängigen Karten

⊞ THE TIDES $$$$$

1220 Ocean Dr.
Tel. 305/250-0784
www.tidessouthbeach.com

Eines der besten Hotels von South Beach. Suiten mit Blick über das Meer; die Zimmer im 9. und 10. Stock gehören zu den höchsten Aussichtspunkten am Ocean Drive.

ⓘ 45 Zimmer u. Suiten 🅿 🛜 🚻 🆂 🆑
🌊 🏋 🆂 Alle gängigen Karten

⊞ ESSEX HOUSE $$$$$-$$$

1001 Collins Ave.
Tel. 305/534-2700
www.clevelander.com

Europäischer Charme, moderne Einrichtung und erschwinglicher Luxus prägen das von dem Art-déco-Architekten Henry Hohauser entworfene Boutique-Hotel. Geschmackvolle Zimmer in Pastelltönen. Zugang zum Pool des Clevelander Hotels.

ⓘ 74 Zimmer u. Suiten 🛜 🚻 🆑
🆂 Alle gängigen Karten

⊞ ALBION $$$$

1650 James Ave.
Tel. 305/913-1000 oder 877/
782-3557
www.rubellhotels.com

Weißer Strand, ein zum Pool hin offener Patio, eine moderne Dachterrasse und Suiten mit Solarien prägen dieses trendige Hotel.

ⓘ 96 🅿 🛜 🚻 🆂 🆑 🆂 🌊 🏋 🆂 AE, MC, V

⊞ CARDOZO $$$$

1300 Ocean Dr.
Tel. 786/577-7600
www.cardozohotel.com

Chic und elegant. Das klassische Art-déco-Hotel in zentraler Lage wird von der bekannten kubanischen Sängerin Gloria Estefan und ihrem Ehemann Emilio betrieben. Stilvolle und moderne Zimmer mit handgefertigten Möbeln.

ⓘ 43 🅿 🛜 🚻 🆂 🆑 🆂 🆂 Alle gängigen Karten

⊞ HOTEL IMPALA $$$$

🍴 1228 Collins Ave.
Tel. 305/673-2021
www.impala-miami.com

Ein kleines und diskretes Refugium für Prominente. Mediterranes Flair mit maßgefertigten Möbeln, Original-Kunstwerken und europäischem Service. Die Zimmer sind nicht besonders groß, aber dafür elegant. Restaurant **Spiga** (siehe S. 289).

ⓘ 17 Zimmer u. Suiten 🅿 🛜 🚻 🆂 🆑
🆂 Alle gängigen Karten

⊞ PELICAN HOTEL $$$$

826 Ocean Dr.
Tel. 305/673-3373
www.pelicanhotel.com

Dreistöckiger Bau in zentraler Lage; vom Art-déco-Stil inspiriertes, ziemlich freches und erfrischendes Ambiente. Kleine Zimmer, aber mit wunderbar vielseitigem Styling.

🆂 Nichtraucher 🆑 Klimaanlage 🏠 Pool im Haus 🌊 Pool im Freien 🏋 Fitnessclub 🆂 Kreditkarten

[Z] 30 Zimmer u. Suiten [P] [WLAN] [Aufzug] [Öffnungszeiten] [Metro]
[Karten] Alle gängigen Karten

[Hotel] THE CELINO HOTEL $$$$
640 Ocean Dr.
Te. 305 538 1611
www.thecelinohotel.com

Elegantes Art-déco-Hotel am Ocean Drive und nahe zum Strand.

[Z] 125 [P] [WLAN] [Aufzug] [Öffnungszeiten] [Metro] [Sitzplätze] [Karten] Alle gängigen Karten

[Hotel] DADDY O HOTEL $$$–$$$$
9660 E. Bay Harbor Dr.,
Bay Harbor Islands, FL 33154
Tel. 305/868-4141
www.daddyohotel.com/miami

Kleines Gästehaus am schönen Indian Creek in einem ruhigen Viertel. Bootscharter für Angel- und Tauchtrips in allernächster Nähe. Nicht weit von den Geschäften von Bal Harbour entfernt.

[Z] 38 [P] [WLAN] [Aufzug] [Öffnungszeiten] [Metro] [Karten] AE, MC, V

[Hotel] HOTEL ASTOR $$$–$$$$
[Restaurant] 956 Washington Ave.
Tel. 305/531-8081
www.hotelastor.com

Liebevoll renoviertes Art-déco-Haus aus dem Jahr 1936. Helle, elegante Holzmöbel, polierte Terrazzoböden und angenehme Farben bestimmen das Ambiente. Rollstuhlgerechter Zugang.

[Z] 41 Zimmer u. Suiten
[P] [WLAN] [Aufzug] [Öffnungszeiten] [Metro] [Sitzplätze] [Karten] Alle gängigen Karten

[Hotel] CAVALIER $$$
[Restaurant] 1320 Ocean Dr.
Tel. 305/531-3555
www.cavaliermiami.com

Renoviertes und modern ausgestattetes Art-déco-Haus in zentraler Lage. Das Hotel sowie das Restaurant **Cavalier Crab Shack** (Fisch und Meeresfrüchte) sind sehr beliebt.

[Z] 45 Zimmer u. Suiten [P] [Aufzug] [Öffnungszeiten] [Metro] [Sitzplätze]
[Karten] Alle gängigen Karten

[Hotel] KENT $$$
1131 Collins Ave.
Tel. 305/604-5068
www.thekenthotel.com

Auffälliges Hotelgebäude im klassischen Art-déco-Stil mit modernen Einflüssen und zeitgemäßem Chic. Erschwingliche SoBe-Unterkunft in guter, zentraler Lage; mit **Garden Bar & Grill**.

[Z] 59 Zimmer u. Suiten [P] [WLAN] [Aufzug] [Öffnungszeiten] [Metro]
[Karten] Alle gängigen Karten

[Hotel] AVALON $$–$$$
[Restaurant] 700 Ocean Dr.
Tel. 305/538-0133
www.avalonhotel.com

Klassisches Art-déco-Hotel. Kleine, saubere Zimmer mit einfacher, moderner Ausstattung. Das freundliche Hotel bietet seinen Gästen eine herrliche Strandlage.

[Z] 108 [P] [WLAN] [Aufzug] [Öffnungszeiten] [Karten] Alle gängigen Karten

[Hotel] CIRCA 39 $$–$$$
3900 Collins Ave., FL 33140
Tel. 305/538-4900
www.circa39.com

Wer auf den Rummel von South Beach verzichten, aber möglichst nah am Strand absteigen will, ist in diesem Boutique-Hotel mit modernen bunten Zimmern gut aufgehoben. Die Zimmer zum kleinen Garten mit Pool haben eine Kochnische. **Jules Kitchen** kümmert sich ums leibliche Wohl.

[Z] 100 [P] [WLAN] [Aufzug] [Öffnungszeiten] [Metro] [Sitzplätze] [Karten] Alle gängigen Karten

[Hotel] CLAY HOTEL $$–$$$
1438 Washington Ave.
Tel. 305/250-0759
www.clayhotel.com

Charmantes Boutique-Hotel mit Einzel-, Doppel- und Familienzimmern mitten in SoBe. Das Gebäude im mediterranen Stil ist im *National Register of Historic Places* aufgeführt. Es liegt am Española Way. Die Flure sind mit lebendigen Szenen aus dem tropischen Miami bemalt, die Zimmer sauber und ruhig. Hofbereich und Speiseterrasse. Längere Aufenthalte möglich.

🔢 135 📶 🔄 🚭 🆒 🎿 MC, V

🏨 **FREEHAND MIAMI $$**
🍴 2727 Indian Creek Dr., FL 33140
Tel. 305/531-2727
www.thefreehand.com/miami

Das hippste Hostel der Stadt, in dem auch die beliebte Bar **The Broken Shaker** zu finden ist sowie das vor allem bei jungen Gästen angesagte **Restaurant 27**.

🔢 77 🅿️ 📶 🔄 🆒 🏊 🎿 AE, MC, V

🏨 **HOTEL CROYDON $$**
3720 Collins Ave.
Tel. 305/938-1145
www.hotelcroydonmiamibeach.com

Hotel der gehobenen Kategorie, nur zwei Gehminuten vom Strand und wenige Kilometer vom Art-déco-District entfernt.

🔢 104 Zimmer 🅿️ 📶 🆒 🏊 📺 🚭
🎿 Alle gängigen Karten

PREISE

HOTELS

Preise für ein Doppelzimmer ohne Frühstück in der Hauptsaison werden durch $-Zeichen symbolisiert.

$$$$$	über 280 $
$$$$	200–280 $
$$$	120–200 $
$$	80–120 $
$	unter 80 $

RESTAURANTS

Preiskategorien für ein Drei-Gänge-Menü ohne Getränke werden durch $-Zeichen symbolisiert.

$$$$$	über 80 $
$$$$	50–80 $
$$$	35–50 $
$$	20–35 $
$	unter 20 $

🍴 **CASA TUA $$$$$**
1700 James Ave.
Tel. 305/673-1010
www.casatualifestyle.com

Gäste dinieren hier unter Lampions im Garten oder in der Privatheit einer eleganten mediterranen Villa.

🍴 90 🕐 Di 19–22.45, Mi–Mo 19–22.30 Uhr 🆒 🎿 Alle gängigen Karten

🍴 **THE FORGE $$$$$**
432 41st St.
Tel. 305/538-8533
www.theforge.com

Klassisches, teures Restaurant mit eleganter Ausstattung im Rokokostil: Auf den Tisch kommt eine ausgezeichnete kontinental-amerikanische Küche. Zu empfehlen sind: Rührei mit Kaviar, 500-g-Steaks, Bio-Rucola-Salat, Schnecken und Soufflés. Gute Weinkarte. Mittwochs Clubabend mit Disco. Reservierung erforderlich.

🍴 275 🕐 Fr–Sa 18–24, So–Do 18–23 Uhr 🅿️ 🚭 🆒 🎿 Alle gängigen Karten

🍴 **A FISH CALLED AVALON $$$$**
700 Ocean Dr.
Tel. 305/532-1727
www.afishcalledavalon.com

Zwangloses Restaurant mit Bar im Art-déco-Stil. Es gibt frischen Fisch aus der Region, oft auch Livemusik.

🍴 200 🕐 Mo–So 18–23 Uhr 🅿️ 🚭 🆒
🎿 Alle gängigen Karten

🍴 **CAFÉ PRIMA PASTA $$$$**
414 71st St., FL 33141
Tel. 305/867-0106
www.cafeprimapasta.com

Kleines italienisches Restaurant mit romantischem Ambiente in bester Lage am Strand und dem Ruf, beste italienische Küche zu servieren. Hervorragende hausgemachte Pasta, wunderbare Kalbfleischgerichte; die Karte bietet auch eine gute Auswahl für Vegetarier. Erstklassiger Service. Reservierung empfehlenswert!

🚭 Nichtraucher 🆒 Klimaanlage 🏊 Pool im Haus 🏊 Pool im Freien 📺 Fitnessclub 🎿 Kreditkarten

🔲 150 🕐 Mo–Do 17–23.30, Fr–Sa 17–24, So 16–23 Uhr 🔳 🔳 🔳 Nur Barzahlung

🍽 LEYNIA $$$$
1685 Collins Ave.
Tel. 305/674-5752
www.morganshotelgroup.com

West trifft Ost – auf dem Grill. Argentische Barbecue-Spezialitäten verbinden sich mit japanischen Gewürzen, Marinaden und Saucen. Indoor- und Outdoor-Tische, Reservierung empfohlen. So 11.30–16 Uhr Brunch.

🔲 120 🕐 tägl. 7–11, 19–22.30 (Fr/Sa bis 23.30) Uhr 🔳 Alle gängigen Karten

🍽 OSTERIA DEL TEATRO $$$$
1200 Collins Ave.
Tel. 305/538-7850
www.osteriadelteatro.miami

Die Osteria soll der beste Italiener im Großraum Miami sein. Am besten überzeugt man sich selbst davon. Das hausgemachte Brot in Dino Pirolas norditalienischem Restaurant ist großartig, die Pasta außergewöhnlich gut, der Fisch fantasievoll angerichtet. Tipp: Heilbutt mit Knoblauch und Oliven; auch die Desserts sind nicht zu verachten. Eine Reservierung ist unerlässlich.

🔲 80 🕐 So–Do 18–23, Fr–Sa 18–24 Uhr 🔳 🔳 Alle gängigen Karten

🍽 GRILLFISH $$$
1444 Collins Ave.
Tel. 305/538-9908
www.grillfish.com

Dieses Fischlokal ist vor allem bei Leuten aus der Gegend beliebt. Hier bekommt man ein gutes Angebot an reichhaltigen und leckeren Seafood-Gerichten und speist in angenehmem Ambiente.

🔲 130 🕐 tägl. 11.30 bis open end 🔳 🔳 🔳 Alle gängigen Karten

🍽 JOE'S STONE CRAB $$$
11 Washington Ave.
Tel. 305/673-0365
www.joesstonecrab.com

Dieses weltbekannte Lokal hat sich seit 1913 kaum verändert (obwohl es vor ein paar Jahren umgezogen ist). Seit über 100 Jahren stehen Gäste bei Joe's Stone Crab Schlange, um beispielsweise Steinkrebse in Senfsauce (nur von Okt. bis Mai) und perfekte Key Lime Pie zu genießen.

🔲 475 🕐 So/Mo 17–22, Di–Do 11.30–14.30, 17–22, Fr/Sa 11.30–14.30, 17–23 Uhr 🅿 🔳 🔳 🔳 Alle gängigen Karten

🍽 KATSUYA BY STARCK $$$
1701 Collins Ave.
Tel. 305/455-2995
www.katsuyarestaurant.com/southbeach

Das Restaurant, das von Stardesigner Philippe Starck eingerichtet wurde, ist momentan eines der angesagtesten japanischen Restaurants in Miami Beach. Die typisch japanische Küche wird hier mit Einflüssen der regionalen Küche Floridas kombiniert. Es gibt nicht nur Sushi, sondern auch warme Speisen wie Wagyu-Rind mit Foie gras. Das Sashimi, zum Beispiel *Yellowtail Sashimi with Jalapeño*, schmeckt aromatisch, frisch – wunderbar. Der Service ist professionell und herzlich.

🔲 400 🕐 So–Do 19–22.30, Fr/Sa 18–23.30 Uhr 🅿 🔳 🔳 🔳 Alle gängigen Karten

🍽 LARIOS ON THE BEACH $$$
820 Ocean Dr.
Tel. 305/532-9577
www.lariosonthebeach.com

Karibische, lateinamerikanische, spanische Spezialitäten und mehrfach prämiert: Larios ist ein In-Lokal, das zur erfolgreichen Gastronomie-Gruppe Gloria Estefans und ihres Ehemanns gehört.

🔲 114 🕐 tägl. 11–23 Uhr 🔳 Alle gängigen Karten

🍽 MEAT MARKET $$$
915 Lincoln Rd.
Tel. 305/532-0088
www.meatmarket.net

Die meisten Models in South Beach sind ja angeblich Vegetarierinnen, aber diejenigen, die keine sind, scheinen sich alle im Meat Market zu treffen… Das angesagte Steakhaus in der Lincoln Road wartet mit einem Ambiente auf, das schick und sexy ist. Zu den Fleischgerichten bietet die Karte auch Alternativen: Seafood ist hier genauso beliebt wie Rindfleisch.

🍴 160 🕐 tägl. 12–24 Uhr 🅂 🅂 Alle gängigen Karten

🍴 PUBBELLY $$$
1418 20th St.
Tel. 305/532-7555
www.pubbellyboys.com

Angesagter, asiatisch inspirierter Gastro-Pub mit umfangreicher Speisekarte. Beliebt bei Einheimischen; guter Sonntagsbrunch von 11–16 Uhr.

🍴 50 🕐 So–Do 18–24, Fr–Sa 18–1, Mo geschl. 🄿 🅂 🅂 🅂 Alle gängigen Karten

🍴 SUSHISAMBA DROMO $$$
600 Lincoln Rd.
Tel. 305/673-5337
www.sushisamba.com

Beliebtes Lokal in SoBe mit Sushi-Samba-Atmosphäre nach New Yorker Vorbild. Serviert wird hier Fusion Food aus der japanischen, brasilianischen und peruanischen Küche wie häufig in Miami. Caipirinhas und verschiedene Sake passen übrigens hervorragend zum Sushi. Bar- und Loungebereich, Sushibar, Indoor- und Outdoor-Bereich. Am Samstag und Sonntag zwischen 11.30 Uhr und 16.00 Uhr Sushisamba-Brunch.

🍴 300 🕐 Mo–Mi 12–24, Do 12–1, Fr 12–2, Sa 11.30–2, So 11.30–24 Uhr 🅂 🅂 🅂 Alle gängigen Karten

🍴 YUCA $$$
501 Lincoln Rd.
Tel. 305/532-9822
www.yuca.com

Erstklassiges Restaurant mit origineller Nuevo-Latino-Küche. Küchenchef Francisco Ja-

vier Rodriguez kombiniert gekonnt Elemente der karibischen und südamerikanischen Küche, etwa Kochbananen mit gepökeltem Rindfleisch oder gedämpfte Cassavawurzel (Yuca), gefüllt mit Gehacktem (picadillo) aus Wildpilzen und mit einem Hauch von Trüffeln verfeinert. Reservierung erforderlich.

🍴 190 🕐 So–Do 12–23, Fr/Sa 12–24 Uhr 🄿 🅂 🅂 AE, MC

🍴 YARDBIRD $$$-$$
1600 Lenox Ave.
Tel. 305/538-5220

Das Restaurant ist auf Southern Kitchen spezialisiert – mit frischen Zutaten, typischen Rezepten und Lokalpatriotismus zubereitet. Serviert werden die Köstlichkeiten in einem freundlichen, zwanglosen Ambiente.

🍴 200 Plätze 🕐 Mo–Fr 11–24, Sa/So 8.30–24 Uhr 🅂 🅂 Alle gängigen Karten

🍴 BALANS $$
1022 Lincoln Rd.
Tel. 305/534-9191
www.balansrestaurants.com

Dieses Lokal mit britischen Besitzern kommt bestens an. Großes Angebot an Speisen und Getränken. Besonders zu empfehlen sind die Ziegenkäseplatte mit Portobello-Zuchtchampignons, der chilenische Seebarsch mit würziger Kruste und vor allem die köstlichen Desserts wie Schokoladen-Käsekuchen.

🍴 140 🕐 So–Do 8–1, Fr/Sa 8–2 Uhr 🅂 🅂 Alle gängigen Karten

🍴 DORAKU SUSHI $$
1104 Lincoln Rd.
Tel. 305/695-8383
www.dorakusushi.com

In diesem japanischen Gastro-Pub treffen tropische Aromen auf japanische Sushi-Röllchen. Das Restaurant ist Teil des großen Regal South Beach Complex – und nicht nur dank der täglichen zweistündigen »Happy Hour« immer gut besucht.

⊕ 130 ⊕ tägl. 12–15 sowie Mo–Do/So 15–22.30, Fr/Sa 15–23.30 Uhr
⊜ ⊜ Alle gängigen Karten

🍴 FRONT PORCH CAFÉ $$
1458 Ocean Dr.
Tel. 305/531-8300
www.frontporchoceandrive.com

Hierher kommen die Einheimischen zum Essen, Trinken und Spaßhaben. Reichliche Portionen zu vernünftigen Preisen. Wunderbare Nachspeisen vom ehemaligen Chefkonditor des Ritz Carlton. Ein guter Platz zum Genießen und Leuteschauen!
⊕ 120 ⊕ tägl. 7–23 Uhr ⊜ ⊜ Alle gängigen Karten

🍴 MANGO'S TROPICAL CAFÉ RESTAURANT AND NIGHT CLUB $$
900 Ocean Dr.
Tel. 305/673-4422
www.mangos.com

Wer es gern schrill und bunt mag, kann hier am Ocean Drive ein Dinner mit Showeinlage erleben. Kubanische Barkeeper und Kellnerinnen, die auch mal einen Tabledance hinlegen. Das Lokal hat mit die besten Desserts am Strand; davor genießt man leckere Hauptgerichte wie *mahimahi* (Goldmakrele) und Margarita-Huhn.
⊕ 570 ⊕ 20–23 Uhr ⊜ ⊜ Alle gängigen Karten

🍴 NEWS CAFÉ $$
800 Ocean Dr.
Tel. 305/538-6397
www.newscafe.com

Eher europäische als amerikanische Atmosphäre. Snacks, Burger, Omeletts und Salate. Tische draußen und viele Zeitungen.
⊕ 150 ⊕ tägl. 0–24 Uhr 🅿 ⊜ ⊜ Alle gängigen Karten

🍴 NEXXT CAFÉ $$
700 Lincoln Rd.
Tel. 305/532-6643
www.nexxtcafe.com

Beliebtes Lokal an der Lincoln Road mit dem Motto »sehen und gesehen werden«. Viele Sandwiches und Hauptgerichte.
⊕ 400 ⊕ Mo–Do 11.30–23, Fr 11.30–24, Sa 10–24, So 10–23 Uhr ⊜ ⊜ ⊜ Alle gängigen Karten

🍴 SPIGA $$
Im Hotel Impala, 1228 Collins Ave.
Tel. 305/534-0079
www.spigarestaurant.com

Italienisches Restaurant im Hotel Impala. Probieren sollte man die hausgemachte Pasta und die leckeren Desserts; die Spezialität des Hauses sind Fischgerichte. Reservierung erforderlich.
⊕ 75 ⊕ tägl. 18–23 Uhr 🅿 ⊜ ⊜ ⊜ Alle gängigen Karten

KEY BISCAYNE

Die Insel südöstlich von Miami mit ihren weißen Sandstränden und üppigem Grün war einst eine Kokosnussplantage. Dass die quirlige Metropole Miami nur eine Viertelstunde entfernt liegt, ist kaum zu glauben. Man erreicht die ruhige Insel über den mautpflichtigen Rickenbacker Causeway. Den Strand von Key Biscayne säumen heute viele große Luxusvillen, deren Wert in die Millionen geht. Fast überall gibt es großartige Ausblicke auf das Meer mit erstklassigen Restaurants und Hotels in ebensolcher Lage.

KEY BISCAYNE 33149
🏨 RITZ-CARLTON, KEY BISCAYNE $$$$$
455 Grand Bay Dr.
Tel. 305/365-4500
www.ritzcarlton.com/key-biscayne

Das Ritz-Carlton beeindruckt auch hier mit viel Eleganz und einer spektakulären Lage. Mit knapp 2000 Quadratmeter großem Spa und Salon sowie zwei Pools am Ozean.
⊕ 450 🅿 📶 ⊜ ⊜ ⊜ ⊜ ⊜ Alle gängigen Karten

🏨 Hotel 🍴 Restaurant 🛏 Zimmer ⊕ Sitzplätze 🅿 Parkplätze 🚇 Metro ⊕ Öffnungszeiten ⊜ Aufzug 📶 WLAN

🔢 NOVECENTO $$$
620 Crandon Blvd.
Tel. 305/362-0900
www.novecento.com
Elegantes Bistro im europäischen Stil mit unverkennbar lateinamerikanischen Akzenten. Spezialität: auf den Punkt gegrilltes Fleisch und eine große Tapas-Auswahl.
🔧 170 🕐 So–Do 11.30–23 Uhr, Fr/Sa 11.30–24 Uhr 🚭 🏧 Alle gängigen Karten

🔢 KEBO $$
200 Crandon Boulevard, Suite 104
Tel. 305/365-1244
www.keborestaurant.com
Gute spanische Küche mit köstlichen *tapas*, traditionellen mediterranen Gerichten mit Fisch und Meeresfrüchten sowie neuen Kreationen. Es herrscht eine entspannte Atmosphäre, der Service ist gut.
🔧 70 🕐 So–Do 12–22 Uhr, Fr/Sa 12–23 Uhr 🚭 🏧 Alle gängigen Karten

🔢 RUSTY PELICAN $$
3201 Rickenbacker Causeway
Tel. 305/361-3818
www.therustypelican.com
Restaurant am Meer mit kontinentalen Fischgerichten und der eindrucksvollen Skyline von Miami im Hintergrund. Mancher kommt sonntags zum Brunch. Oder man nimmt einfach nur einen Drink und genießt die fantastische Aussicht.
🔧 450 🕐 So–Do 11–23, Fr/Sa 11–24 Uhr 🅿 🚭 🏧 Alle gängigen Karten

COCONUT GROVE

Wo sich früher die Künstler und Schriftsteller trafen, verbringen heute Millionäre die Wintermonate oder sogar das ganze Jahr. In der Biscayne Bay liegen luxuriöse Jachten vor Anker, und am Wochenende bevölkern vorwiegend junge Leute den Shopping- und Entertainment-Komplex CocoWalk. Neben den teuren Boutiquen, exklusiven Hotelan-

lagen und Luxusrestaurants haben sich ein paar urige Geschäfte gehalten. »The Grove« ist voller kleiner Bistros und Straßencafés mit regionalen Spezialitäten auf den Speisekarten. Hier kann man durchaus noch kulinarische Entdeckungen machen.

COCONUT GROVE 33133

🏨 MAYFAIR HOTEL & SPA $$$$$
3000 Florida Ave.
Tel. 305/441-0000
www.mayfairhotelandspa.com
Gemütliches Boutique-Hotel, trotz der Lage in der Mall Mayfair in the Grove. Geschmackvoll eingerichtete Zimmer. Viele Suiten mit begrüntem Balkon zur Straße, einige mit Whirlpool; Pool auf der Dachterrasse mit fantastischem Blick. **Trattoria Spartico** (Tel. 305/779-5100) mit Pasta und Holzofenpizza im Haus.
ℹ 179 Suiten 🅿 📶 🍽 🚭 🏊 ♨ 🏋 🏧 Alle gängigen Karten

🏨 THE MUTINY LUXURY SUITES HOTEL $$$$$
2951 S. Bayshore Dr.
Tel. 305/441-2100
www.providentresorts.com/mutiny-hotel
Das Hotel (nur Suiten mit Balkon und Küche) präsentiert Miami vor den großen Panoramafenstern als einen großartigen 3-D-Film. Nur 300 Meter vom quirligen Einkaufs- und Restaurantviertel Coconut Grove.
ℹ 172 🅿 📶 🍽 🚭 🏊 ♨ 🏋 🏧 Alle gängigen Karten

🏨 SONESTA COCONUT
🔢 GROVE MIAMI $$$
2889 McFarlane Rd.
Tel. 305/529-2828
www.sonesta.com/coconutgrove
Hotel gegenüber dem Shoppingmekka CocoWalk. Die meisten Zimmer mit Balkon und Sicht auf die Bucht. Manche Räume des Hotels sind mit Kunst von Robert Rauschenberg, Frank Stella, A. R. Penck oder Lynne

Golub Gelfman eingerichtet. Lateinamerikanisch inspirierte Küche oder auch nur einen Drink mit Meerblick kann man im Restaurant **Panorama** (Tel. 305/447-8256) genießen.

[i] 196 Zimmer u. Suiten 🅿 📶 🛗 🛅 🛅
🏊 📺 ♿ Alle gängigen Karten

🍴 **LOKAL $$**
3190 Commodore Plaza
Tel. 305/442-3377
www.lokalmiami.com
Lokales aus der Umgebung – darunter auch Florida Alligator und Rindfleisch aus Weidehaltung – stehen in diesem rustikalen Restaurant auf der Speisekarte. Da schauen auch Einheimische gerne mal vorbei. Dazu gibt es eine große Auswahl an verschiedenen Biersorten aus heimischen Brauereien.
🪑 67 🕐 Mo/Di 12–22, Mi–Fr 12–23, Sa 11.30–23, So 11.30–22 Uhr 🛗 ♿ AE, MC, Visa

CORAL GABLES

In Coral Gables präsentieren sich die Hotels ein wenig konservativer als im schillernden South Beach. Das gilt in gleicher Weise für die Restaurants. Jedoch findet man gerade in diesem vornehmen Viertel einige der renommiertesten Lokale. Was hier den Gästen serviert wird, zählt zu den kulinarischen Highlights der Stadt.

CORAL GABLES 33134
🏨 **BILTMORE $$$$$**
1200 Anastasia Ave.
Tel. 855/311-6903 oder 305/ 9133-3158
www.biltmorehotel.com
Ein historisches Wahrzeichen, das 1926 eröffnet wurde. Das Luxushotel in einem palastartigen Gebäude aus den 1920er-Jahren (1987 renoviert) strahlt mit seinen römischen Säulen, Deckengemälden, spanischen Keramikfliesen und glänzenden Marmorbö-

den mediterrane Eleganz aus. Den Pool muss man gesehen haben: Er ist der größte Hotelpool der USA! Johnny Weismüller trat hier in Wassershows als *Tarzan* auf. Hausgäste und externe Gäste nehmen sonntags im Biltmore gern den Champagner-Brunch wahr. Alle Arten von Freizeitaktivitäten; dazu gesellen sich zwei Golfplätze.
[i] 280 Zimmer u. Suiten 🅿 📶 🛗 🛅 🛅
🏊 📺 ♿ Alle gängigen Karten

🏨 **WESTIN COLONNADE HOTEL**
$$$–$$$$$
180 Aragon Ave.
Tel. 305/441-2600
www.starwoodhotels.com
Stilvoll übernachten an der Miracle Mile. Im Hause von George Merrick, dem Gründer von Coral Gables, befindet sich heute ein luxuriöses Hotel. Zentrale Lage zwischen Geschäfts- und Einkaufsviertel, vor allem für Geschäftsleute; herrliche Dachterrasse.
[i] 157 Zimmer u. Suiten 🅿 📶 kostenpflichtig 🛗 🛅 🛅 🏊 📺 ♿ Alle gängigen Karten

🏨 **HOTEL PLACE ST. MICHEL**
🍴 **$$$$**
162 Alcazar Ave.
Tel. 305/444-1666
www.hotelstmichel.com
Kleines, mondänes Hotel im europäischen Stil im Herzen von Coral Gables. Das Gebäude aus dem Jahr 1926, der Gründerzeit von Coral Gables, ist in dunklem Holz und mit Antiquitäten ausgestattet. Das italienische Restaurant & Bar **Zucca** befindet sich im Haus (Tel. 786/580-3731).
[i] 27 🅿 📶 🛗 🛅 🛅 ♿ Alle gängigen Karten

🍴 **FRATELLINO RISTORANTE $$**
264 Miracle Mile
Tel. 786/452-0068
www.fratellinoristorante.com
Bewährte italienische Küche mit hausgemachter Pasta und viel mediterranem Ge-

müse. Muntere Atmosphäre und recht ambitionierte Besitzer.
🍽 45 🕐 Mo–Do 12–15, 17.30–22, Fr/Sa 12–15, 17.30–23, So 17.30–22 Uhr 🅿 📶 📺 Visa, MC, AE

🍽 LA PALMA RISTORANTE & BAR $$$
116 Alhambra Circle
Tel. 305/445-8777
www.lapalmarestaurant.net

Köstlichkeiten aus der norditalienischen Küche wie *ossobuco alla Veneta*, *lobster La Palma* oder hausgemachte Fettuccine mit Muscheln. Außerdem in Weißwein sautierter Maine-Hummer und 400-g-Kalbsschnitzel.
🍽 150 🕐 Di–Do 11.30–22, Fr 11.30–24, Sa 17–24, So 11–22 Uhr 🅿 📶 📺 📶 Alle gängigen Karten

🍽 ORTANIQUE ON THE MILE $$
278 Miracle Mile
Tel. 305/446-7710
www.ortaniquerestaurants.com

Dieses nach einer Hybridfrucht (Orange und Tangerine) benannte Restaurant wartet mit Speisen der »Floribbean Cuisine« auf wie zum Beispiel Schweinelende oder Gelbschwanzschnapper.
🍽 120 🕐 Mo–Fr 11.30–14:30 sowie Mo–Mi 18–22, Do–Sa 18–23, So 17.30–21.30 Uhr 📶 📶 Alle gängigen Karten

SOUTH MIAMI

Siehe Hotels und Restaurants unter »Ausflüge« gleich anschließend.

AUSFLÜGE

Als Ausgangspunkte für einen Ausflug in die Everglades bieten sich sowohl Homestead als auch Florida City an. Hier gibt es viele Geschäfte und kleine Lokale. Unterkunft bieten aber oft nur recht einfache Motels.

🏨 RIVERSIDE HOTEL $$$
🛏 620 E. Las Olas Blvd., Fort Lauderdale, FL 33301
Tel. 954/467-0671
www.riversidehotel.com

Attraktiv wegen der Lage im beliebten historischen Viertel von Fort Lauderdale, mit Garten am New River. Charme der Alten Welt; einige Zimmer haben ein Himmelbett. Kostenloser Strandtransfer. Für Seafood und Cocktails sorgt **Wild Sea Oyster Bar & Grille** (954/467-2555).
🛏 217 Zimmer u. Suiten 🅿 📶 📺 🏊 📶 Alle gängigen Karten

🏨 HAMPTON INN & SUITES MIAMI SOUTH/HOMESTEAD $$–$$$
2855 N.E. 9th St, Homestead, FL 33033
Tel. 305/257-7000
www.hamptoninn3.hilton.com

Ideale Basis für Ausflüge in den Biscayne National Park und die Everglades. Das Hotel liegt 30 Fahrminuten vom Miami International Airport entfernt.
🛏 126 🅿 📶 📺 📶 📶 Alle gängigen Karten

🏨 THE HOTEL REDLAND $$–$$$
5 S. Flagler Ave., Homestead, FL 33030
Tel. 305/246-1904
www.hotelredland.com

Dies ist das älteste noch erhaltene Gebäude der Stadt, und es beherbergt ein kleines und freundliches Hotel.
🛏 12 🅿 📶 📶 📶 Alle gängigen Karten

🍽 15TH ST. FISHERIES $$–$$$
1900 S.E. 15th St., Fort Lauderdale, FL 33316
Tel. 954/763-2777
www.15streetfisheries.com

Frische Meeresfrüchte mit Blick auf das Wasser in der Marina von Fort Lauderdale. Man speist entspannt und locker direkt am Ufer (Dockside) oder in edlerer Atmosphäre im ersten Stockwerk (Upstairs). Beliebt bei den Einheimischen.

🔀 477 🕐 Dockside: tägl 11.30–22 (Fr/Sa bis 23) Uhr, Upstairs: Mo–Do 17–21.30, Fr/Sa 17–22, So 17–21) Uhr 🅿 🔁 📶 Alle gängigen Karten

🍴 MICCOSUKEE RESORT & GAMING $–$$$$
500 S.W. 177th Ave., Miami, FL 33194
Tel. 305/222-4600
www.miccosukee.com

Der Komplex bietet mehr als nur ein gutes Abendessen: Hier warten ein Kasino und indianische Kultur auf die Gäste. Restaurant, Buffet, Deli und Snackbar sind ebenfalls durchaus zu empfehlen.

🔀 372 (im Buffetrestaurant) 🅿 🔁 📶 Alle gängigen Karten

🍴 EL TORO TACO $
1 S. Krome Ave., Homestead, FL 33030
Tel. 305/245-8182

Hier werden bodenständige mexikanische Kochkünste gepflegt. Serviert werden köstliche Chili-Rellenos, Hühnchen-Fajitas, gegrilltes T-Bone mit Salsa Verde und großartige Guacamole.

🔀 95 🕐 Di–So 11–21 Uhr 🅿 🔁 📶 AE, MC, V

UPPER KEYS

Der John-Huston-Film *Gangster in Key Largo* aus dem Jahr 1948, in dem Humphrey Bogart und Lauren Bacall Verbrechen bekämpfen und Hurrikans überstehen, machte Key Largo weltberühmt, obwohl nur wenige Szenen hier gedreht wurden. Mehr von dem Flair alter Filme kann man im Jachthafen des Holiday Inn (MM 99,7) spüren, wo das originale altersschwache Dampfboot aus dem Huston-Film *African Queen* (1951), ebenfalls mit Humphrey Bogart, vor Anker liegt.

KEY LARGO 33037
🏨 JULES' UNDERSEA LODGE $$$$$
51 Shoreland Dr., MM 103,2
Tel. 305/451-2353
www.jul.com

Das weltweit einzige Unterwasser-Hotel. In den Räumlichkeiten eines ehemaligen Forschungslabors übernachten heute abenteuerlustige Gäste sieben Meter unter dem Wasserspiegel. Dazu müssen sie in die zwei Zimmer mit Küche hinabtauchen. Alles weitere wird in Containern in die Tiefe gebracht. Definitiv nichts für Wasserscheue!

🛏 2 📶 📶 Alle gängigen Karten

🏨 🍴 MARRIOTT KEY LARGO BAY RESORT $$$$
Overseas Hwy., MM 103,8
Tel. 305/453-0000
www.marriottkeylargo.com

Moderne Hotelanlage, nur 60 Minuten Fahrzeit vom Miami International Airport (MIA) entfernt. Große Zimmer, es gibt einige Luxussuiten mit zwei Schlafzimmern, alle mit WLAN. Viele Freizeitangebote. Mit Restaurant **Gus' Grille** (siehe unten).

🛏 153 Zimmer u. Suiten 🅿 📶 🔁 🔁 🔁 🔁 📶 Alle gängigen Karten

🏨 SUNSET COVE BEACH RESORT $$$
99360 Overseas Hwy., MM 99,6
Tel. 305/451-0705 oder 877/451-0705
www.sunsetcovebeachresort.com

Gemütliche Anlage mit der nostalgischen Stimmung des alten Florida. Kleine Hütten, teils reetgedeckt, ein hölzerner Angelpier und Kanus, und zweimal täglich kommen hungrige Pelikane vorbei.

🛏 11 📶 🅿 🔁 📶 Alle gängigen Karten

🍴 GUS' GRILLE $$$
Im Marriott Key Largo Bay Resort Overseas Hwy., MM 103,8
Tel. 305/453-4444
www.marriottkeylargo.com

🏨 Hotel 🍴 Restaurant 🛏 Zimmer 🔀 Sitzplätze 🅿 Parkplätze 🚇 Metro 🕐 Öffnungszeiten 🔁 Aufzug 📶 WLAN

Die auf Fischgerichte spezialisierte Küche hat ihre Wurzeln in der Karibik: So wird der gegrillte Red Snapper mit Mandelkruste, Avocado, Orangen und süßer Schnittlauchbutter serviert. Dazu gibt's eine tolle Aussicht aufs Wasser.

🔲 600 🕐 tägl. 7–23 Uhr 🅿 🔲 🔲 Alle gängigen Karten

🔳 SNAPPER'S WATERFRONT SALOON $$$
139 Seaside Ave., MM 94,5
Tel. 305/852-5956
www.snapperskeylargo.com

Hier speist man direkt am Wasser und genießt dabei die gemütliche Atmosphäre des alten Florida. Serviert wird auf karibische Art zubereitetes Seafood.

🔲 200 🅿 🔲 🔲 Alle gängigen Karten

🔳 SUNDOWNERS ON THE BAY $$$
103900 Overseas Hwy., MM 104
Tel. 305/451-4502
www.sundownerskeylargo.com

PREISE

HOTELS

Preise für ein Doppelzimmer ohne Frühstück in der Hauptsaison werden durch $-Zeichen symbolisiert.

$$$$$	über 280 $
$$$$	200–280 $
$$$	120–200 $
$$	80–120 $
$	unter 80 $

RESTAURANTS

Preiskategorien für ein Drei-Gänge-Menü ohne Getränke werden durch $-Zeichen symbolisiert.

$$$$$	über 80 $
$$$$	50–80 $
$$$	35–50 $
$$	20–35 $
$	unter 20 $

Essen mit Aussicht: Der Name des Lokals verspricht bodenständige Mahlzeiten mit einem Blick auf den spektakulären Sonnenuntergang auf den Keys. Im Angebot sind auch ein vegetarisches Menü sowie vegane Gerichte wie Tomaten-Basilikum-Pasta.

🔲 185 🕐 tägl. 11–22 Uhr 🅿 🔲 🔲 Alle gängigen Karten

🔳 KEY LARGO CONCH HOUSE $$-$$$
100211 Overseas Hwy., MM 100,2
Tel. 305/453-4844
www.keylargoconchhouse.com

Familiengeführtes Lokal mit köstlichen Rezepten rund um Fisch, Conch, Shrimp & Co. und sehr guten Suppen. Empfehlenswert: das Frühstück mit vorzüglichem Kaffee.

🔲 40 🕐 Mo–Fr 8–16, Sa/So 8–21 Uhr 🔲 Alle gängigen Kreditkarten

🔳 PILOT HOUSE RESTAURANT $$
13 Seagate Blvd., MM 99,5
Tel. 305/451-3142
www.pilothousemarina.com

Das Pilot House ist ein echter Oldtimer aus den 1950er-Jahren und berühmt für seine Fischsandwiches. Probieren sollte man Fischgerichte wie Red Snapper, mit Hummer gefüllt und mit Shrimps garniert, dazu hausgemachte florentinische Pasta; beliebt sind auch das *Steak Diane* und das *New York Strip Steak*.

🔲 65 🕐 Mi/Do 11–21, Fr/Sa 11.30–22, So 11.30–16 Uhr 🅿 🔲 Alle gängigen Karten

PLANTATION KEY
🔳 MARKER 88 $$$
88000 Overseas Hwy, MM 88
Tel. 305/852-9315
www.marker88.info

Ein legendäres Unikum der Upper Keys. Es werden Hummer, Steinkrebse und Shrimps aus Florida serviert. Das Gericht *Fish Rangoon* wird mit Bananen, Papayas, Ananas, Mango, Johannisbeergelee und Zimtbutter gereicht. Ein Muss ist die gebackene Eis-

cremetorte mit Limonen als Dessert. Rustikale Einrichtung und besonders romantische Sonnenuntergänge.
⬜ 300 ⏰ tägl. 11–22 Uhr 🅿 ▨ ♿ Alle gängigen Karten

UPPER MATECUMBE KEY 33036

🏨 **CHEECA LODGE & SPA $$$$$**
🍽 81801 Overseas Hwy., MM 82, Islamorada
Tel. 305/664-4651
www.cheeca.com

Ferienanlage der Luxusklasse mit besten Angel- und Tauchangeboten sowie vielseitigen Spa- und Freizeitangeboten. Häuser im Plantagenstil auf einem zehn Hektar großen, wundervoll mit tropischen Pflanzen bewachsenen Grundstück. Zurückhaltender Luxus in den geschmackvoll möblierten, großen Zimmern. Angeschlossen ist das Restaurant **Atlantic's Edge** mit regionaler Küche.
🛏 214 Zimmer u. Suiten 🅿 📶 🛗 ▨ ▩
▧ ⛱ ♿ Alle gängigen Karten

🏨 **PELICAN COVE RESORT $$$**
84457 Overseas Hwy., MM 84,5, Islamorada
Tel. 305/664-4435 oder 877/ 793-4142
www.pelicancovehotel.com

Balkone und Meeresblick bestimmen das Ambiente dieses schönen, gut geführten Hotels. Viele Freizeitangebote (nicht nur Wassersport).
🛏 50 🅿 📶 ▨ ⛱ ♿ Alle gängigen Karten

🍽 **ATLANTIC'S EDGE $$$$**
Cheeca Lodge & Spa, MM 82, Islamorada
Tel. 305/664-4651
www.cheeca.com

Das erstklassige Restaurant serviert Gerichte mit typischen Einflüssen der Florida Keys wie zum Beispiel *Half Roasted Pineapple Chicken* oder *Whole Snapper* mit gegrillter Limone. Gemüse und Obst kommen aus biologisch-dynamischem Anbau der Umgebung. Überirdisch gut: die Chocolate Peanut Butter Pyramide. Abends nur mit Reservierung.
⬜ 115 ⏰ tägl. 7–15, 18–22 Uhr
🅿 ▨ ♿ Alle gängigen Karten

🍽 **PIERRE'S $$$$**
81600 Overseas Hwy., MM 81,6, Islamorada
Tel. 305/664-3225
www.moradabay.com

Feine französische Küche in einem schneeweißen Plantagenhaus an der Morada Bay. Hier trifft das australische Lamm auf norwegischen Lachs, der floridianische *Mahi-Mahi* auf Lammwurst aus dem Elsass und die Früchte Floridas. Ein Genuss mit Klasse, dekoriert mit herrlichen Sonnenuntergängen.
⬜ 95 ⏰ So–Do 17–24, Fr/Sa 17–2 Uhr
🅿 ♿ Alle gängigen Karten

🍽 **ZIGGIE & MAD DOG'S $$$$**
Overseas Hwy., MM 83, Islamorada
Tel. 305/664-3391
www.ziggieandmaddogs.com

Hervorragende Fischgerichte im Ambiente der 1950er-Jahre: Steinkrebse, Meeresschnecken, Gelbschwanz nach Müllerin Art, gefüllte Austern oder Florida-Hummer in Senfsauce. Wer Gerichte aus dem Meer liebt, muss hier einkehren.
⬜ 77 ⏰ So–Do 17.30–22, Fr/Sa 17.30–23 Uhr 🅿 ▨ ♿ Alle gängigen Karten

🍽 **SMUGGLER'S COVE $$–$$$**
85500 Overseas Hwy., MM 85,5, Islamorada
Tel. 305/664-5564
www.smugglerscoveisla morada.com

Restaurant am Meer mit köstlich zubereiteten Meeresschnecken, Austern und Fisch. Hier wird auch der von Gästen frisch gefangene Fisch zubereitet.
⬜ 150 ⏰ tägl. 7.30–22 Uhr (7.30–11 Uhr nur Frühstück) ▨ ▩ ♿ Alle gängigen Karten

LAZY DAYS OCEANFRONT BAR & SEAFOOD GRILL $$

79867 Overseas Hwy., MM 79,9, Islamorada
Tel. 305/664-5256
www.lazydaysrestaurant.com

Im Plantagenstil mit Meerblick und Fischgerichten aus der Küche Floridas und der Karibik. Wunderbar: Goldmakrele mit einer Frucht-Salsa und Mango-Rum-Sauce.
🛏 160 🕐 So–Do 11–21.30, Fr/Sa 16–22 Uhr 🅿 🔄 🔷 Alle gängigen Karten

LOR-E-LEI RESTAURANT & CABANA BAR $$

MM 82, Islamorada
Tel. 305/664-2692
www.loreleicabanabar.com

Die Fischgerichte gehören zu den besten der Keys. Außerdem gibt es Rockmusik live. Seit Jahrzehnten eine echte Institution, nicht nur am Land, sondern auch über dem Meer …
🛏 330 draußen, 250 drinnen 🕐 tägl. 7–24 Uhr (7–11 Uhr nur Frühstück) 🅿 📶 🔷 🔄 🔷 Alle gängigen Karten

GREEN TURTLE INN RESTAURANT $–$$

81219 Overseas Hwy., MM 81,2, Islamorada
Tel. 305/664-2006
www.greenturtleinn.com

Unprätentiöses Restaurant mit Gourmet-Flair. Hier gibt es zum Großteil vor Ort gefangene frische Meeresfrüchte – oder man bringt seinen eigenen Fang einfach mit. Kunstgalerie nebenan.
🛏 50 🕐 Di 15–21, Mi–Sa 7–21, So 7–14 Uhr 🔄 🔷 Alle gängigen Karten

THE BEACH CAFÉ AT MORADA BAY $–$$

81600 Overseas Hwy., MM 81,6, Islamorada
Tel. 305/664-0604
www.moradabay.com/the-beach-cafe

Speisen am Strand mit musikalischer Untermalung: Die Gäste genießen ihre Gerichte mit den Füßen im weißen Sand. Im Angebot ist eine Mischung aus karibischen und amerikanischen Speisen.
🛏 100 🕐 Mo–Do 11.30–22, Fr/Sa 11.30–23 Uhr 🔷 Alle gängigen Karten

MIDDLE KEYS

Die Middle Keys reichen von MM 85 bis MM 45 und gelten als Eldorado für Angler und Taucher. Das ganze Jahr über trifft man hier auch Festlandsbewohner aus Florida, die die Nähe der Keys für Ausflüge nutzen. Aber erwarten Sie in den Middle Keys keine Strände – zumindest keine natürlichen. Der Sand für die schmalen Strandabschnitte stammt aus der Karibik.

DUCK KEY 33050

HAWKS CAY RESORT & MARINA $$$$$

61 Hawks Cay Boulevard, MM 61
Tel. 305/743-7000 oder 888/395-5539
www.hawkscay.com

Diese Anlage im westindischen Stil erhebt sich auf einer Privatinsel. Großzügige Unterkünfte, außerdem Jachthafen, Wassersportcenter, Sandstrand, Kinder-Club sowie Schwimmen mit Delfinen (Dolphin Connection; Tel. 888/251-3674).
🔢 193 🅿 📶 🔄 🔷 ☎ 📺 🔷 Alle gängigen Karten

ANGLER & ALE $$

540 Duck Key Dr.
Tel. 305/209-9991
www.hawkscay.com

Maritim inspiriertes Restaurant in jungem, frischem Design mit Schwerpunkt Meeresfrüchte. Auch eigene Fänge werden hier gern kundig zubereitet. Wer will, nimmt auf der großen Terrasse Platz.
🛏 100 Plätze 🅿 🔷 Alle gängigen Karten

VACA KEY 33050

🍴 **KEYS FISHERIES MARKET & MARINA $$$**
Abseits MM 49,2, 35th St., Marathon
Tel. 866/743-4353
www.keysfisheries.com

Lockeres, einfaches Open-Air-Lokal am Hafen; mit Fischmarkt und berühmt für seine Kokosnuss-Shrimps und sein Hummer-Reuben-Sandwich.

🪑 250 🅿 🌐 Alle gängigen Karten

FAT DEER KEY 33051

🍴 **KEY COLONY INN $$–$$$**
700 W Ocean Dr.
Key Colony Beach
Tel. 305/743-0100
www.kcinn.com

Kein Geheimtipp, sondern ein sehr beliebtes familiengeführtes Restaurant mit französischen und italienischen Anklängen – von saftigem Hummer und Garnelen über *Steak au poivre* bis zu frischem Snapper. Schon mehrfach ausgezeichnet, in immer gleichbleibender Qualität. Man speist im gemütlichen Speisesaal oder im geräumigen Patio.

🪑 130 🕐 So–Do 10–14.30, 17–21 (Fr/Sa bis 22) Uhr 🅿 🌐 Alle gängigen Karten

LOWER KEYS

Die Lower Keys beginnen am Ende der berühmten Seven Mile Bridge. Die Inseln wie Big Pine, Sugarloaf und Summerland sind weniger bebaut und deshalb ruhiger als die Upper Keys. Am schönsten ist es im Bahia Honda State Park an der Atlantikseite von Big Pine Key. Hier liegt an einer der malerischsten Küsten des südlichen Florida einer der schönsten Strände.

BIG PINE KEY 33050

🏨 **BARNACLE BED & BREAKFAST $$$**
1557 Long Beach Dr., MM 33
Tel. 305/872-3298 oder 800/465-9100
www.thebarnacle.net

Kleines Haus im karibischen Stil inmitten eines schönen Gartens mit Whirlpool, Hängematte und Privatstrand. Interessante Einrichtung und nur je zwei Zimmer im Haupthaus und im Cottage.

🛏 4 🅿 🌐 🔲 🌐 MC, V

SUGARLOAF KEY 33042

🍴 **MANGROVE MAMA'S RESTAURANT $$**
19991 Overseas Hwy., MM 20
Tel. 305/745-3030
www.mangrovemamasrestaurant.com

Eine schlichte Hütte, die den Hurrikan des Jahres 1935 glimpflich überstand. Man sitzt an einfachen Tischen im Haus oder im Schatten eines Bananenhains. Es gibt Fischgerichte und Fischsuppen, Key Lime Pie, Teriyaki-Huhn oder feurige Rippchen vom Grill zu Livemusik.

🪑 150 🕐 tägl. 9–22 Uhr 🅿 🌐 🌐 Alle gängigen Karten

LITTLE TORCH KEY 33042

🏨 **LITTLE PALM ISLAND**
🍴 **RESORT & SPA $$$$$**
MM 28,5, Little Torch Key
Tel. 305/515-4004 (Rezeption),
305/872-2551 (Restaurant)
www.littlepalmisland.com

Ein paradiesischer Ort! Eine Privatinsel, die nur mit dem eigenen Boot oder mit dem Wassertaxi zu erreichen ist. Die palmenbedeckten Suiten sind über zwei Hektar üppig bewachsenem Land verteilt, alle verfügen über eine Hängematte auf der Terrasse. Es gibt kein Telefon und kein TV. Die Küche des Restaurants **Dining Room** verwendet regionale Zutaten, um europäische, karibische und asiatische Gerichte zu zaubern. Reservierung erforderlich!

🛏 30 Suiten 🌐 im Hauptgebäude
🌐 🌐 🔲 🌐 Alle gängigen Karten

🔲 **KIKI'S SANDBAR** $
183 Barry Ave.
Tel. 305/872-4500
www.kikissandbar.com
Nettes kleines Lokal mit Bar direkt am Strand, leckere Snacks und Gerichte für den kleinen oder großen Hunger.
🔶 110 🕐 So–Do 11–24, Fr/Sa 11–1 Uhr
🅿️ 🆂 Alle gängigen Karten

KEY WEST UND DRY TORTUGAS

In Key West gibt es die größte Dichte an Gästehäusern und B&Bs im ganzen Land. Die meisten Unterkünfte sind individuell, originell und manchmal auch exzentrisch.

KEY WEST 33040
🏨 **EDEN HOUSE** $$$$$
1015 Fleming St.
Tel. 305/296-6868 oder 800/533-5397
www.edenhouse.com
Liebevoll restauriertes, gut geführtes Hotel mit vernünftigen Preisen für die mit Korbmöbeln eingerichteten Zimmer im Haupthaus. Deutlich teurer sind die Suiten in den Conch-Häusern.
ℹ️ 40 🛜 🆂 🆂 🌊 🆂 AE, MC, V

🏨 **ISLAND CITY HOUSE HOTEL** $$$$$
411 William St.
Tel. 305/294-5702
www.islandcityhouse.com
Das Arch House, eines der drei Häuser aus dem Jahr 1880, in denen sich heute das Hotel befindet, ist das einzige noch erhaltene Kutscherhaus der Keys. Suiten und Studios.
ℹ️ 24 Zimmer u. Suiten 🛜 🆂 🆂 🌊
🆂 Alle gängigen Karten

🏨 **OCEAN KEY RESORT & SPA** $$$$$
Zero Duval St.
Tel. 305/296-7701 oder 800/

328-9815
www.oceankey.com
Für alle, die viel Platz und moderne, zweckmäßige Einrichtung schätzen, ist das fünfstöckige Haus an der Duval Street der richtige Ort. Der Name bringt es auf den Punkt: Die Hotelbar **Sunset Pier** bietet von allen Etablissements in Key West die beste Sicht auf den legendären Sonnenuntergang.
ℹ️ 100 Suiten 🅿️ 🛜 🆂 🌊 🆂 📺 🆂 Alle gängigen Karten

🏨 **PIER HOUSE** $$$$$
🔲 1 Duval St.
Tel. 305/296-4600 oder 800/723-2791
www.pierhouse.com
Stilvolles, luxuriöses Haus in der Altstadt mit karibischem Flair, wunderbar abgeschirmt durch einen tropischen Garten. Das Spa, der Sandstrand oder die verschiedenen Bars und Restaurants bieten puren Genuss. Im Haus gibt es das Restaurant **One Duval**.
ℹ️ 222 Zimmer u. Suiten 🅿️ 🛜 🆂
🆂 🌊 📺 🆂 Alle gängigen Karten

🏨 **CONCH HOUSE HERITAGE INN** $$$$
625 Truman Ave.
Tel. 305/293-0020
www.conchhouse.com
Charmantes *bed-and-breakfast* in einem der ältesten Herrenhäuser der Insel. Die drei historischen Gebäude sind eine Mischung aus bahamaischem und viktorianischem Stil und wurden in das *National Register of Historic Places* aufgenommen. Geräumige und elegant eingerichtete Zimmer mit hohen Decken und Holzfensterläden; Cottage am Pool mit karibischen Rattan-Möbeln.
ℹ️ 10 🅿️ 🛜 🆂 🆂 🌊 🆂 Alle gängigen Karten

🏨 **CURRY MANSION INN** $$$$
511 Caroline St.
Tel. 305/294-5349
www.currymansion.com

Das bereits 1899 erbaute, große viktorianische Landhaus ist ein Meisterstück der Belle Époque (eine Besichtigung im Rahmen einer Führung ist möglich). Die mit Antiquitäten und Korbmöbeln ausgestatteten Hotelzimmer, die meisten mit Balkon, befinden sich in einem modernen Anbau. Morgens gibt's ein köstliches Frühstück.

🛏 28 🅿 📶 🔄 🛗 🏊
🃏 Alle gängigen Karten

🏨 DUVAL HOUSE $$$$
815 Duval St.
Tel. 305/294-1666
www.theduvalhouse.com

Markenzeichen des viktorianischen Zuckerbäckerhäuschens sind Antiquitäten, blühender Hibiskus am Pool und ein 100-jähriger Banyan-Baum im Garten.

🛏 31 🅿 📶 🔄 🛗 🏊
🃏 Alle gängigen Karten

🏨 HERON HOUSE $$$$
512 Simonton St.
Tel. 305/294-9227 oder 800/
294-1644
www.heronhouse.com

Komfortables Gästehaus, einfach, aber geschmackvoll eingerichtet. Terrassen und Balkone vor den großen Zimmern. Die Wände sind mit edlem Tropenholz getäfelt.

🛏 23 🛗 🏊 🃏 Alle gängigen Karten

🏨 MARQUESA HOTEL $$$$
🍽 600 Fleming St.
Tel. 305/292-1919 oder 800/
869-4631
www.marquesa.com

Ein erstklassiges Haus, das 2014 zu den 500 weltbesten Hotels gekürt wurde. Das Marquesa residiert zentral in Key West in zwei wunderschönen, denkmalgeschützten Häusern aus dem Jahr 1880 sowie in zwei neuen Gebäudetrakten. Was das Luxushotel auszeichnet, ist nicht nur die individuelle Einrichtung mit ihrer geschmackvollen Zusammenstellung moderner und antiker Mö

belstücke, Marmorbäder und zwei Pools, sondern auch das viel gepriesene **Café Marquesa** (siehe S. 300).

🛏 27 🍽 50 🅿 📶 🛗 🏊 AE, MC

🏨 THE MERMAID AND THE ALLIGATOR $$$$
729 Truman Ave.
Tel. 305/294-1894
www.kwmermaid.com

Das ehemalige Domizil eines Stadtjustiziars von 1904 ist jetzt ein großzügiges Gästehaus mit einer extravaganten Mischung aus orientalischen und Art-déco-Elementen. Frühstück am Pool.

🛏 9 🅿 📶 🛗 🏊 AE, MC, V

🏨 WALDORF CASA MARINA $$$$
🍽 1500 Reynolds St.
Tel. 305/296-3535 oder 866/
203-6392
www.casamarinaresort.com

Dieses romantische Hotel am Meer ist das älteste der gesamten Keys: Es wurde 1921 vom Eisenbahnmogul Henry Flagler erbaut. Die Casa Marina verfügt über den größten Privatstrand in Key West sowie zwei beheizbare Pools, in denen zu jeder Jahreszeit geschwommen werden kann.

🛏 311 🅿 📶 gegen Gebühr 🛗 🏊
🃏 Alle gängigen Karten

🏨 SIMONTON COURT HISTORIC INN $$$–$$$$
320 Simonton St.
Tel. 305/294-6386 oder 800/
944-2687
www.simontoncourt.com

Auf dem Gelände einer ehemaligen Fabrik, in der früher weltbekannte Zigarren hergestellt wurden, kann man heute in neun Gebäuden inmitten eines üppigen Gartens den Charme des alten Florida erleben. Die Gebäude sind individuell und mit viel Flair eingerichtet. Einer der vier Pools ist am Abend stimmungsvoll beleuchtet. Nur für Erwachsene.

🛏 26 📶 🛗 🏊 AE, DC, MC, V

🏨 CHELSEA HOUSE $$$
709 Truman Ave.
Tel. 305/296-2211
www.historic
keywestinns.com

Ruhig und entspannt geht es hier zu. Das Boutique-Hotel ist von üppigen tropischen Pflanzen umgeben. Die Zimmer im Haupthaus sind teils mit Antiquitäten ausgestattet, die Zimmer beim Pool präsentieren sich im mediterranen Stil.

🕐 48 🅿 📶 🍽 🚭 🏖 📷 Alle gängigen Karten

🍴 LOUIE'S BACKYARD $$$$
700 Waddell Ave.
Tel. 305/294-1061
www.louiesbackyard.com

Die Lage des Restaurants unter freiem Himmel an der Küste könnte kaum besser sein. Exquisite Einrichtung und neue karibische Küche mit regionalen Produkten. Probieren Sie *Bahamian Conch Chowder* mit Cayennepfeffer-Sauce. Reservieren!

PREISE

HOTELS

Preise für ein Doppelzimmer ohne Frühstück in der Hauptsaison werden durch $-Zeichen symbolisiert.

$$$$$	über 280 $
$$$$	200–280 $
$$$	120–200 $
$$	80–120 $
$	unter 80 $

RESTAURANTS

Preiskategorien für ein Drei-Gänge-Menü ohne Getränke werden durch $-Zeichen symbolisiert.

$$$$$	über 80 $
$$$$	50–80 $
$$$	35–50 $
$$	20–35 $
$	unter 20 $

🍽 160 🕐 tägl. 11.30–15, 18–22 Uhr
🚭 📷 Alle gängigen Karten

🍴 ONE DUVAL $$$$
Pier House Resort & Spa
1 Duval St.
Tel. 305/295-3255

Hochelegantes Restaurant, gute Kulisse für einen besonderen Abend. Ambitionierte Küche mit karibischen Akzenten und dem Schwerpunkt auf lokalen Meeresfrüchten.

🍽 40 🕐 tägl. 17–22 Uhr 🅿 🚭 📷 Alle gängigen Karten

🍴 BLUE HEAVEN $$$
729 Thomas St.
Tel. 305/296-8666
www.blueheavenkw.com

Auf den Tisch kommen köstliche Gerichte mit fangfrischem Fisch, auf der Karte stehen aber auch vegetarische Speisen.

🍽 85 🕐 tägl. 8–14 (Frühstück), Mo–Sa 12–15.30 (Mittag), tägl. 17–22.30 Uhr
🚭 📷 Alle gängigen Karten

🍴 CAFÉ MARQUESA $$$-$$$$
Im Marquesa Hotel, 600 Fleming St.
Tel. 305/292-1244
www.marquesa.com

Eines der fantasievollsten Lokale in Key West, mit einem Hauch von europäischer Brasserie. Innovative Küche: Gelbflossen-Thunfisch in *salsa verde* oder die würzigen, gegrillten jamaikanischen Garnelen. Reservieren!

🍽 50 🕐 tägl. 18–22 Uhr 🚭 📷 Alle gängigen Karten

🍴 SEVEN FISH $$-$$$
921 Truman Ave.
Tel. 305/296-2777
www.7fish.com

Thai Curry Snapper, Pasta mit Meeresfrüchten – hier gibt's alles aus dem Meer fangfrisch. Aber auch das Banana Chicken mit karamellisierten Walnüssen überzeugt.

🍽 100 🕐 Mo/Mi–So 18–22 Uhr
📷 Alle gängigen Karten

🍽 DUFFY'S STEAK & LOBSTER HOUSE $$
1007 Simonton St.
Tel. 305/296-4900
www.duffyskeywest.com
Ein Art-déco-Ableger des Café des Artistes. Die Steaks, Rippchen und der Hummer sind immer eine gute Wahl.
🪑 85 🕐 tägl. 12–22.30 Uhr 🔆
🅰 Alle gängigen Karten

🍽 EL SIBONEY $$
900 Catherine St.
Tel. 305/296-4184
www.elsiboneyrestaurant.com
Eine einfache Einrichtung prägt dieses Lokal mit kubanischen Gerichten. Hier kommen reichliche Portionen zu niedrigen Preisen auf den Tisch. Zu empfehlen sind *ropa vieja*, *boliche* sowie die Paella und die Sandwiches.
🪑 50 🕐 tägl. 11–21.30 Uhr 🔆
🅰 Alle gängigen Karten

🍽 HALF SHELL RAW BAR $$
231 Margaret St.
Tel. 305/294-7496
www.halfshellrawbar.com
Beliebter Treffpunkt im Stil von Old Key West. Entspannte Atmosphäre, es gibt einfache, regionale Fischgerichte zu vernünftigen Preisen. Zu empfehlen sind Steinkrebse und Maine-Lobster.
🪑 247 🕐 Mo–Sa 11–22, So 12–22 Uhr
🅿 🔆 🅰 Alle gängigen Karten

🍽 HOG'S BREATH SALOON $$
400 Front St.
Tel. 305/296-4222
www.hogsbreath.com
Viele Touristen, aber auch Einheimische genießen in der nachgebauten Surfer-Bar die zwanglose Atmosphäre der Keys. Die leckeren Sandwiches mit gegrilltem Fisch werden hier bergeweise verkauft. Auswahl an Burgern und Fisch.
🪑 90 🕐 tägl. 10–2 Uhr 🅿 🔆
🅰 Alle gängigen Karten

🍽 FIRST FLIGHT ISLAND RESTAURANT & BREWERY $$
301 Whitehead St.
Tel. 305/293-8484
www.firstflightkw.com
Ehemaliges Pan-Am-Büro mit Erinnerungsstücken aus der Pionierzeit der Fliegerei. Außerdem befindet sich hier die Southernmost Brewery. Unbedingt probieren sollte man das marinierte Grillhühnchen und dazu das Havana Red Ale.
🪑 150 🕐 tägl. 11–14 Uhr 🔆 🅰 Alle gängigen Karten

🍽 PEPE'S CAFÉ $$
806 Caroline St.
Tel. 305/294-7192
www.pepeskeywest.com
Das älteste Restaurant in Key West (von 1909) mit traditioneller amerikanischer Küche: Steaks, Schweinekoteletts, Burger, aber ebenso Apalachicola-Austern. Das Frühstück hier hat Tradition.
🪑 90 🕐 tägl. 7.30–21.30 Uhr 🔆 🅰 DC, MC, V

🍽 WATERFRONT BREWERY $$
201 William St.
Tel. 305/440-2270
www.thewaterfrontbrewery.com
Hier steht japanischer Wasabi Ahi neben orientalischem Hummus, kubanischem BBQ Pork und italienischer Bruschetta. Was alle begleitet, sind hausgemachte Biere nach internationalen Brautechniken.
🪑 150 🕐 tägl. 11 Uhr–open end
🅰 Alle gängigen Karten

🍽 DATE & THYME $–$$
829 Fleming St.
Tel. 305/296-7766
www.dateandthyme.com
Kleines, buntes Lokal mit vorwiegend vegetarischen Bio-Gerichten wie Spinatsalat, Kokoscurry und Hummus-Wraps.
🪑 30 🕐 tägl. 8–16 Uhr 🅰 Alle gängigen Karten

Durch relativ günstige Mieten und eine Umsatzsteuer von 6,5 Prozent sind in Miami und auf den Keys Einkäufe in der Regel günstiger als in New York oder Los Angeles. South Beach, Coconut Grove, Coral Gables und Downtown Miami sind fußgängerfreundliche Orte. Das Angebot ist abwechslungsreich und individuell.

Das Shopping findet meistens in klimatisierten Mega-Malls statt, in denen Kaufhäuser wie Macy's oder JC Penney vertreten sind, aber auch Marken wie Gap, Victoria's Secret und Banana Republic. In den Malls gibt es außerdem Food Courts und nicht selten auch ein Multiplex-Kino.

Der Trend geht in Richtung Open-Air-Malls, die edle Geschäfte, oft Designerläden, in exklusiver Umgebung präsentieren. Diese Malls sind bei reichen Südamerikanern beliebt, die von den Edel-Labels Gucci, Bulgari, Prada und Vuitton angezogen werden.

In Key West ist alles teuer, besonders Textilien. Die Läden, die einen Besuch lohnen, setzen sich von den im Überfluss vorhandenen T-Shirt-Shops ab. In Key West werden Zigarren, Badekleidung, Sandalen und Kosmetikprodukte hergestellt. Interessant sind Bilder, Skulpturen und Skizzen einheimischer Künstler; seltener sind Conch-Perlen.

INDOOR-MALLS

Bal Harbour Shops 9700 Collins Ave., Bal Harbour, Tel. 305/866-0311, www.balharbourshops.com. Designer-Shops wie Chanel, Prada, Gucci, Bulgari. Floridas größte Filiale von Neiman Marcus und Saks Fifth Avenue.

Dolphin Mall 11401 NW 12th St., Miami, Tel. 305/365-7446, www.shopdolphinmall.com. Moderne Multifunktions-Mall mit Familienunterhaltung und einem Kino mit 19 Sälen. Außerdem gibt es Restaurants, Outlets und Fachgeschäfte.

Village of Merrick Park 358 San Lorenzo Ave., Coral Gables. Tel. 305/529-0200, www.villageofmerrickpark.com. Filiale von Neiman Marcus Nordstrom; 115 Designer-Boutiquen und Spas.

OUTDOOR-MALLS

Bayside Marketplace 401 N. Biscayne Blvd., Miami, Tel. 305/577-3344, www.baysidemarketplace.com. Shopping am Meer: mit verschiedenen Geschäften, Miamis Hard Rock Café, Straßenkünstlern und Sightseeing-Bootstouren.

CocoWalk 3015 Grand Ave., Coconut Grove, Tel. 305/444-0777, www.cocowalk.net. Schrill, viele Läden, halb drinnen, halb draußen. Cafés sorgen fürs leibliche Wohl, dazu gibt's ein Kino mit 16 Sälen. Über Gap und Victoria's Secret geht das Angebot an Einzelhandelsläden jedoch nicht hinaus.

Downtown Miami Shopping District Biscayne Blvd. (2nd Ave. W. und S.E. 1st St. bis N.E. 3rd St.), Miami, Tel. 305/379-7070. An die 1000 Läden (Elektronik- und Sportartikel, Bekleidung, Schuhe). Zweitgrößtes Juwelierangebot landesweit.

Florida Keys Outlet Marketplace 250 E. Palm Dr. (S.W. 344th St.), Florida City, Tel. 305/248-4727, www.premiumoutlets.com. Nur 30 Autominuten südlich von Miami. In einer Art Dorf in einem tropischen Garten haben sich über 60 Factory-Outlets angesiedelt, von Nike und OshKosh, B'Gosh bis zum Levi's Outlet.

Mayfair in the Grove 2911 Grand Ave., Coconut Grove, Tel. 305/448-1700, www.mayfairinthegrove.com. Mediterran wirkender Platz im Herzen von Coconut Grove mit zahlreichen Cafés, Nachtlokalen, Kinos, Restaurants und landesweit bekannten Geschäften.

BÜCHER

Barnes and Noble Booksellers 5701 Sunset Dr., South Miami, Tel. 305/662-4770. 152 Miracle Mile, Coral Gables, Tel. 305/

446-4152. 12405 N Kendall Dr., Miami, Tel. 305/598-7727, www.barnesandnoble.com. Über 17 000 Titel, auch Werke einheimischer Autoren.

Books & Books 927 Lincoln Rd., Miami Beach, Tel. 305/532-3222. 265 Aragon Ave., Coral Gables, Tel. 305/442-4408, www.booksandbooks.com. 9700 Collins Ave., Bal Harbour, Tel. 305/864-4241. Gut sortiert; Autorenlesungen.

The Bookstore in the Grove 3390 Mary St., Ste. 166, Coconut Grove, Tel. 305/443-2855, www.thebookstoreinthegrove.com. Bücher, ein Bio-Café und Veranstaltungen mit Autoren machen diesen Laden zu einem beliebten Treffpunkt.

FACHGESCHÄFTE

A/X Armani Exchange 760 Collins Ave., Miami Beach, Tel. 305/531-5900, www.armaniexchange.com. Hier werden die neuen Armani-Kollektionen angeboten.

Key West Aloe 416 Greene St. & 1075 Duval St.., Key West, Tel. 800/445-2563, www.keywestaloe.com. Mehr als 300 Aloe-Vera-Produkte, einschließlich einer Vielzahl an Originaldüften.

La Casa de las Guayaberas 5840 S.W. 8th St., West Miami, Tel. 305/266-9683, www.ramonpuig.com. Eines der besten Geschäfte in Greater Miami für Guayaberas, die lässigen Leinenhemden Mittel- und Südamerikas, die auch in der Karibik sehr geschätzt werden.

KUNST UND ANTIQUITÄTEN

The Americas Collection 4213 Ponce de Leon Blvd., Coral Gables, Tel. 305/446-5578, www.americascollection.com. Die Galerie zeigt vor allem moderne lateinamerikanische Kunst und gehört zu den angesehensten Galerien Miamis.

Frangipani 2560 N.W. 2nd Ave., Miami, Tel. 305/573-1480, www.frangipanimiami.com. Geschenkartikel, Bekleidung, Accessoires, Kunsthandwerk und Kunst aus dem angesagten Wynwood.

Haitian Art Co. 605 Simonton St., Key West, Tel. 305/296-8932, www.haitian-art-co.com. Skulpturen, farbenfrohe Gemälde und andere Kunstgegenstände aus Haiti.

Lincoln Road Shopping District Lincoln Road, Miami Beach, www.lincolnroadmall.com. Das imposante und edle Einkaufsviertel erstreckt sich über zwölf Blocks, mit zahlreichen Läden, Kunstgalerien und kunsthandwerklichen Ateliers sowie vielen renommierten Restaurants und Cafés (alle mit unterschiedlichen Öffnungszeiten).

Stone Age Antiques 3236 N.W. S. River Dr., Miami, Tel. 305/633-5114, www.stoneage-antiques.com. Hier darf gestöbert werden! Vor allem nach nautischen Schätzen und Liebhaberstücken.

SCHMUCK

Carroll's Jewelers 365 Miracle Mile, Coral Gables, Tel. 305/446-1611. Das älteste Juweliergeschäft der Gables bietet seit über 60 Jahren große Marken und handgefertigten Schmuck an.

Kirk Jewelers 142 E. Flagler St., Miami, Tel 305/371-1321. So geschl., www.kirkjewelers.com. Sehr gute Auswahl an Markenuhren sowie Schmuck aus Gold und Platin.

Local Color 276 Margaret St., Key West, Tel. 305/292-3635, www.localcolorkeywest.com. Schmuck aus Key West mit lokalem Bezug und Design.

Rainbow Jewelry 101 N.E. 1st St., Miami, Tel. 305/371-2289. Sa/So geschl. Produkte diverser Edelmarken wie Cartier und Hermès; Goldschmuck von Carrera y Carrera.

Seybold Building 36 N.E. 1st St., Miami, Tel. 305/374-7922, www.seyboldjewelry.com. In dem historischen Gebäude mitten im Zentrum von Miami sind an die 300 Juweliere ansässig.

SPORTARTIKEL

Capt. Harry's Fishing Supply 8501 N.W. 7th Ave., Miami, Tel. 305/374-4661, www.captharry.com, So geschl., Zubehör für den Angelsport.

Florida Keys Dive Center 90451 Old Hwy., Tavernier, Tel. 305/852-4599, www.floridakeysdivectr.com. Ob kaufen oder mieten: Hier gibt es alles rund ums Schnorcheln und Tauchen. Auch Unterricht und Touren.

Florida Keys Kiteboarding and Stand up Paddleboarding 11201 Overseas Hwy., Marathon, Tel. 305/942-9635, www.floridakeyskitesurfing.com. Alles, was der brettbegeisterte Sportler braucht: Kiteboards, Flyboards und Stand-up-Paddleboards. Auch Vermietungen.

Miami Beach Golf Shop 534 W. 41st St., Miami Beach, Tel. 305/534-5855, www.miamibeachgolfshop.com, So geschl. Golf-Equipment, Schuhe, Schläger und Taschen.

Miami Golf Superstore 12741 Biscayne Blvd., North Miami, Tel. 305/371-4554, www.miamigolf.com. Hier hat der Sportler die Qual der Wahl.

Planet Golf 7045 SW 87th Ave., Miami, Tel. 305/275-9070, www.planetgolfmiami.com. Auf diesem Planeten dreht sich alles um den Golfsport.

South Beach Dive & Surf 850 Washington Ave., Miami Beach, Tel. 305/531-6110, www.southbeachdivers.com. Surf- und Taucherzubehör; Tauch- und Surfunterricht.

South Florida Trikke 226 14th Street, Miami Beach, Tel. 305/830-9440, www.southfloridatrikke.com. Segway-Verleih und organisierte Touren.

Tarpoon Lagoon 300 Alton Rd., Miami Beach, Tel. 305/532-1445, www.tarpoondivecenter.com. Einer der ältesten Läden Miamis für Tauchausrüstung.

We Cycle 5160 US-1, Key West, Tel. 305/292-3336, www.wecyclekw.com, Fahrradfahren auf den Keys? Hier gibt es Zweiräder in allen Größen und Ausführungen und einen Reparaturservice dazu.

ZIGARREN

Cuban Crafters Cigars 3604 N.W. 7th St., Miami, Tel. 305/573-0222, www.cubancrafters.com. Über 100 Zigarrenmarken.

Cuban Leaf Cigar Factory 310 Duval St., Key West, Tel. 305/295-9283. Hier erfährt man alles über Zigarren und kann bei der Herstellung zuschauen und einkaufen – etwa die Rubusto, die Torpedo oder die Churchill.

Deco Drive Cigars & Hookah Lounge 414 Lincoln Rd., Miami Beach, Tel. 305/531-8388. Hier kann man kubanischen Fachleuten beim Zigarrenrollen nicht nur zuschauen, sondern das fertige Exemplar auf der Veranda bei einem Glas Cognac oder Rum auch gleich genießen. Außerdem im Sortiment: Zigarren aus Honduras, Nicaragua und der Dominikanischen Republik. Weitere Standorte von Deco Drive Cigars: 1436 Ocean Drive, Tel. 305/672-9032 und 1650 Meridian Ave., Tel. 305/674-1811, www.decodrivecigars.com.

El Titan de Bronze 1071 S.W. 8th St., Miami, Tel. 305/860-1412, www.eltitancigars.com. Sehr freundliche, authentische Zigarrenmanufaktur mit großem Sortiment.

Auf Shoppingtour: Bayside Marketplace in Miami bietet weit über 100 Geschäfte

Miami bietet eine Vielzahl an Freizeitaktivitäten; abends ist den Verlockungen der Bars, Restaurants und Clubs kaum zu widerstehen. Unterhaltsam und zugleich preiswert ist es, von einem Café aus die Flanierenden in South Beach oder Coconut Grove zu beobachten. Theater und klassische Musik haben in den letzten Jahren stark an Popularität gewonnen; mit mehreren neuen Veranstaltungsorten hat sich Miami als echte Kulturstadt etabliert.

In der Freitagsausgabe des *Miami Herald* findet man unter der Rubrik »Weekend« ein Veranstaltungsverzeichnis mit Konzerten, Theater- und Tanzaufführungen, Kinoprogrammen und Nachtclubs.

In Key West informiert man sich im *Citizen* unter der Rubrik »Arts and Entertainment« über Kulturangebote.

CLUBS UND BARS

GREATER MIAMI

Miami ist weltberühmt für sein Nachtleben. Die Clubs werden häufig mit denen in New York verglichen: Schlaf raubend und von unbarmherziger Energie. Vor 23 Uhr geht man besser nicht aus, dies gilt besonders für South Beach, den Inbegriff des coolen Miami, wo es die trendigsten Clubs gibt.

Alkoholkonsum ist in den Vereinigtern Staaten erst ab 21 Jahren erlaubt, deshalb wird Jüngeren der Zutritt zu Clubs oft verwehrt. Vergessen Sie Ihren Ausweis nicht, auch wenn Sie viel älter als 21 sind.

Laut Gesetz müssen Clubs um 5 Uhr morgens den Alkoholausschank einstellen. Die allermeisten Clubs schließen zwischen 3 und 5 Uhr morgens.

Die Eintrittspreise (Barzahlung!) differieren. Für Damen ist der Eintritt häufig frei. Wenn kein Eintritt verlangt wird, schlägt sich das auf die Getränkepreise nieder. Beachten Sie, dass die Öffnungszeiten der Clubs willkürlich sind. Erkundigen Sie sich, ob Lokale überhaupt noch geöffnet sind – das ändert sich hier schnell – und welcher Dresscode gerade herrscht.

Clevelander Bar 1020 Ocean Dr., South Beach, 305/532-4006. Restaurant und Bar werden seit vielen Jahren gern von Gästen über 30 besucht.

Club Space 34 N.E. 11th St., Miami, Tel. 305/375-0001, www.clubspace.com. Schon seit Langem ein Treffpunkt für späte Partyfreunde in Miami.

Fat Tuesday 3015 Grand Ave., CocoWalk, Coconut Grove, Tel. 305/441-2992, www.fat-tuesday.com. An einem heißen Tag bestellt man sich einen Daiquiri (man kann aus zwei Dutzend Sorten wählen) und genießt die von New Orleans inspirierte Lokalität.

Glass at The Forge 432 41st St., Miami Beach, Tel. 305/538-8533, www.theforge.com. Eleganter Club, in dem Promis, Geschäftsleute und Partygänger durchtanzen.

John Martin's Irish Pub & Restaurant 253 Miracle Mile, Coral Gables, Tel. 305/445-3777, www.johnmartins.com. Bei Tag oder Nacht kann man sich hier mit kräftigem Essen und dunklem Ale stärken.

Liv Nightclub 4441 Collins Ave., Miami Beach, Tel. 305/674-4680, www.livnightclub.com. Angesagter Club fürs Sehen-und-gesehen-Werden.

Mynt 1921 Collins Ave., South Beach, Tel. 305/532-0727, www.myntlounge.com. Nach wie vor treffen sich die Schönen und Berühmten in der legendären Lounge.

Nikki Beach Club One Ocean Dr., South Beach, Tel. 305/538-1111, www.nikkibeach.com. Sinnenfreudige Models und Geschäftsleute aus aller Welt genießen die Atmosphäre in diesem Club am Meer.

Set 320 Lincoln Rd., South Beach, Tel. 305/531-2800, www.setmiami.com. Mo + Mi geschl. Im angesagten VIP-Club von SoBe wimmelt es von Models.

Tapas y Tintos 448 Española Way, South Beach, Tel. 305/538-8272, www.tapasytintos.com. Lokal mit relaxter Atmosphäre, das allerdings durchaus Gourmetansprüche zu befriedigen weiß.

Twist South Beach 1057 Washington Ave., South Beach, Tel. 305/53-TWIST, www.twistsobe.com. Beliebteste Schwulen-Bar in SoBe – im Grunde genommen sogar sieben Bars unter einem Dach.

KEY BISCAYNE

Die naturnahe Insel gilt nicht unbedingt als Hotspot des Nachtlebens. Doch man kann sich auch hier amüsieren.

The Wetlab 4600 Rickenbacker Causewy., Key Biscane, Tel. 786/660-6749, www.miamisalt.com. Von Studenten gemanagt, ist das Wetlab auf dem Campus der hiesigen Uni ein toller Ort, um über wissenschaftliche Fragen zu diskutieren – oder einfach den herrlichen Blick aufs Wasser und ein kaltes Bier zu genießen. Mi–Fr ab 17 Uhr.

KEY WEST

Man könnte meinen, Essen und Trinken seien die wichtigsten kulturellen Aktivitäten in Key West. Hier herrscht eine entspannte Anything-goes-Mentalität. Die zahlreichen Bars mit Livemusik machen das Nachtleben äußerst lebendig (oft bis 4 Uhr morgens). Die besten Locations findet man am Nordende der Duval Street.

Captain Tony's Saloon 428 Greene St., Key West, Tel. 305/294-1838, www.capttonyssaloon.com. Das ursprüngliche Sloppy Joe's, in dem Ernest Hemingway früher mal zu Gast war.

Jimmy Buffett's Margaritaville Café 500 Duval St., Key West, Tel. 305/292-1435, www.margaritavillekeywest.com. Die Sängerlegende Jimmy Buffett lieh der Bar den Namen. Noch immer strömen Fans hierher, obwohl Buffett längst nicht mehr in

Key West wohnt. Hier spielen Livebands unterschiedlicher Musikrichtungen, zusätzlich gibt es einen Souvenirladen.

LaTeDa 1125 Duval St., Key West, Tel. 305/296-6706, Lateda.com. Der entspannte Lebensstil und die tolerante Haltung der Menschen ließ eine große Homosexuellen-Community in Key West entstehen; an der Duval Street liegen zahlreiche Schwulenkneipen. Im LaTeDa trifft sich eher gemischtes Publikum: ein herrlicher Ort für Poolside-Drinks.

Sloppy Joe's 201 Duval St., Key West, Tel. 305/294-5717, www.sloppyjoes.com. Angezogen werden die meisten Gäste von Hemingway-Souvenirs, mit denen das Lokal dekoriert ist; sie bleiben wegen der Livemusik und der guten Stimmung.

Sunset Pier Duval St., Key West, Tel. 305/296-7701, www.oceankey.com. Auf dem urigen Holzpier wird jeder Sonnenuntergang zum Genuss – mit und ohne Cocktail.

KINO

Karten gibt es an der Kinokasse. Bei aktuellen Filmen sind Reservierungen empfehlenswert. Nachmittagsvorstellungen sind oft günstiger als die am Abend. Bei Vorlage eines Ausweises gibt es meistens Ermäßigungen für Schüler, Studenten und Rentner.

AMC Sunset Place 24 5701 Sunset Drive, South Miami, Tel. 888/262-6843, www.amctheatres.com. Mit 24 Leinwänden (eine davon IMAX) verpasst man keinen Film.

Cinépolis Coconut Grove 3015 Grand Ave., Coconut Grove, Tel. 305/446-4386, www.cinepolisusa.com. Multiplex mit 13 Sälen; es laufen neben aktuellen Kinohits auch Arthouse- und unabhängige Produktionen.

Miami Beach Cinematheque 1130 Washington Ave., Tel. 305/673-4567, www.mbcinema.com. Das Kino für alternative und ausländische Filme in Miami Beach.

O Cinema Wynwood 90 N.W. 29th St., Miami, Tel. 305/571-9970, www.o-cinema.org. Hier kommen vor allem Streifen aus dem Ausland, Indie-Produktionen und Kunstfilme auf die Leinwand.

Regal South Beach Stadium 18 1120 Lincoln Rd., Tel. 844/462-7342, www.regmovies.com. Obwohl das Kino zu einer Kette gehört, laufen neben Blockbustern Low-Budget-Kunstfilme und ausländische Werke.

THEATER, KONZERTE, OPER UND TANZ

GREATER MIAMI

Mehrere ausgezeichnete Websites bieten Informationen über die Kulturszene Miamis, darunter der **Event Guide Miami** *(www.miami.eventguide.com)*, ein Verzeichnis von Veranstaltungen im Großraum Miami, und **Florida Theater on Stage** *(www.floridatheateronstage.com)*.

Die Website der alternativen Zeitung *Miami New Times (www.miaminewtimes.com)* bietet verlässliche Leserempfehlungen.

Mit umfassenden Veranstaltungshinweisen wartet die Rubrik »Tropical Life« der Freitagsausgabe des *Miami Herald (www.miamiherald.com)* auf. Sie bietet Einblicke in den bunten Kulturmix der Region Greater Miami. Wenn nicht anders angegeben, sind alle Veranstaltungsorte behindertengerecht.

Adrienne Arsht Center for the Performing Arts 1300 Biscayne Blvd., Miami, Tel. 305/949-6722, www.arshtcenter.org. Eines der größten Zentren der darstellenden Künste in den Vereinigten Staaten. In dem beeindruckenden, rund fünf Hektar großen Gebäudekomplex begeistern das Miami City Ballet, die Florida Grand Opera und die New World Symphony ihr Publikum.

Fillmore Miami Beach 1700 Washington Ave., Miami Beach, Tel. 305/673-7300, www.fillmoremb.com. Shows und das American Black Film Festival; moderne und klassische Konzerte.

Just The Funny 3119 Coral Way, Miami, Tel. 305/693-8669, www.justthefunny.com. Improvisations- und Sketch-Comedy, jeden

Freitag- und Samstagabend. Für künftige Kreative gibt es hier siebenwöchigen Schauspiel- und Schreibunterricht.

Miami-Dade County Auditorium 2901 W. Flagler St., Miami, Tel. 305/547-5414. Die historische Stätte wird heute für verschiedene Aufführungen genutzt.

New World Center 500 17th St., Miami Beach, Tel. 305/673-3330, www.newworldcenter.com. Dieser von Stararchitekt Frank Gehry entworfene Veranstaltungskomplex wurde 2011 eröffnet. Er ist die neue Spielstätte der New World Symphony, eines 90-köpfigen Orchesterensembles unter der Leitung des Gründers und künstlerischen Direktors Michael Tilson Thomas.

Olympia Theater at the Gusman Center for the Performing Arts 174 E. Flagler St., Downtown Miami, Tel. 305/374-2444, www.olympiatheater.org. In dem ehemaligen Filmpalast aus dem Jahr 1926 stehen heute verschiedene Ballett- und Musikaufführungen, Filmfestivals und andere Veranstaltungen auf dem Programm.

KEY WEST

Red Barn Theatre 319 Duval St., Tel. 305/296-9911, www.redbarntheatre.com. Gezeigt wird ein buntes Programm, das von klassischen Dramen bis hin zu modernen Inszenierungen reicht.

Tennessee Williams Fine Arts Center 5901 W. College Rd., Tel. 305/295-7676, www.twstages.com. Musikalische Aufführungen von Broadway-Shows bis hin zu Klassik, Jazz und Oper.

Waterfront Playhouse 310 Wall St., Tel. 305/294-5015, www.waterfrontplayhouse.org. Auf dem Spielplan stehen alte und neue Stücke sowie populäre Musicals.

VERANSTALTUNGEN

GREATER MIAMI

Informationen finden Sie unter *http://events.miami.com*.

JANUAR

Art Deco Weekend Tel. 305/672-2014, www.artdecoweekend.com. Eine Hommage an die Art-déco-Architektur in South Beach. Big Bands ziehen durch die Straßen; Hotelzimmer sind schnell ausgebucht.

Miami Marathon Tel. 305/278-8668, www.themiamimarathon.com. Marathon, Halbmarathon und kleinere Rennen, flankiert von einer großen Gesundheits- und Fitness-Expo im Miami Beach Convention Center mit Zehntausenden von Besuchern.

FEBRUAR

Art Wynwood Tel. 305/517-7977, www. artwynwood.com. International bekannter Markt für zeitgenössische Kunst, der am President's-Day-Wochenende Tausende Kunstfreunde nach Midtown Miami lockt.

Coconut Grove Arts Festival Tel. 305/447-0401, www.cgaf.com. Zum landesweit wichtigsten Kunstereignis des Jahres treffen sich mehr als 300 Künstler. Bis zu einer Million Besucher werden erwartet.

Miami International Boat Show Tel. 954/441-3220, www.miamiboatshow.com. Auf der wichtigsten Bootsmesse der Welt präsentieren im Miami Beach Convention Center auf über 23 Hektar mehr als 2300 Aussteller Produkte wie Rennboote, Motoren und anderes Zubehör.

MÄRZ

Asian Culture Festival Tel. 305/247-5727, www.fruitandspicepark.com. Tausende von asiatischen Immigranten feiern im Fruit & Spice Park in Homestead ihre Kultur und ihre heimischen Speisen.

Carnaval Miami Tel. 305/644-8888, www. carnavalmiami.com. Eine Woche lang feiert Little Havana mit Musik, Theater, Tanz und Essen. Höhepunkt ist das Straßenfest Calle Ocho am Sonntagabend.

Miami International Film Festival Tel. 305/237-3456, www.miamifilmfestival. com. Während des zehntägigen Festivals zeigen die Kinos in der ganzen Stadt Welt- und US-Premieren von internationalen und nationalen Produktionen, aber auch Werke unbekannterer Filmemacher und kleinere bzw. anspruchsvollere Produktionen.

Miami Open Tel. 305/446-2200, www.miamiopen.com. Im Tenniscenter Crandon Park in Key Biscayne findet eines der landesweit wichtigsten Tennisturniere statt; gespielt wird um Preisgelder von bis zu 7,5 Millionen Dollar.

MAI

Cuba Nostalgia Tel. 305/929-9710, www. cubanostalgia.org. Drei Tage lang feiern Miamis Exilkubaner bunt und lebhaft ihre Erinnerungen an die Karibikinsel.

Miami Fashion Week www.miamifashionweek.com. Floridas Antwort auf die Catwalks in New York, Paris und Mailand.

JUNI

Miami Beach Gay Pride Parade Tel. 305/496-7635, www.miamibeachgaypride.com. Buntes Festival der lesbischen, schwulen, bi- und transgender Society mit einer fantasievollen Parade unter dem Regenbogen.

JULI

America Birthday Bash Tel. 305/358-7550. Zu einer der größten Unabhängigkeitspartys am 4. Juli in Florida gibt es im Amphitheater des Bayfront Park etwas für jeden Geschmack: Essensstände, drei Bühnen, Rockbands, lateinamerikanische Musik und Feuerwerk.

AUGUST

Miami Reggae Festival Tel. 305/763-4509, www.miamireggaefestival.com. So gut wie alle jamaikanischen Immigranten der Stadt treffen sich an diesen zwei Tagen, um mit viel Musik und Tanz den jamaikanischen Unabhängigkeitstag zu begehen.

SEPTEMBER

Miami International Auto Show Tel. 305/981-1448, www.sfliautoshow.com.

Röhrende Motoren und leise Elektroautos, Oldtimer und die neuesten Modelle der Designer – im Convention Center kommen Freunde des Automobils auf ihre Kosten.

OKTOBER

Octoberfest Tel. 305/552-5123, www.gascmiami.org. 1949 gegründet, möchte der German American Social Club seitdem »deutsche Geschichte, Kultur und Traditionen« feiern. Und dazu gehört in Miami auch ein zünftiges Oktoberfest mit Dirndl, Blasmusik, Fassanstich und Lederhose.

NOVEMBER

Miami Book Fair International Tel. 305/237-3258, www.miamibookfair.com. Einwöchige Buchmesse mit Lesungen und Buchpräsentationen von lokal, national und international renommierten Autoren.
NASCAR Championship Tel. 866-989-7223, www.homesteadmiamispeedway.com. Zum Abschluss der US-Rennsaison wird alljährlich auf dem Homestead-Miami Speedway die NASCAR-Meisterschaft ausgetragen.

DEZEMBER

Art Basel Miami Beach www.artbaselmiamibeach.com. Der viertägige Event ist der amerikanische Ableger der Schweizer Art Basel, der vielleicht weltweit renommiertesten Kunstschau. Bei der Art Basel Miami Beach sind an die 1000 Künstler und mehr als 250 Galerien aus der ganzen Welt vertreten; außerdem gibt es ein Rahmenprogramm mit Musik, Filmen und anderem. Tickets sollte man weit im Voraus buchen!
King Mango Strut Tel. 305/582-0955, www.kingmangostrut.org. Schräger Silvesterumzug mitten durch Coconut Grove, bei dem alle möglichen Ereignisse und Personen ironisch kommentiert werden.

KEY WEST

Conch Republic Independence Celebration www.conchrepublic.com. Zehntägiges Festival zur Erinnerung an die symbolhafte Abspaltung der Conch-Republik von den USA. Am 23. April 1982 wurde diese als Protest gegen eine groß angelegte Straßensperre der Polizei auf der Suche nach Drogen und illegalen Einwanderern ausgerufen. Seitdem wird das Szenario jedes Jahr Mitte April nachgespielt und gefeiert.
Fantasy Fest Tel. 305/294-3335, www.fantasyfest.net. Zehntägiges Event Ende Oktober, zu Beginn des Herbstes bzw. des Winters. Auch Halloween fällt in diese Zeit. Das Fantasy Fest ist die Antwort auf den Mardi Gras in New Orleans und den Karneval in Rio. Alles findet in der Altstadt statt: Food-Festivals, Straßenfeste, Konzerte, Kunstausstellungen, der Kostümwettbewerb Pretenders in Paradise und Tiermaskeraden. Höhepunkt ist die Twilight Fantasy Parade mit spektakulären Booten und Kostümen.
Hemingway Days Festival www.fla-keys.com/hemingwaydays. Highlight dieses fast einwöchigen Festivals rund um den Geburtstag des berühmten Schriftstellers Ernest Hemingway (21. Juli) ist der Look-Alike Contest, bei dem Dutzende älterer Herren darum konkurrieren, zum besten Doppelgänger des Meisters gekürt zu werden.
Sunset in Key West Der Sonnenuntergang in der südlichsten Stadt der USA ist tatsächlich ein Spektakel. Tag für Tag kommen am späten Nachmittag scharenweise Einheimische und Touristen auf dem Mallory Square zusammen. Hier kann man beobachten, wie die Sonne im Golf von Mexiko versinkt, als wäre sie ans Ende der Welt geraten. Es gibt Essen und Trinken, Straßenbands und Akrobaten sorgen für Unterhaltung, und schließlich wird laut applaudiert, wenn die Sonne glutrot am Horizont verschwindet.

Eine Vielzahl von Events begleitet im Januar das Art Deco Weekend in South Beach

IMPRESSUM

Verantwortlich: Alexandra Carsten
Übersetzung: Katharina Grimm, Gunter Mühl
Aktualisierung 2018: Sabine Rheker-Weigt, Dirk Rheker
Lektorat der aktualisierten Ausgabe: Ewald Tange für Bookwise GmbH, München
Satz: Ewald Tange für Bookwise GmbH, München
Grafisches Konzept (Innenteil): Alexandra Rusitscka
Grafisches Konzept (Umschlag): Helene Avtuschko
Herstellung: Alexander Knoll
Printed in Italy by Printer Trento

Sind Sie mit diesem Titel zufrieden? Dann würden uns über Ihre Weiterempfehlung freuen. Erzählen Sie es im Freundeskreis, berichten Sie Ihrem Buchhändler, oder bewerten Sie bei Onlinekauf. Und wenn Sie Kritik, Korrekturen, Aktualisierungen haben, freuen wir uns über Ihre Nachricht an NG Buchverlag, Postfach 40 02 09, D-80702 München oder per E-Mail an info@nationalgeographic-buch.de.

Unser komplettes Buchprogramm finden Sie unter:  www.nationalgeographic-buch.de

Titel der Originalausgabe:
NATIONAL GEOGRAPHIC TRAVELER MIAMI & THE KEYS
© 2012, 2018 National Geographic Partners, LLC.

Die Deutsche Nationalbibliothek verzeichnet diese Publikation in der Deutschen Nationalbibliografie; detaillierte bibliografische Daten sind im Internet über http://dnb.d-nb.de abrufbar.

Deutsche Ausgabe veröffentlicht von: NG Buchverlag GmbH, München 2018
Lizenznehmer von: National Geographic Partners, LLC

ISBN 978-3-95559-246-2

Seit ihrer Gründung 1888 hat sich die National Geographic Society weltweit an mehr als 12 000 Expeditionen, Forschungs- und Schutzprojekten beteiligt. Die Gesellschaft erhält Fördermittel von National Geographic Partners LLC, unterstützt unter anderem durch Ihren Kauf. Ein Teil der Einnahmen dieses Buches hilft uns bei der lebenswichtigen Arbeit zur Bewahrung unserer Welt. Das legendäre NATIONAL GEOGRAPHIC-Magazin erscheint monatlich. Darin veröffentlichen namhafte Fotografen ihre Bilder und renommierte Autoren berichten aus nahezu allen Wissensgebieten der Welt. National Geographic im TV ist ein Premium Dokumentations-Sender, der ein informatives und unterhaltsames Programm rund um die Themen Wissenschaft, Technik, Geschichte und Weltkulturen bereithält. Falls Sie mehr über National Geographic wissen wollen, besuchen Sie unsere Website unter *www.nationalgeographic.de*.